왕조의 얼굴

—조선왕조의 건국사에 대한 새로운 이해

서강학술총서
015

왕조의 얼굴

조선왕조의 건국사에 대한 새로운 이해

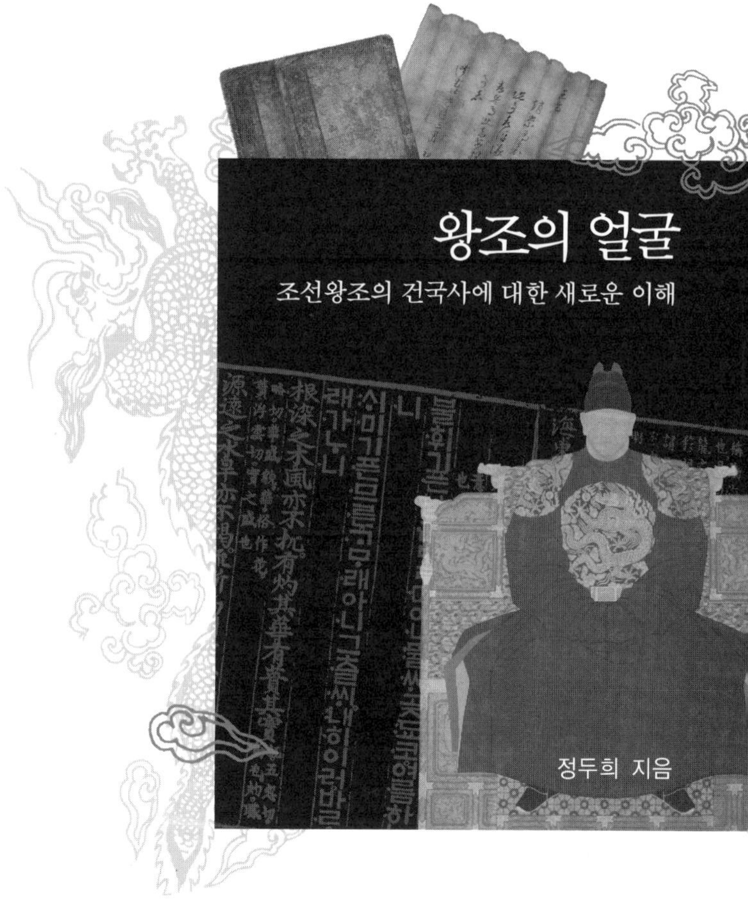

정두희 지음

서강대학교출판부

서강학술총서 015

왕조의 얼굴

—조선왕조의 건국사에 대한 새로운 이해

초판발행 | 2010년 5월 6일
지 은 이 | 정두희
발 행 인 | 이종욱
편 집 인 | 우찬제
발 행 처 | 서강대학교 출판부
등록번호 | 1978년 9월 28일 제313-2002-170호

주 소 | 서울특별시 마포구 신수동 1번지
전 화 | (02) 705-8212
팩 스 | (02) 705-8612

ISBN 978-89-7273-164-1 94910
ISBN 978-89-7273-139-9(세트)

값 20,000원

* '서강학술총서'는 SK SUPEX 기금의 후원으로 제작됩니다.

조선왕조 건국의 역사는 필자가 학문의 세계에 발을 들여놓았던 그 첫 걸음부터 가장 중심에 둔 관심사였다. 필자의 은사이셨던 고(故) 이광린 선생님의 격려로 조선 건국사에 관련된 주제들을 공부하기 시작했지만 어디서부터 어떻게 손을 댈지 몰라 방황만 하다가 지금에 이르렀다. 그동안 조선 전기를 중심으로 여러 주제들을 학문적으로 탐색하면서 조선왕조의 역사에 대한 깊은 이해에 도달하기 위해 노력해왔다. 그리고 근년에 이르러서야 조선왕조 건국의 역사를 새롭게 검토할 수 있다는 희미한 빛을 찾았다.

이제 와서야 조선왕조 건국사에 새로운 관심을 갖게 된 데는 두 방면에서의 계기가 있었다. 그 첫째는 나이가 들어가면서 내가 살고 있는 현재의 국가인 '대한민국'을 하나의 신생 국가로서 객체화시켜보기 시작했다는 점이다. 어릴 때부터 반만년의 역사를 지닌 조국이라고 들어왔던 '우리나라'가 유구한 역사를 가진 나라라는 점을 참으로 오랜 세월 동안 의심해보지 않았다. 그런데 그런 '우리나라'가 건국된 지 60여 년밖에 안 되는 신생 국가로 보이기 시작한 것이다. 경제가 성장해 그 무역 규모가 세계 10위권에 이르고, 거기에 더해 정치적 민주화를 이룬 대한민국이라는 점을 크게 생각하면 신생 국가라는 말이 너무나 사실과 멀게 여겨질 것이다. 그러나 정치사회적 대립과 갈등을 조정하는 정치적 역량이 크게 결여되어 있을 뿐 아니라 항상 새로운 것이 출현하는 가변성이 극심한 이 사회를 성숙한 사회라고 부를 수도 없다는 것이 필자의 생각이다. 그런 의미에서 한국 사회는 아직도 형성 과정에 있는 국가로 보일 때가 많다. 그러므로 한 국가의 건국이란 그 출발을 알리는 한 시점에서 완성되는 것이 아니라는 점이 분명해진다. 조선시대사를 전공하는 필자의 눈에 비친 현재의 국가적 경험은 곧바로 조선왕조의 건국과 여러 모로 대비되었다. 결국 왕조의 건국사도 1392년의 한 사건으로 이해하기보다는 하나의 성숙한 국가 체제가 형성되는 전과정을 통해 파악되어야 한다고 생각하게 되었다.

둘째로 필자의 나이가 60을 넘어 이제 정년을 바라보게 되자 나의 학문을 정리하고 싶은 욕심이 생겼기 때문이다. 필자는 지금까지의 학문적 편력의 최종 목적지를 조선왕조의 건국사를 집필하는 것으로 정해두고 있었다. 결국 돌고 돌아서 필자는 학문 세계에 첫발을 디딜 때의 화두로 다시 회귀했던 것이다. 500년 이상의 역사를 지닌 조선왕조는 그 체제의 지속성이 무척 강인한 사회였다. 그리고 지속성이 강인하다는 뜻은 그 사회가 무척 안정되었다는 뜻이며, 이는 한번 이루어진 제도나 관행이 그 상태로 유지되는 관성의 법칙이 매우 강했다는 의미로 판단되었다. 그러므로 조선왕조 역사 전체를 이해하는 데 있어서 건국 초기에 형성된 왕조 체제의 성립과 그 성격을 제대로 파악한다는 일이 매우 중요하다는 생각에 이르렀다. 조선시대는, 관행이나 전통이 지켜지기보다는 항상 새로운 것이 출현하고 신구의 대립과 갈등이 나날이 첨예화되는 현대의 대한민국과는 너무도 대조적인 때였다. 항상 변화가 휘몰아치는 현대의 한국과 한번 이루어진 질서가 계속 이어지는 조선왕조의 모습은 너무도 달랐다. 이 극단적 대립상을 항상 비교해보면서 필자는 국가란 무엇이며, 한 국가 체제의 성립이란 무엇을 의미하는 것인가에 대해 많은 생각을 하게 되었다.

이런 문제와 씨름을 하기 시작할 무렵 필자는 뜻하지 않은 고난에 직면하게 되었다. 2008년 2월과 9월 두 차례에 걸쳐 필자는 위암으로 인한 큰 수술을 받게 되었다. 이로 인해 필자는 많은 시간을 세상과 격리된 채 보내야 했다. 이런 시간들은 때론 필자를 외롭게 만들기도 했지만 복잡했던 필자의 사고를 매우 단순하게 만들기도 했다. 그리고 깊은 집중력을 요구하는 독서를 시작했다. 언제 완쾌될지를 쉽게 예단할 수 없는 큰 병을 짊어진 필자에게 서둘러야 할 급한 일은 없었기에 이런 책들을 읽는 데 시간이 문제될 것은 없었다. 이때 주로 역사가들이 귀담아 들어야 할 통찰력이 담긴 책들을 읽으면서 필자는 큰 기쁨을 누렸다. 건강하던 때보다 명저들의 한 구절 한 구절이 매우 또렷하게 이해되는 느낌을 받았기 때문이었다.

어느 날 콜링우드(R. G. Collingwood)의 1976년판 *The Idea of History*를 읽고 있었다. 필자가 술술 이해하기에는 어려운 책이었지만 그래도 역사학에 대한 그의 진술은 참으로 대가의 체취를 물씬 풍기고 있었다. 그때 다음과 같은 그 책의 한 대목이 나의 뇌리에 깊은 인상을 남겨주었다.

> [역사 해석뿐 아니라 그 어떠한 지식도 끊임없이 변하는 것이기 때문에: 이하 [ ] 속 글은 이해를 돕기 위해 필자가 덧붙인 것임] 모든 새로운 세대의 역사가들은 그들만의 방식으로 역사를 다시 써야 한다. 즉 새로운 세대의 역사가들은 과거에 제기되었던 해묵은 문제들에 대하여 새로운 답을 제시하는데 그치지 말고, [과거와는 다른] 새로운 문제를 제기해야 한다. 역사적 사고란 그 누구도 같은 물에 두 번 발을 담을 수는 없는 [흐르는] 강물과 같아서, 상당히 오랜 동안 단 한 가지의 주제를 연구해온 역사가라 할지라도 예전의 문제를 다시 끄집어낼 때는 그 문제 자체가 이미 변해버렸다는 사실을 깨닫게 된다.[1]

이제 영구불변한 역사 해석이란 존재하지 않는다는 것을 새삼스레 문제 삼을 필요도 없는 시대에 우리들이 살고 있지만, 새로운 문제의식으로 역사 해석에 임하라는 콜링우드의 충고는 당시의 필자에게 너무도 큰 자극을 주었다. 조선왕조의 건국사에 관련된 문제도 옛 질문에 대한 새로운 답을 구하기보다는 새로운 질문을 만들어야 새로운 해석이 이루어질 수 있는 것이었다. 그러면서 조선왕조 건국의 역사를 새롭게 사색해야 할 필요성은 강하게 느끼면서도 선뜻 착수되지 않아 방황만 했던 까닭이 선명하게 드러나게 되었다.

이런 자각을 가지고 과거의 연구사를 정리하면서 필자는 조선 건국의 문제가 지나치게 새로운 권력구조의 탄생과 이를 둘러싼 치열한 투쟁이라는 관점으로 조명되어왔음을 발견했다. 동시에 조선왕조 건국 시기를 전후해 사회경제적인 면에 일대 혁명적 변화가 초래되었다는 관점이 일반화될 정도로 강하게 제기되었다. 이런 해석조차 조선왕조의 지배세력 혹은 지배계층이 대지주에서 중소지주로 교체가 되었다는 점을 특별히 강조함으로써 결국 권력 담론의 틀에서 완전히 벗어난 것은 아니었다. 그러므로 조선왕조 건국사에 대한 새로운 검토는 과거와는 다른 관점을 확립하는 것으로부터 시작되어야 할 것이 틀림없다.

조선왕조의 건국은 1392년 한때의 일회적 사건이 아니라 긴 시간에 걸쳐 연쇄적으로 일어나는 일련의 사건들의 총합체로서 파악할 필요가 있다. 주권 국가란 일정한 지역에 대한 실질적 지배권이 확립되어 있어야 하며, 그곳에 거주하는 인구를 확실하게 대변할 수 있어야 한다. 나아가

1 Collingwood, R. G., *The Idea of History*(Oxford University Press, reprinted in 1976), p. 248.

때로는 그 국가가 속한 세계 내에서 정당한 국가로 인정받을 수 있는 품격을 지니고 있어야 할 필요도 있다. 이러한 국가에 대한 아주 일반적인 정의를 염두에 두면 한 국가의 탄생의 문제는 여러 복합적인 일련의 사항들을 종합적으로 검토할 때 비로소 바람직한 해명에 이를 수 있을 것이다. 거기에 더해 대내적으로 그 영토 내에 거주하는 사람들로부터 그 지배권을 인정받기에 합당한 역사적 정통성 및 문화적 일체성을 확립해야 할 필요가 있다. 그러므로 조선왕조 건국의 역사도 이러한 일련의 문제들을 중심으로 재해석의 길을 모색해야 할 필요가 있음을 알게 되었다. 사실 기왕의 연구가 너무도 탄탄해 이를 재검토해야 할 필요성을 거의 느끼지 않는 것 같은 현재 사정을 감안해볼 때, 조선건국사를 새로운 관점에서 검토할 문제의식을 제기한다는 것은 무모하게도 보이지만 무의미한 것은 결코 아니라는 희망을 잃지 않고 있다.

최근 예일대학의 존 루이스 가디스(John Lewis Gaddis)는 "역사가들이 과거에 대한 해석을 놓고 서로 논쟁할 때 그들은 또 다른 차원에서, 즉 일어난 일에 대한 단 한 가지 설명만이 유효하다는 가능성으로부터 과거를 해방시킨다"라고 하면서 이렇게 말했다.

> 과거를 바라보는 대안적 관점에 대한 논쟁을 통해 과거가 숨 쉴 공간을 확보해주고 있다는 사실에 위안을 삼아야 한다. 역사가는 역사 만들기—그리고 역사의 서술까지도—가 끝났다고 역사의 의미까지 결정되는 것은 아니라는 것을 보여주고 있다. 이것 역시 해방이다.

가디스는 제아무리 유력한 역사 해석이 널리 통용된다 해도 그런 해석이 결코 절대적이며 역사의 전개가 필연적으로 그렇게 이루어질 수밖에 없다는 것을 의미하는 것은 아니라는 점을 강조한 것이었다. 그래서

그는,

[역사 해석에 있어서] 시간의 흐름을 제외하고 필연적인 것은 아무것도 없다. 당시에는 별 가망이 없어 보일지라도 선택이란 언제나 존재한다. 역사가의 책임은 선택된 길을 설명하는 것은 물론 선택되지 않은 길도 존재했음을 보여주는 것이고, 이것 역시 일종의 해방이라고 생각한다.[2]

라고 역설했다. 그 어떤 역사 해석이라고 하더라도 유일무이한 절대성을 지닌 것은 있을 수 없으며, 대안적 해석은 언제나 존재한다는 것을 그는 강조한 것이다. 심지어는 그 이외의 가능성이 없어 보이는 유력한 역사 해석이 이루어질 때에도 실은 그것이 아닌 대안적 해석은 언제나 존재했으리라는 것을 인정하는 유연한 태도를 통해 과거를 현재적 해석의 속박에서 해방시킬 수 있다는 점을 그는 강조한 것이었다.

이러한 독서는 답답했던 나의 시야를 환하게 열어주었다. 과거의 연구가 결코 완전한 것은 아니라는 점은 필자도 여러 연구에서 지적한 바가 있었지만, 그런 지적만으로 만족할 수 없다는 것을 알게 된 것이다. 필자가 지적해온 것처럼 과거의 연구에 문제가 있다면 그 시대의 역사에 대해 새로운 질문을 제기해 새로운 대안적 해석을 제시하는 길로 좀 더 나아갈 용기를 얻게 되었던 것이다. 이렇게 하여 필자는 조선왕조 건국의 문제를 1392년 이후 1세기에 걸친 일련의 역사 과정으로 보고 하나의 문화사적

2 John Lewis Gaddis, *The Landscape of History: How Historians Map the Past*(Oxford University Press, 2002; 강규형 옮김, 『역사의 풍경: 역사가는 과거를 어떻게 그리는가』, 에코리브르, 2004). 위의 인용문은 강규형이 옮긴 번역서임. p. 210을 참조할 것.

인 종합체로 인식하려는 노력이 절실하다고 인식하게 되었다. 이것은 마치 초대받은 파티에 나가기 위해 한 여인이 어울리는 옷을 가려입고 정성을 다해 단장을 하고 마지막으로 옷매무새를 가다듬으며 거울 앞에 서 있는 당당한 모습을 그리는 것과 같다고 생각했다. 한 국가의 탄생이라는 것도 이 세상에 당당하게 자신의 존재를 알리고 인정받을 수 있는 모습을 갖추는 과정 전체를 문제 삼아야 제대로 이해될 수 있을 것이다. 이러한 자각을 가지고 필자는 자신의 연구를 새롭게 검토했으며 그 연구들을 새로운 관점에 따라 새롭게 재구성해야 할 필요성을 느끼게 되었다. 그래서 이 책의 제목을 『왕조의 얼굴』이라고 했지만, 좀 더 부연하자면 차라리 '왕조의 얼굴 만들기'라고 하는 편이 더 적절했는지도 모른다.

이 책은 필자가 과거에 썼던 논문의 의미를 새롭게 발견하고 이를 재구성한 결과물이라고 해도 좋다. 동시에 이 책은 필자의 목전에서 전개되고 있는 대한민국의 건국의 과정에 대한 역사적 통찰력을 구하려는 의도와 맞물려 집필된 것이라는 점을 숨기지 않는다. 병상에서는 일어났으나 그 병으로 크게 손상된 필자의 건강이 쉽사리 정상으로 돌아올 수는 없다는 현실적 제약이 필자의 지나친 욕심을 크게 제약했다. 필자는 이 책을 통해 조선 건국의 역사를 새롭게 이해하는 틀을 확인하고, 이를 바탕으로 그 다음 단계로는 통사로서의 '조선왕조 건국사'를 집필할 계획을 지니고 있다. 그러나 지금 이 모든 것이 필자의 능력과 의지에만 달린 것이 아니라는 점을 잘 알고 있기에, 이러한 학자로서의 소망이 이루어질 것이라는 확신은 없다. 이 책이 필자의 최초의 구상보다 불완전한 것임에도 서둘러 세상에 내놓는 것도 이러한 필자의 사정과 어느 정도 관련성이 있다는 점을 말해두지 않을 수 없다. 그래도 이 책에 대한 비평과 반성적 성찰을 통해 더욱 통찰력이 깊어질 수 있다면, 그 어느 땐가 더욱 읽을 맛 나는 값있는 책을 세상에 내놓을 수 있을지도 모른다는 기대까지 다 버린 것은 아니다.

이런 기대와 우려를 가지고 꾸며진 이 책의 제1장에서는 이에 대한 과거의 연구 성과를 검토하는 기회를 마련하고자 한다. 1980년대에 집중적으로 이루어진 국내외의 연구들은 큰 성과를 얻었지만 필자가 제기하는 건국사라는 관점에서 다시 한 번 조명해보고자 한다. 제2장에서는 권력담론에 깊이 경도된 이 시대의 역사 해석은 전문 역사가들은 물론이거니와 일반 대중매체도 큰 관심을 보이고 있음을 드러내려 한다. 조선 건국의 문제를 다루어 큰 인기를 얻었던 TV 드라마 「용의 눈물」과 한국 역사소설의 고전으로 꼽히는 이광수의 작품 『단종애사』, 『세조대왕』 그리고 김동인의 『대수양』을 검토하는 것이 주된 내용이 될 것이다.

조선왕조의 건국사에서 먼저 거론되어야 할 것은 새 왕조의 통치체제의 기본을 마련하는 과정과 그 성격을 이해하는 일이 될 것이다. 그러므로 제3장에서는 태종의 정치개혁으로 더 잘 알려진 주제를 체계적으로 정리해 유교 이념에 토대를 둔 조선왕조 통치체제의 골격을 드러내고자 한다. 제4장에서는 조선 초기 지리지의 편찬에 특별한 관심을 기울였던 이유가 무엇이었던가를 살피고자 『세종실록지리지』와 『동국여지승람』의 편찬 의의를 해명하고자 한다. 이는 조선왕조의 통치 영역이 확정되고 그 영토 내의 모든 자원을 지배한다는 의지가 지리지 편찬을 통해 어떻게 표명되었는지를 이해하고자 하는 것이다. 그 다음으로 제5장에서는 역사편찬을 통해 새 왕조의 역사적 정통성이 확립되어가는 과정을 이해하고자 한다. 전 왕조인 고려의 역사를 정리하는 과정 속에서 무단적 왕실과 유교적 문인층인 유학자 관료들의 입장이 대립하는 과정을, 『용비어천가』와 『고려사』의 편찬 문제를 둘러싼 논쟁에서 그 역사적 의미를 찾아보고자 했다. 그리고 제6장에서는 조선 건국 초기인 14~16세기의 동아시아 세계 질서의 성격과 그 안에서 펼쳐진 조선왕조의 대외관계의 핵심적 문제를 살펴보고자 한다. 마지막 에필로그에서는 이렇게 해석된 조선왕조 건국사와의 비교를 통해 대한민국 건국사를 새롭게 조망할 수 있는 성찰의 기회를 가져보고자 한다.[3]

3 이 책의 주요 내용은 필자가 과거에 썼던 관련 논문들이 기초가 되었다. 필자는 이 책의 목적에 맞게 이 논문들을 재구성하고 그에 필요한 손질을 가했다. 그러나 필자가 마음으로 구상했던 만큼 이루지는 못하였다는 점을 아쉽게 생각한다.

차례

제1장

조선왕조 건국사에 대한 과거의 연구

조선왕조의 건국 의미를 논하는 모든 연구를 다 검토한다는 것은 이 책의 목적에 맞는 것은 아니다. 그러나 연구사를 정리하다 보면 1980년대가 이 분야 연구에 있어서 양적으로나 질적으로 많은 성과가 집중적으로 이루어진 때로 판단된다. 마침 1984년 역사학회로부터 1979~1983년 사이에 이루어진 조선 전기 역사 연구에 대한 회고와 전망의 집필을 의뢰받아 그 연구 성과를 정리한 적이 있었다.[1] 그리고 여기에 이어 1992년 『한국사회발전사론』(일조각, 1992)에서 필자는 본격적으로 조선 초기 지배층의 형성과 변천에 관한 연구사적 검토를 진행한 바가 있었다.[2] 나아가 이 주제에 관해 서양학계의 연구를 검토한 결과 이들은 한국의 학자들이 대부분 조선왕조 건국을 계기로 사회적 변혁이 크게 일어났다는 점을 강조

1 鄭杜熙, 「朝鮮前期: 回顧와 展望」, 『歷史學報』 104(1984), pp. 201~224.

2 朱甫暾 · 金龍善 · 鄭杜熙 · 李泰鎭 · 柳永益 共著, 『韓國社會發展史論』(一潮閣, 1992). 이 책 가운데 「朝鮮前期 支配勢力의 形成과 變遷: 그 硏究史的인 成果와 課題」(pp. 89~128)라는 부분에서 필자는 고려말의 신흥사대부 성장론에서 시작하여 조선 초기의 양반에 관한 연구와 논쟁사, 그리고 15~16세기 사림파의 성장에 관한 연구 성과를 깊이 고찰한 바 있다.

한 것과는 달리, 이 시기의 한국사는 매우 지속성이 강한 사회였다고 주장했다. 한국학계 내에서 이에 대한 찬반의 논쟁이 거의 제기되지 않았던 것에 비해 이들 서양학자들은 훨씬 체계적으로 국내 학계의 연구 경향을 비판하면서 새로운 역사 해석을 시도했다. 필자는 이들의 연구 성과를 좀 더 국내에 알리는 것이 도움이 되리라고 판단하고, 『유교, 전통, 변용: 미국의 역사학자들이 보는 한국사의 흐름』(국학자료원, 2005)을 출판했다. 그러므로 다음에 이어지는 글은 과거 연구 성과를 비평적으로 검토하고자 하는 필자의 그러한 노력을 바탕으로 한 것이다.

1. 1980년대의 연구 경향

1980년대는 조선왕조의 건국사를 이해하는 데 있어서 매우 중요한 연구 성과가 쏟아져 나온 때였다. 1979년에서부터 1983년까지의 5년 동안에 조선전기사에 관한 단행본만해도 10여 권이 출판되었으며, 여기에 독립된 논문들을 포함시킨다면 이 시대의 연구는 양적으로 대단히 풍성했다고 말할 수 있을 것 같다. 그러나 이 글에서 같은 기간 동안의 모든 연구 업적을 다 언급하기는 어려운 일이라고 생각한다. 더욱이 최근에는 국사편찬위원회에서 간행하는 『한국사연구휘보』에서 그때그때의 연구 경향을 정리하고 있기 때문에 이 자리에서 모든 연구 성과를 다 언급해야 할 필요성도 없을 것이다. 이에 여기에서는 이 기간 동안의 연구 성과를 몇 가지 중요하다고 생각되는 연구 경향에 따라서 정리해보고자 한다.

사실 이 기간 동안의 연구는 양적인 규모도 대단한 것이지만, 취급된 주제들도 그에 따라 무척 다양하다. 그러나 그러한 가운데에서도 가장 문제가 되었던 것은 조선시대의 지배계층인 양반에 관한 문제와 소위 사림파(士林派)에 관한 것이 아니었을까 한다. 이 두 주제는 조선사회사의 구성을 파악하려는 점에서나, 고려말 이래의 사회변동을 구명하려는 노력의 일환으로 많은 이들의 관심이 되어왔으며, 또 그만큼 연구자 상호간에 이견도 크게 노출된 문제들이었다. 따라서 이들에 대한 연구 성과를 정리해 보는 것은 앞으로의 발전을 위해서 매우 필요한 일이라고 생각된다.

또한 이 시기 동안에 이루어진 연구 경향 중 가장 새로운 것으로는 농업사 연구를 들 수가 있다고 생각한다. 지금껏 조선전기사를 농업사적인 측면에서 이해하려는 노력은 없었다. 따라서 아직도 이 분야의 연구는 시작 단계에 있지만 차제에 지금까지의 노력을 반성해보는 것도 유익한 일이라고 생각한다.

필자는 이상의 세 주제에 한정해 이때의 연구 성과를 반성해보고 또 앞으로의 방향을 전망해보고자 한다.

2. 양반 연구

1980년 1월, 이성무(李成茂)는 『조선초기양반연구』(일조각)라는 저술을 세상에 내놓았다. 사실 조선시대의 지배계층인 양반에 대하여는 당시까지 이렇다 할 연구가 없었던 것이 사실이었다. 다른 시대의 지배계층에 대한 학계의 관심에 비해본다면 기이한 생각이 들 만큼 양반에 대한 학문적인 연구는 없었다. 이러한 때에 나온 그의 저서는 조선시대의 양반의 존재를 본격적으로 문제 삼았다는 데서 매우 중요한 의의가 있는 것이었다고 생각한다.

이 책에서 그는 당시에 양반들이 누리고 있던 각종의 특권을 밝힘으로써 당시 사회의 구조를 해명하려 했다. 양반과 과거, 양반과 관계조직(官

階組織), 양반과 관직, 양반과 군역체제, 양반과 특수군, 양반과 토지소유 등의 문제를 종합적으로 연구해, 조선 초기부터 사회적으로 많은 특권을 향유하는 특권층으로서의 양반이 존재했음을 밝혀내었다. 뿐만 아니라 이러한 과정을 통해 양반과 다른 신분층과의 관계에까지 언급하게 되어, 조선 초기의 사회는 위로는 양반을 위시해, 중인 · 양인 · 노비의 4계층으로 구성되었다는 주장을 했다.

사실 이와 같은 그의 연구 결과는 어쩌면 지극히 당연한 것으로 받아들여졌는지도 모른다. 그의 연구가 나오기 이전부터 조선 사회가 위로는 양반을 정점으로 하여 중인 · 상인(常人) · 노비의 4계층으로 구성되었다는 것은 개설서에서도 언급되어왔었다. 따라서 그의 연구를 통해 우리는 그러한 상식적인 통설을 학문적으로 다시 한 번 확인한 셈이었다.

그러나 그의 연구는 이처럼 과거의 통설을 재확인하는 데 그치지 않고 조선 사회의 구조를 보다 더 이론적으로 체계화하려고 시도했다. 그는 당시의 사회가 크게 양신분(良身分)과 천신분(賤身分)으로 양분되며, 이 양신분이 혈연, 직업, 거주지, 토지 소유관계 등에 의해 몇 개의 동권집단(同權集團)으로 분화되어 결국 양반 · 중인 · 상인의 구분이 생긴다고 했다.

한편 한영우(韓永愚)는 『조선전기사회경제연구』(을유문화사, 1983)를 통해, 이성무의 연구를 포함한 기존의 양반론에 전면적으로 이의를 제기하고 조선 초기 사회의 계급구조에 관한 전혀 새로운 견해를 피력했다. 그는 특히 이성무의 저서를 평하는 부분에서, 조선 후기의 양반과 상한(常漢)을 가르는 관행을 가지고 조선 초기의 양반과 양인을 구별했기 때문에 그 연구 결과는 받아들일 수 없다고 했다. 나아가 그는 이성무의 연구는 양반의 개념이 불분명하고 그 기준이 모호한데, 이처럼 모호한 양반 개념을 설정해놓고 양반의 지위와 특권을 따진다는 것은 출발부터가 무리라고 비판했다.

이러한 기존의 학설에 강한 의문을 제기한 이후에 그는 조선 초기의 사회는 오직 양인과 천인으로만 구성되어 있다는 새로운 주장을 했다. 즉 천인을 제외한다면 조선 초기에는 사회계층이 없다는 점을 주장했다. 따라서 그에 의하면 '양반'이라는 말은 당시의 지배계층을 뜻하는 용어가 아니라, 단지 '유직자(有職者)의 대명사'로만 쓰였다는 것이다. 특히 그는 고려말 조선초의 한량문제(閑良問題)와 조선 초기 상급서리(上級胥吏)에 관한 문제를 다루면서 그 당시 사회가 어느 특정한 지배계층에 의해 지배되는 사회가 아니라 모든 양인계층이 다 같이 참여하는 개방된 사회라고 주장했다. 그리하여 그는 어느 정도의 한계성은 있었다고 할지라도, 고려시대나 조선 후기와 비교해본다면 조선 초기 사회는 문벌주의 내지는 귀족제적인 요소를 훨씬 탈피한, 이런 점에서는 근대 관료제도의 요소를 적잖이 내포한 사회였다는 것이다. 따라서 양반 · 중인 · 상인 · 천인으로 계층이 나눠지고, 그 가운데 양반이 지배계층이었다고 하는 것은 조선 후기의 일이지 조선 초기의 현실을 말하는 것이 아니라는 것이다. 말하자면 조선 초기에는 특권 지배계층이 없는 매우 독특한 사회였다는 대담한 결론에 그는 도달한 셈이었다. 이러한 그의 결론은 그동안의 통념을 완전히 부정하는 것이었기 때문에 이에 대한 반론도 매우 다양하게 나타나게 되었다.

특히 송준호(宋俊浩)는 「조선양반고: 조선조 사회의 계급구조에 관한 시론」(『한국사론』 4, 정신문화연구원, 1983)이라는 장문의 논문을 통해 한영우의 설을 비판했다. 그는 한영우의 이론을 '양천2계급론'이라고 규정했다. 그리고 어느 한 사회의 계급을 양과 천의 둘로 나누어서 설명한다는 것은 사실상 무의미하다고 전제하고, 우리가 상식적으로 생각하는 사회계급이란 천인과 비천인(非賤人)으로 구분되는 그런 것이 아니라, 비천인들 사이에서 직업 또는 그 밖의 요인에 의해 형성된 계급을 말하는 것이라고 주장했다. 한영우의 설명대로라면 천인을 제외하면 당시에는 계급이라는 것이 없었다는 것이 되는데 그러한 계급 없는 사회란 우리가 알고 있는 역사시대 이후의 인류사에서는 찾아보기 어렵다고 단언했다. 나아가 그는 사회계급은 어느 시대, 어느 민족의 사회에나 있었으며, 적어도 어떤 형태로든 통치행위가 영위되는 사회라면 거기에는 필연적으로 계급 분화가, 바로 그 통치 행위가 영위되는 그 순간부터 일어났었다고 봐야 한다고 했다.

이어서 그는 한영우가 없었다고 하는 특권 신분층으로서의 양반의 존재를 바로 조선 초기의 사료를 통해 입증하고 있다. 그는 당시의 사료 가운데서 사족(士族)과 서인(庶人)·귀천·양천 등 대칭적으로 쓰여졌던 많은 용례를 다양하고도 치밀하게 검토함으로써, 당시의 사회의 계급 구성이 양인과 천인으로만 이루어졌다는 한영우의 설을 비판했다. 당시의 사료에 나타나는 양민 혹은 양인이라는 용어는 한영우가 주장하는 것처럼 전체 국민이 천인과 양인으로 양분되어 있었다고 할 때의 양인의 의미로 쓰여진 적은 결코 없었으며, 항상 사족이라고 하는 상류의 특권계층을 제외한 나머지 사람들을 가리키는 뜻으로만 쓰였음을 밝혔던 것이다.

이러한 과정에서 그는 소위 사회의 계급 구성을 '양천제'로 보려는 이론의 기원을 추적해, 중국사의 경우에는 일본의 仁井田陞이, 그리고 한국사의 경우에는 일본의 有井智德이 일찍이 이러한 주장을 했음을 밝히고, 이 두 사람의 주장의 잘못도 밝혀냄으로써, 중국 사회나 한국 사회를 막론하고 그 사회의 구성을 '양천제'로 설명하는 것은 잘못된 것이라 함을 논증했다. 그리하여 그는 특권계층의 범위 내지 한계에 관한 어떤 객관적인 기준이 관(官)에 의해 공식적으로 제정된 일은 없으며, 오히려 그러한 기준은 상대적이었다고 했다. 그러나 양반과 비양반의 한계 기준이 상대적이요 주관적이었다 해서 그것이 애매모호한 것이었다고 생각해서는 안되며, 오히려 해당된 국가 구성원들의 관념상에 형성된 그러한 기준은 실제에 있어서는 더욱 명확한 것이었다는 것이다. 요컨대 조선 초기 사회에 있어서도 당시의 지배계층인 양반은 엄연히 존재했으며, 이러한 양반은 그 아래 계층인 양인과는 엄격히 구별되고 있었던 것이라고 천명했다.

사실 이러한 한영우의 설에 대한 비판은 송준호에 의해 본격적으로 이루어지기 전에 전형택(全炯澤)에 의해 시도된 바도 있었다. 그는 「보충군 입역규례를 통해 본 조선초기의 신분구조」(『역사교육』 30 · 31합집, 1982)에서 태종(太宗) 15년에 처음 실시된 보충군의 입역규례를 통해 당시의 신분구조를 규명하고자 했다. 즉 위의 규정은 양천교가소생(良賤交嫁所生) 중 조부의 신분이 각품대소인원(各品大小人員)인 자에 국한되고 일반 양인과 천녀(賤女)와의 교가소생은 보충군 입속에서 제외되고 있었기 때문에 이를 통해 양반과 양인 사이에는 일정한 신분적인 차등이 있음을 찾아낼 수가 있다는 것이다. 요컨대 그는 이러한 검토를 통해, 조선 초기에는 각품대소인원을 주축으로 하는 사족이 상부에 존재하고 그 아래에 일반 양인이 있으며, 하부에 천인이 존재했다는 것이다. 그리고 각품대소인원을 주축으로 하는 사족이 바로 양반이기 때문에 결국 조선 초기의 신분계층은 양반 · 양인 · 천인의 셋으로 크게 나뉘어져 있었다고 결론지었다.

한편 이성무는 「조선초기 신분사연구의 재검토」(『역사학보』 102, 1984)라는 글에서 한영우의 비판에 대한 재비판을 시도했다. 그는 한영우의 자신에 대한 비판이 근거 없는 것이라고 반박하고, 나아가 한영우의 양인론을 비판하면서 자신의 이론을 재천명했다. 즉 그는 한영우가 양인을 양신분의 개념으로만 이해하고 상인(평민 · 상민 · 양민)의 의미가 있는 것을 인정치 않았다고 주장하면서 조선 초기의 사료에 나오는 많은 용례를 인용 · 설명했던 것이다.

사실 그의 비판은 어느 의미에서는 송준호의 비판과 기본적으로 맥을 같이 하는 것이라고 할 수 있다. 뿐만 아니라 송준호의 글에서는 그의

'양천론'(물론 한영우의 양천론과는 다르지만)에 대하여도 많은 비판을 하고 있다. 그러나 이성무의 이 글에서는 송준호의 자신에 대한 비판은 물론 한영우에 대한 비판에 대하여도 전혀 언급하지 않고 있음이 눈에 띈다. 따라서 이러한 점에 대한 자신의 입장도 밝혔더라면 모처럼의 논쟁이 더욱 흥미 있고 가치 있는 것이 되었을 것이라고 생각된다.

아무튼 오랫동안 당연한 것으로 여겨져왔던 양반의 존재가 이 기간 동안에 많은 논란거리가 되었으며, 이를 계기로 당시 사회의 구조에 대한 논의가 심각하게 거론되었다는 것은 매우 반가운 일이 아닐 수 없다. 그러나 이런 논의 과정에서 양반의 유무가 문제시되었다는 것은 아쉽기 짝이 없는 일이다. 사실 이 시대의 지배계층을 무엇이라고 일컫든지 간에, 이러한 지배계층의 유무는 도무지 문젯거리가 될 성질의 것이 아니기 때문이다. 이 논의는 주로 한영우의 설을 비판하는 과정에서 야기된 것이지만 양반의 존재를 인정하는 연구자들, 예컨대 송준호나 이성무의 설 사이에 존재하는 이견을 중심으로 논의가 진행되는 것이 조선 전기의 사회구조나 지배층의 성격을 규명하는 데 더욱더 유익했으리라고 생각한다. 그러나 이러한 바람직한 의견 교환은 무엇보다도 타인의 연구 성과를 허심탄회하고도 성실하게 읽는 데서부터 시작될 것이다. 그리고 당시의 사회구조에 대한 논의는 양반 연구만으로는 다 밝혀지지는 않을 것이다. 양반 이외의 계층인 중인이나 양인 혹은 당시의 노비 문제 등에 대한 연구를 통해서도 그러한 목적은 상당한 정도로 달성될 것으로 기대된다. 그럼에도 불구하고 이 분야에 대한 연구가 거의 없었다는 것은 한번쯤 재고되어야 하리라고 생각한다.

3. 사림 연구

같은 기간 동안의 사림에 관한 연구 성과를 살펴보기 이전에 먼저 사림 혹은 사림파에 대한 기왕의 통설이 어떤 것이었나를 간단히 언급할 필요가 있을 것 같다. 왜냐하면 이에 대한 상당히 많은 연구들이 이러한 통설을 일단 기본적으로는 인정하는 선에서 이루어지고 있기 때문이다.

사림파에 대한 기왕의 통설을 간단히 말한다면, 이들은 지방에 거주하는 재지의 중소지주였으며, 이들은 성리학을 적극 받아들였고, 정치적으로는 성종대(成宗代) 이후부터 성장하기 시작해 사화(士禍)기간을 거쳐 선조대(宣祖代)에 이르면 조선왕조의 실질적인 지배세력으로 등장하게 된다는 것이다. 이러한 사림파에 대한 견해는 항상 소위 훈구파(勳舊派)라는 것을 염두에 두고 이와는 적대적이거나 대립적인 위치에 있는 세력으로 인식되어왔다. 즉 훈구파는 통설에 따르면, 서울에 거주하는 부재(不在)의 대토지 소유자이며, 조선 개국 이래 약 2세기 동안의 정치적인 실권을 장악한 사회세력이라는 점이다. 따라서 훈구파와 이에 대립적인 사림파는 결과적으로 거주지로 보나, 토지 소유관계로 보아 서로 상이한 사회계층이라는 이야기가 된다. 따라서 연산군(燕山君) 이후의 소위 '이조사화'(李朝士禍)는 이러한 훈구파와 사림파의 대립으로 말미암아 야기된 것으로 이해되는 것이 보통이었다. 그러나 이러한 통설이 어떠한 구체적인 실증적 연구를 통해 이루어진 것은 아니었다. 그런데 바로 1970년대 후반부터 이들 사림파의 사회경제적인 배경을 구체적으로 입증하려는 노력이 본격적으로 시작되었다.

이태진(李泰鎭)은 「16세기 사림의 역사적 성격」(『대동문화연구』 13, 1979)이라는 간략한 글에서 사림파의 등장을 이렇게 설명하고 있다. "16세기의 조선왕조 사회는 정통 성리학파로서의 사림파가 하나의 정치세력으로 등장해 기성의 집권세력인 훈구척신(勳舊戚臣) 세력과 대립하면서 여러 차례의 희생을 치른 끝에 마침내 집권적 위치를 차지하게 되고 그러는 가운데 사상적으로 성리학이 정착의 뿌리를 확고히 하게 되는 시기이다." 그러면서 그는 중국 송대(宋代)에 있어서도 성리학은 중소지주의 학문이라는 점을 들어 조선의 사림파도 중소지주라는 점을 강조했다. 그러나 그는 이 글에서 사림파의 사회경제적인 배경을 구체적으로 입증하지 않고 위에서 인용한 바와 같이 성리학의 보급 과정과 연결시켜 설명하고 있다. 그리하여 당시 사림파의 성장을 성리학의 사회적 소화 과정이라고 규정했다. 요컨대 이들의 성장을 성리학의 보급이라는 사상운동으로 설명한 셈이다.

그러나 그는 「16세기의 川防(洑) 관개의 발달」(『한우근박사정년기념사학논업』, 1981)이라는 논문에서 사림세력의 경제적 배경을 구명하려고 시도했다. 이 글에는 "사림세력 대두의 경제적 배경 일단"이라는 부제가 붙어있는데, 이들 사림세력은 14세기말, 15세기초 우리나라 농업 발전의 한 지표가 되다시피 한 남송대(南宋代)의 강남농법(江南農法)을 적극 받아들였다는 것이다. 이 강남농법은 수전경작이 주를 이루는 것이므로 이때 이후에 크게 발전한 천방의 축조는 이와 긴밀한 관계가 있다는 것이다. 그리하여 이러한 천방의 축조를 주도한 세력이 곧 지방에 거주하는 사림파였다는 것을 경상도 지방 몇 개의 읍지(邑誌)의 자료를 분석해 입증하려고 했다.

이러한 그의 노력은 일찍이 「14·5세기 농업기술의 발달과 신흥사족」(『동양학』 9, 1978)이라는 글을 발표할 때부터 시작되었다고 생각한다. 그는 이 시기에 휴한법(休閑法)이 극복되고 연작법(連作法)이 시행되는 중대한 농업기술상의 발전을 경험하는데 이의 주동세력이 당시의 신흥사족이라는 것이다. 나아가 그는 다시 「16세기 연해지역의 언전(堰田)개발: 척신정치의 경제적 배경 일단」(『김철준박사화갑기념사학논업』, 1983)이라는 논문을 통해서는 사림파와 대립관계에 있는 훈구파의 경제적 배경을 구명하려고 했다. 이러한 언전 개발의 규모나 방식은 사림파의 그것과는 너무나 큰 차이가 있다는 것이다. 이러한 일련의 연구를 통해 그는 훈구파와 사림파의 경제적 배경의 차이점을 밝히려 한 것이라고 이해된다.

결국 이러한 노력은 이 두 세력을 상이한 사회계층으로 파악하려는 것이었다고 생각된다. 그러나 이러한 노력에도 불구하고 아직도 문제는 많은 것 같다. 즉 14 · 5세기의 신흥사족과 16세기의 사림파를 동질적으로 파악하는 것 같은 인상을 주는데 이 관계를 분명하게 해야 할 것이다. 또한 이렇게 되면 조선 건국을 주도했던 소위 훈구파의 존재는 과도기적인 존재로만, 혹은 부정적으로만 이해될 수가 있는데, 14세기 이래의 우리나라의 역사를 그렇게 파악할 수가 있을까. 더욱이 조선왕조의 건국세력도 고려말의 재지(在地)의 중소지주였다고 흔히들 말하는데 어떻게 그러한 이론이 성립될 수 있을 것인가 하는 점도 그의 설이 갖는 중요한 문제점이라고 생각한다.

이러한 상황에서 이수건(李樹健)은 『영남사림파의 형성』(영남대학교 민족문화연구소, 1979)을 내놓았다. 여기에서 그는 영남사림파 형성의 사회적 배경, 영남사림파의 경제적 기반, 영남사림파의 학문적 연원 등을 다각적으로 분석해, 사림파의 존재양식을 구명하고자 했다. 특히 이 연구는 사림파에 대한 기왕의 통설을 인정하는 선에서 영남지방의 구체적인 사례를 그곳에 거주했던 사림가문의 분석을 통해 제시하고자 한 것이라는 점에서 사림 연구는 보다 한 차원이 높아졌다는 느낌을 준다. 이러한 연구를 통해 그도 사림파는 재지의 중소지주였다는 점을 밝히려한 것이다. 그러나 사림파의 개념을 분명하게 하지 않아 그의 노력이 충분한 결실을 보았다고 하기는 어렵다고 생각한다. 말하자면 사림파를 설명하는 가운데,

훈구파였던 가문이나 개인이 사림파로 전향하기도 했다든지, 사림파가 중소지주라 하더라도 그들의 전지(田地)와 노비는 각 처에 존재할 수 있었다든지, 재지사족(在地士族)에서 사림파가 나왔다든지 하는 설명은 어떻게 받아들여야 할지 망설여진다. 대개 사회계층이란 개인이 임의로 선택해 이루어지는 것은 아니기 때문이다. 또한 사림파의 문제는 항상 훈구파와 대립적으로 설명되기 때문에 훈구파와 사림파는 명확하게 개념상으로도 구분되어야 그의 논문은 설득력이 있을 것이다. 그러나 훈구파가 사림파로 전향했다든지 재지세력 중에도 사림파가 아닌 사람도 있었음을 암시하는 구절 등은 그냥 지나칠 문제는 아니라고 생각한다. 그는 자신의 연구에 결정적으로 중요하게 사용되는 사림파에 대한 개념을 분명하게 하지 않았기 때문에 방대한 사례 연구를 통해서도 그 이전이나 마찬가지의 의문은 해결된 바가 거의 없다고 생각된다.

김태영(金泰永)은 「초기 사림파의 성격에 대해: 金宗直(김종직)을 중심으로」(『경희사학』 6 · 7 · 8합집, 1980)에서 훈구파와 사림파의 사회경제적인 차이는 여기에서 상론할 성질의 것이 아니라고 제쳐두고, 그 의식면에서 사림파는 (훈구파보다) 성리학적인 사유에 한층 더 깊이 젖어든 자들이었으며, 정치적 교학(教學)으로서의 성리학이 조선왕조 사회에 토착해 기능하게 된 것도 사림파의 성장과 더불어서였다고 했다. 또한 그는 김종직의 지방수령으로서의 치적을 해명하는 과정에서, 그의 치군(治郡)에 있어서 가장 특이한 면은 당해지방의 실정에 맞추어 임했음을 지적하고, 이는 그 지역의 토착적 독자성과 특수성에 착목하고 이를 개발해 나아가고 있었음을 의미하는 것이라고 언급했다. 말하자면 사림의 재지적 성격을 설명하고자한 것이라고 하겠다. 이러한 연구는 김종직이라는 개인의 행적이나 사상적인 특징이라는 구체적인 사례를 통해 사림파의 특징을 밝히려 했다는 점에서 매우 흥미가 있다. 그러나 사림파가 아닌 지방수령들은 그러한 치적을 남기지 않았다고 단언할 수가 있을까 하는 점이 더 밝혀져야 할 것이다.

이병휴(李秉休)는 『조선시기 기호사림파 연구』(일조각, 1984)를 출간했는데 여기에서 그는 지금껏 영남지방과 사림파와의 관계만이 중시되었던 것에서 더 나아가 기호지방의 사림파를 연구의 대상으로 삼았다. 그는 특히 중종대(中宗代)의 권력구조상에서 핵심적인 지위를 차지하고 있던 인물들, 그리고 소위 기묘사화(己卯士禍)에서 희생된 인물들을 다각적으로 분석해 문제에 접근하려 했다. 이 책에서 그는 특히 종래의 사림파와 훈구파의 구분이 애매하다는 점, 또 사림파의 개념이 명확하게 되어 있지 않았다는 점 등을 지적하고 그 나름대로의 논리를 전개하고 있다. 즉 그는 기호지방이라고 해서 사림이 없었던 것도 아니며, 영남지방이라 해서 훈구가문이 없었던 것도 아니라고 해, 훈구파와 사림파의 문제를 상당히 융통성 있게 규명하려 했다. 그리하여 그는 소위 사림파에도 순수한 재지의 세력뿐 아니라, 소위 과거의 훈구파, 그의 표현대로라면 '일급거족'(一級鉅族)도 적지 않게 포함되어 있다는 것을 각종의 인물 분석으로 찾아냈던 것이다. 그렇기 때문에 그는 유리한 여건과 환경을 거부하고 (훈구파가) 사림파로 전향했다는 사실에 주목할 필요가 있다고 하면서, 이는 훈구파와 사림파의 구분을 위해 종래에 제시된 몇 가지의 기준이 절대적이 아님을 대변해주는 증거라고까지 했다. 그러면서도 그는 동시에 사림파에 속한 인물들은 재지사족 출신으로 훈구가문과는 대조적인 성격을 지녔다는 일반적인 이해와 큰 차이가 없음을 알 수 있다고 주장했다. 이와 같은 그의 연구는 사림파와 훈구파를 대립적인 것으로만 이해하고자 할 때 발생하는 많은 예외적인 사실들을 해명하려고 했다는 점에서 상당한 의의가 있는 것이지만, 이렇게 되면 종래의 사림파와 훈구파의 개념과는 상당히 다른 새로운 개념을 정의했어야 하지 않았을까 한다. 그렇게 본다면 그의 연구를 통해서도 사림파의 정의가 명확히 이루어졌다고는 생각되지 않는다.

이리하여 사림파에 대한 기왕의 연구들을 종합해본다면 아직까지도 사림파의 개념이 분명하게 정립되지 않았으며, 연구자들마다 그 개념을 조금씩은 다 다르게 사용하고 있다는 점을 발견하게 된다. 따라서 사림파와 훈구파의 문제는 여전히 애매한 점이 많다는 결론이 되는 것이며, 이는 이 분야의 연구에 중요한 결함이 있다는 뜻도 될 것이다. 사실 지금까지 '훈구 · 사림 2계급론'은 여기에 본격적인 반론을 제시한 사람이 거의 없다는 점에서 학계 일반에서는 그냥 받아들여지고 있는 듯하다. 이런 의미에서 에드워드 와그너(Edward Wagner) 교수가 제기한 구체적인 의문은 다시 한 번 음미할 필요가 있다고 생각한다.

와그너는 「이조사림문제에 대한 재검토」(『전북사학』 4, 1980)라는 글에서 지금까지 사림에 관한 논의가 어떻게 진행되어왔는가를 살피고, 나아가 위에서 언급한 바와 같은 사림에 관한 오늘날의 일반적인 견해가 과연 확고한 연구 토대 위에서 성립된 것인지를 문제 삼았다. 그리하여 그는 사림파가 16세기 이후 본격적으로 대두하기 시작한 새로운 계층이었다는 주장을 하는 사람들이 다 인정하는 일단의 사림파 인사들을 직접 분석했다. 즉 그는 조광조(趙光祖) 집권 이후에 실시된 바 있는 현량과(賢良科)에 급제한 28명을 분석의 대상으로 삼았다. 이를 분석한 결과, 이들 28명 중 19명이 서울 거주자였으며, 대부분의 인사들의 가족적인 배경도 기왕의 사림파의 범주에는 들 수 없을 만큼 좋았다는 것이다. 말하자면 현량과 급제자의 대부분은 서울에 확고한 기반을 가진 양반 가문의 출신이거나, 아니면 그 가문과 밀접한 관계를 맺고 있는 집안의 출신이라는 결론에 도달했다. 따라서 그는 '사림'이라는 용어는 조선 초기에 대단히 중요했던 한 사상운동의 성격을 기술하는 데는 유용한 용어가 될지는 모르나 이 말로써 조선왕조 지배층의 구성적인 측면을 설명하려고 한다면 그것은 거의 무의미한 일이라고 단언했다. 결국 훈구파와 사림파는 두 개의 이질적인 계층 간의 상충관계를 통해 형성된 존재로 다룰 것이 아니라, 하나의 일체적이요 지속적인 존재로 다루는 것이 올바른 연구 성과를 기대할 수 있는 방법이라고 결론지었던 것이다. 이러한 그의 연구는 '훈구·사림 이계급론'에 정면으로 이의를 제기한 것이었다.

사실 이 문제에 대하여 이병휴는 위에서 언급한 그의 저서 가운데 실려 있는 「사림파의 개혁정치와 그 성격」이라는 글에서, 그리고 같은 책의 부록으로 들어가 있는 「현량과 연구」라는 글에서 와그너와 마찬가지로 현량과 급제자의 분석을 통해 와그너와는 정반대의 견해를 표명함으로써 와그너의 논문을 비판하고 기성의 이론을 옹호했다. 이러한 그의 와그너 논문에 대한 비판 중 가장 중요한 것은 와그너가 위의 논문에서 분석한 내용이 근본적으로 잘못되어 있다는 점이었다. 즉 그의 분석에 의하면, 28명의 현량과 급제자 중 서울 거주자는 10명뿐이며, 나머지는 각 지방 인사들이었다는 것으로서 그도 이들의 분석 결과를 도표로 제시했다.

여기에서 이병휴는 현량과 급제자들이 급제 당시에는 거경자(居京者)들이었을지라도 그들의 주된 생활 근거지는 서울이 아니었던 자들이 많았다는 것을 주장했다. 그리하여 그는 와그너가 조사한 19명의 거경자 가운데 적어도 9명은 그들의 주된 생활 근거지가 서울이 아니었다고 주장했다. 이러한 관점은 사실 매우 흥미로운 점이라고도 하겠다. 그런데 더욱 필자의 흥미를 끄는 점은 이병휴가 파악한 그 9명 중 1명의 근거지는 미상이며 1명은 경기도가, 나머지 7명은 충청도가 그 근거지였다는 지적이다. 우리는 사실 거경자들이라고 할 때 그 말이 구체적으로 무엇을 뜻하는 것인지를 엄밀하게 따져본 적은 없다. 그러나 사족 중 거경자들은 지방에 거주하는 사족보다는 경제적으로 더 윤택하며, 사로(仕路)에 나아갈 수 있는 기회도 더 많은 사람들이라는 점에서는 의견을 같이한다고 믿는다. 이러한 상식을 바탕으로 '거경자'의 의미를 좀 더 파악할 수는 없을까? 즉 거경자라고 할 때, 과연 그들의 거주지뿐 아니라 그들의 주된 생활 근거지도 서울인 사람들만을 의미한다고 단정할 수 있을까? 오히려 그들의 주된 소득원은 여러 지방에 흩어져 있는 토지에 있었을 것이기 때문이다. 더욱이 서울과 왕래가 용이한 경기도나 충청지역은 바로 거경자들의 근거지라고 해서 틀린 말일까?

설령 이병휴의 조사만 가지고 말한다고 해도 문제는 남는다. 즉 28명 중 10명만이 서울 거주자라고 해도 기왕의 사림이론은 중대한 위기에 처한 것이 아닐까 한다. 즉 사림파의 설명 중 가장 핵심적인 부분은 이들이 지방에 거주하는 사족이라는 점이다. 그러나 이처럼 서울 거주자가 많다는 것은 무엇을 뜻하는 것일까? 또한 이병휴는 이들 28명의 가계를 분석해 그 가운데 '일급거족'(一級鉅族)이 8명이며, '이급거족'(二級鉅族)이 1명, '일급거족이나 계보 불명'이 3명, '일급거족이나 비직계'가 3명, '비거족'(非鉅族)이 13명이라고 했다. 여기서 일급거족이니 비거족이니 하는 것이 무엇인지는 모르나 그는 거족을 소위 훈구파의 의미로, 비거족을 사림파의 의미로 쓰고 있는 것 같다. 그렇다면 일급거족이 8명이나 된다는 사실은 기묘인(己卯人)들 중에 훈구파도 많다는 결과가 아닐까 한다. 이러한 것은 기왕의 사림이론에는 정면으로 배치되는 것이라고 생각된다.

따라서 '훈구 · 사림 이계급론'이 널리 인정받으려면 보다 기초적인 문제들이 많이 밝혀져야 할 것이며, 무엇보다도 그러한 이론에 정면으로 상치되는 수많은 사례들을 합리적으로 납득할 수 있도록 설명해야만 한다는 기본 과제가 남는 것이다. 이런 문제의 해결 없이는 이 이론을 흔쾌히 받아들이기는 어려울 것이다. 그리고 대세론적인 입장에서 볼 때에도 16세기 사회변동론에는 또 하나의 중요한 미해결의 문제가 있다.

이미 14세기말에 있었던 조선의 건국 자체를 중소지주의 대두라고 설명하면서 동시에 16세기에 다시 중소지주층이 대두한다는 것은 과연 가능한 것인가, 또 훈구파라는 적대세력이 이루어놓은 온갖 정치제도 내지 왕조 자체를 그대로 유지하면서 새로운 계층이 성장해 지배세력의 교체를 이룩했다는 이론은 또한 어떻게 가능한 것일까 하는 문제도 아울러 해명하지 않으면 안 될 것이다.

또한 훈구파를 서울에 거주하는 사회계층이라 하고, 사림파를 기호지방에서 영남지방에 이르는 전국의 각지에 거주하는 또 다른 사회계층이었다고 하면 우리는 조선왕조의 건국을 어떻게 이해해야 할까. 신라시대의 골품제(骨品制) 하에서는 중앙귀족은 왕경인(王京人)을 중심으로 편성되었다는 것이 통설인 것 같다. 그러다가 고려시대에는 왕경뿐 아니라 지방출신의 지배세력이 등장한다는 것인데, 조선 건국 이후 2세기 간의 지배계층인 훈구파가 다시 서울 거주자로만 되어 있다면 조선왕조의 건국은 그야말로 역사에 역행하는 사건이었다는 것일까. 현재까지의 사림이론, 즉 '훈구 · 사림 이계급론'을 받아들이고자 할 때 부딪치는 이처럼 중대한 문제들에 대한 해명이 이루어질 수 있어야 할 것이다. 동시에 종래의 훈구 · 사림론에 대해 비판적인 입장에 있는 연구자들도, 성종대 이후의 역사를 새로이 해명하려는 적극적인 노력을 기울여야 하리라고 생각한다.

4. 농업사 연구

이태진은 「14 · 5세기 농업기술의 발달과 신흥사족」(『동양학』 9, 1978)이라는 글에서 고려말 신흥사대부 세력의 대두를 농업기술의 발전 과정으로 설명하려는 시도를 했다. 이 시기에 휴한법이 극복되고 연작법이 실시되는데, 이러한 농업기술의 발달을 주도했던 사회세력이 이들 지방의 중소지주 계층인 신흥사족이라는 것이다. 이 글은 매우 짤막한 것으로서 일종의 문제제기라고나 할까 아니면 하나의 새로운 가설을 제기한 것이었다고 생각한다. 그런데 이 글을 계기로 그는 이 시기의 농업사에 대한 일련의 글을 연속으로 발표하고 있어서 주목을 끈다.

그는 「고려말 · 조선초의 사회변화」(『진단학보』 55, 1983)에서 위의 논문에서 편 자신의 입장을 다시 표명했다. 즉 그는 14세기 이래 우리나라에 소개되기 시작한 남송대의 강남농법을 당시의 신흥사족들이 적극 받아들임으로써, 이후 휴한법이 극복되고 연작법이 실시되는 중요한 농업기술상의 발전을 겪게 된다는 것이다. 따라서 고려말, 조선초, 즉 14~15세기에 있었던 사회 변화는 이러한 새로운 농업기술상의 발전을 주도한 신흥사족에 의해서 일어나게 되었음을 암시하고 있다. 이 글 또한 그 제목에서 알 수 있듯이 당시의 농업기술상의 문제를 세밀히 검토한 것이라기보다는, 조선왕조 건국을 전후한 시기의 사회 변화를 이러한 농업기술상의 발전 과정 속에서 이해해보고자 하는 문제를 제기한 것이라고 생각한다.

이어서 그는 「세종대의 농업기술정책」(『세종조문화연구』 II, 1984)에서 보다 구체적으로 이 문제를 추적했다. 여기에서 그는 새로운 농업기술의 발전을 주도한 사회세력으로서의 신흥사족의 역할에 크게 주목했다. 그리하여 당시에 만들어진 여러 가지의 중요한 농서(農書), 즉 『농상집요』(農桑輯要)라던가 『긍양잡록』(矜陽雜錄) 등을 편찬한 사람들이 주로 그러한 신흥사족에 속하는 인사들이었다는 데서 주요 논거를 얻으려 했던 것이다. 그리고 이러한 농업기술의 발전은 세종대에 편찬된 『농사직설』(農事直說)에 집약되어 있다고 주장하면서, 이 이후 휴한법의 완전한 극복이 이루어지게 되어 농업 생산량이 증가하게 되고, 이런 변화는 증가된 농업 생산성에 바탕을 둔 새로운 세제(稅制)의 확립으로까지 확산된다고 했다. 그리하여 세종대 이후의 새로운 공법(貢法)의 제정은 이러한 맥락 속에서 파악되어야 함을 주장했다.

이상은 그 검토 대상 시기가 대체로 14~15세기에 한정된 것이지만, 그는 여기서 더 나아가 16세기 이후의 농업 발전에 대하여도 언급하고 있다. 즉 「16세기의 川防(洑)관개의 발달: 사림세력 대두의 경제적 배경 일단」(『한우근박사정년기념사학논업』, 1981)에서는 14세기 이래의 수전경작을 위주로 하는 강남농법의 도입으로 수리시설의 확보가 무엇보다도 주요한 관심의 대상이 되는데, 특히 천방관개의 발달이 그러한 사회적 욕구를 충족시키는 것이었다는 것이다. 그리고 이러한 천방관개의 발달은 지방의 중소지주 계층인 사림세력의 주도 하에 가능했다는 것이다. 그러므로 16세기 이래의 사림파의 대두는 단순한 정치적인 사건이 아니라 중앙의 훈구파와는 사회적으로나 경제적으로 상이한 배경을 가지고 있는 새로운 사회계층의 대두를 의미한다고 했다. 이것이 바로 16세기 이후의 사회적 변화라는 것이다.

지금까지 이태진의 일련의 농업사 관계 논문을 간략하게 살펴보았다. 그 결과 그는 14~15세기, 즉 조선왕조 건국을 전후한 시기의 사회적인 변화뿐 아니라, 16세기 이후, 즉 소위 '사림파'의 대두라는 사회적인 변화도 결국 농업기술상의 발전 과정 속에서 파악하려는 새로운 시도를 하고 있다는 것을 알게 되었다. 사실 이러한 시도는 과거에 없었던 것이었다. 그런 의미에서 그의 일련의 연구는 조선전기 역사 연구의 시야를 이 방면에까지 확대시켰다는 점에서 매우 긍정적으로 평가하고 싶다. 그러나 그의 연구는 아직도 시도 그 자체에 의미가 있다는 범위를 크게 벗어나지 못하고 있다는 느낌을 준다. 즉 당시의 농업 발전의 가장 중요한 내용이 휴한법의 극복과 연작법의 시행이라는 것을 그는 위의 논문마다 언급하고는 있지만, 이러한 연작법의 시행 과정이라든가 연작법에 의한 새로운 농업기술의 구체적인 양상을 하나하나 밝히고 있지는 않기 때문이다. 당시의 농서, 특히 그가 강조하는 『농사직설』만 하더라도 그의 중요성을 내세워 강조하기 이전에 기술되어 있는 농업기술이 당시의 현실과 어떠한 관계에 있으며, 그 이전이나 이후의 농서에 나타난 것들과는 어떤 관계에 있는지를 구체적으로 밝혀내야만 될 것이다. 그리고 새로운 사회계층의 성장을 이러한 논지에 맞추어 설명하려면 그가 사용하고 있는 '사림파', '신흥사족' 등의 개념을 분명하게 해주어야 하리라고 생각한다.

그는 예컨대 14~15세기의 사회 변화를 이야기할 때는 주로 신흥사족이라는 용어를, 그리고 16세기 이후의 사회 변화를 다룰 때는 사림이라는 말을 더 사용하는 것 같다. 그러면 이 양자는 같은 계층이라는 것일까, 다르다는 것일까? 그리고 14~15세기의 사회 변화와 16세기의 사회 변화는 보다 구체적으로는 조선의 건국과 성종대 이후 사림파 대두의 문제가 되겠는데 이 두 단계의 사회 변화를 어떻게 일관성 있게 연결할 수 있는가? 당시의 2세기 동안이 그처럼 대규모의 사회 변화를 두 차례나 겪을 만한 대변혁의 시대였다는 것일까. 『금양잡록』은 강희맹(姜希孟)이 쓴 것인데 강희맹은 누구나 인정하는 '훈구파' 인사였다. 이러한 세부적이고 구체적인 문제를 분명하게 밝혀야만 그러한 가설은 정당성을 인정받게 될 것이라고 생각한다.

한편 민성기(閔成基)도 이 시기의 농업사에 대한 일련의 연구 성과를 발표하고 있어 주목을 끈다. 그는 먼저 「동아시아 古농법상의 누리(耬犁)고: 중국과 조선의 경종법(耕種法) 비교」(『성곡논총』 10, 1979)에서 중국의 경종법과의 비교를 통해 조선 전기, 즉 『농사직설』에 기술된 경종법을 면밀하게 분석했다. 중국에서는 일종의 파종기라고 할 수 있는 누리가 사용되고 있는 데 반해 이 누리가 조선에서는 사용되지 못하는 이유를 세밀하게 검토했다. 그리고 그 결과를 토대로 조선 초기 파종법의 특징을 밝히고, 이를 통해 당시 우리나라 농업기술의 성격을 구명하려 했다. 그 결과 그는 조선시대에는 간종법(間種法)이라는, 전(前)작물의 행간에 후(後)작물을 파종, 동시 재배해 1년 2모작을 보장하는 농법이 일반화되어 있었다고 했다. 그리고 이 간종법은 조선 농민의 경작지 부족에서 유래된 만부득이한 토지 이용법이었다는 점에서 빈곤한 농민 간에 일반화된 농법이었다고 결론지었다.

그는 또한 「조선전기의 맥작기술(麥作技術)考: 『농사직설』의 종맥법(種麥法) 분석」(『부대사학』 4, 1980)에서는 『농사직설』의 맥전종맥법(麥田種麥法)을 상세하게 분석했다. 그는 특히 『농사직설』의 선사본(宣賜本)(1492)과 농가집성본(農家集成本)(1656)의 종맥기사(種麥記事)가 왜 서로 다르게 나타나는가 하는 점을 엄격한 사료 비판을 통해 밝혀내고, 이를 통해 선사본에 맥전의 작무(作畝)·파종법(播種法)이 생략된 이유는 대소맥의 파종법은 견종(畎種)을 하는 것이 너무나 상식화된 관용농법이었기 때문이라는 결론에 도달했다. 그리하여 맥에 관한 한 견종법은 조선 초기 이래의 변함없는 전통 농법이었다고 주장하면서 견종법이 조선 후기에 가서야 실시된다는 종래의 견해에 대하여 이론을 제기했다.

이어서 그는 「이조리(李朝犁)에 대한 일고찰」(『역사학보』 87·88, 1980)에서 『농사직설』의 이경법(犁耕法)을 상세히 검토하고 나아가 이를 후기의 이경법과 비교하면서 조선의 농법, 특히 이경법의 변화를 통해 우리나라 농업기술의 발전 과정을 구명하려 했다. 그는 『농사직설』에 나오는 이경법을 쟁기의 형태, 쟁기의 구조, 쟁기질의 방식으로 나누어 자세히 검토해, 당시의 이경법은 선경(旋耕)이라는 쟁기의 왕복경으로 이랑이 작성되는 휴립경(畦立耕)이라는 점에 특징이 있다고 했다. 그러나 같은 휴립경이라도 초기에는 천경(淺耕)에 의한 평휴경(平畦耕)이던 것이 후기에 들어서는 심경(深耕)에 의한 고휴경법(高畦耕法)으로 변하는 것에 조선의 이경법의 발전이 있었다고 결론지었다.

이와 같은 그의 연구는 우선 사료의 분석이 매우 치밀하다는 점, 관련된 사료를 광범위하게 수집했다는 점, 그리고 중국의 농서, 농법과의 부단한 비교 고찰을 시도했다는 점 등에서 매우 성공적이었다고 생각한다. 그러나 무엇보다도 당시의 농업사를 연구함에 있어서 적절히 주제를 한정함으로써 아주 구체적인 연구 성과를 얻을 수 있었다는 점에 주목하고 싶다. 따라서 이러한 연구 태도는 앞으로 조선 초기에 이루어진 농서를 연구하는 데 있어서 시사하는 바가 적지 않다고 생각한다. 그러나 당시의 농업기술의 진보가 그 사회에 끼친 영향은 어떠한 것이었을까? 또 당시의 농업기술의 발전은 어떠한 사회계층이 주도했을까 하는 점에 대한 관심이 그의 연구에서 전혀 보이지 않는 것은 서운한 일이다.

이상에서 이 시대의 농업사 연구 현황을 간단히 살펴보았다. 사실 농업사 연구는, 특히 이 시대에 관한 한 그 초기 단계에 있다고 해도 과언이 아닐 듯하다. 그러나 이러한 시도가 있었다는 것은 조선전기사 연구의 영역이 확대되었음을 뜻하는 것이기도 하기 때문에 이는 반가운 현상이라고 생각한다. 그러나 동시에 농업사 연구를 바탕으로 당시의 사회적인 변화를 논하기에는 아직도 그 연구 성과가 대단히 미진한 상태에 있다는 점 또한 지적하지 않을 수 없다. 뿐만 아니라 얼마 되지 않는 연구자 상호간의 의견 교환이 어떠한 형태로도 이루어지지 않고 있다는 점도 반성해야 할 일이 아닌가 한다.

5. 1990년대 이후의 새로운 연구들

앞에서 서술한 바와 같이 1980년대에 이루어진 양반 혹은 사림세력의 성장을 사회경제사적으로 살핀 연구는 학계에 큰 영향을 미쳤다. 이후 이 방면에 대한 연구들이 없었던 것은 아니지만 기본적인 틀에서 본다면 여기서 크게 벗어난 것은 없다. 그러므로 앞의 연구 성과들은 이 시대의 역사상의 형성에 커다란 영향을 미쳤으며, 그 영향은 지금도 여전하다고 할 수 있다. 1980년대 이후 크게 진전된 현대 한국 사회경제의 역동적인 발전을 바라보면서 한국의 역사가들도 과거 식민주의 사학의 정체성론을 반박한다는 소극적 차원에서가 아니라 우리나라의 전통사회에서도 역동적인 사회의 모습을 적극 찾아 체계화하기에 이른 것이다. 이런 이유로 인해 신흥사대부와 사림 세력의 성장을 초래한 당시 사회경제의 왕성한 발전론은 현대 한국의 역동적 성장과 어울려 많은 사람들의 생각에 깊이 각인될 수 있었다고 생각한다.

그러나 이처럼 자명해 보이는 역사 해석에도 문제가 없는 것은 아니다. 같은 시대를 공부하는 필자의 눈에 신흥사대부와 사림 세력의 성장론은 그 영향력이 큰 만큼 사실 및 이론적 토대가 위험하게 느껴졌다. 그래서 필자는 다시 한 번 이 시기 연구의 성과를 정밀하게 검토하기 시작했다. 그리고 그 결과를 대략 다음과 같이 크게 정리했다.[3]

1980년대 이후 크게 촉진된 조선 초기의 지배층에 관한 주요 연구 성과는 양적인 면에서나 질적인 면에서 이런 연구가 처음 이루어지기 시작하던 그 이전에는 상상할 수도 없을 만큼 큰 것이었다고 판단되었다. 일제의 암흑기에는 우리나라 역사에 대한 본격적인 연구가 이루어질 수도 없었으며, 해방 직후의 혼란과 그에 이은 전쟁으로 인해 1950년대까지는 제대로 조국의 역사를 연구할 여유도 없었던 것이 사실이다. 그런 악조건

3 이하 필자의 견해는 필자의 글(「조선전기 지배세력의 형성과 변천: 그 연구사적인 성과와 과제」, 『한국사회발전사론』, 일조각, 1992) 중에서 pp. 89~128 부분을 재정리한 것이다.

속에 뿌리를 내리기 시작한 이 방면의 연구가 지난 30여 년 동안에 이 정도로 진척되었다는 것은 얼마나 다행스런 일인지 모르겠다. 이 모두가 연구자들의 헌신적인 노력의 결과가 아닐 수 없다.

조선왕조의 건국과 왕조의 지배층의 성격 및 변천에 관한 이처럼 다양한 연구를 바탕으로 이제는 모두 이 시대를 더 깊이 이해할 수 있게 되었다. 그러나 지금까지의 검토를 정리해보면 거의 모든 연구가 조선 초기를 심각한 사회 변동이 줄기차게 진행되었던 시대로 파악하려는 점에 집중되어 있었다는 점을 알 수 있다. 조선왕조의 건국도 고려말의 신흥사대부의 성장으로 설명되었으며, 그에 따라 조선 초기의 지배층의 기원과 성장도 매우 역동적인 것으로 설명되었다. 왕조가 건국된 지 100여 년이 지날 때부터 조선의 지배층은 사림파라고 하는 신진세력의 도전을 받으며, 끝내는 이들에게 지배적인 자리를 내주고 말았다는 연구도 따지고 보면 그 시대가 매우 변동이 심한 때였음을 말하려는 것이었다. 그리고 이러한 변동은 늘 사회적인 발전이라는 측면에서 해석된 것이었으며, 이러한 발전은 항상 지배세력의 교체로 마무리되는 것이었다. 왜 한결같이 지난 한 세대(世代)의 연구는 지배세력의 교체로 인한 사회 발전이라는 측면을 그처럼 강조했을까?

지난 한 세대는 우리의 역사상 거대한 격동기였다. 해방 이후 새로운 정치체제를 모색해온 우리 사회는 새로운 시대에 어울리는 민주적인 정치적 리더십을 모색하는 과정에서 말할 수 없는 진통을 겪어왔다. 식민지시대의 질곡을 안은 우리 사회는 남북 분단이라는 특수한 상황 속에서 쉽사리 자유주의적인 민주 국가를 건설할 수는 없었던 것이다. 그리고 1960년대에 들어서 시작된 급격한 산업화는 정적이고 안정된 농업 위주의 우리 사회를 본격적으로 변화시키기 시작했다. 급속한 공업화에 따라 인구는 농촌에서 도시로 걷잡을 수 없는 속도로 유입되었으며, 그에 따라 우리의 전통적인 촌락 구조도 변화하지 않을 수 없었다. 우리는 지난 30여 년을 격동하는 사회의 한가운데에서 살아왔던 것이다. 이러한 급격한 사회적 변화는 전통적인 모든 가치체계를 뒤흔들어놓아 우리를 불안하게 만들기도 했지만, 식민지 지배와 전쟁으로 침체되었던 이 사회를 새롭게 재건한다는 희망과 포부 때문에 미래에 대한 기대감을 증폭시켰던 것이다. 우리 자신이 전통과 변화가 크게 상충하는 역사적 시대를 살았던 것이다. 이러한 역사적인 배경이 조선 초기 사회를 연구하는 역사가들에게도 많은 영향을 미쳤던 것이라고 생각한다. 조선의 건국은 고려사회와는 근본적으로 다른 단계로 우리나라가 발전하게 되는 큰 계기가 되었다고 생각되었으며, 그 이후에도 조선 사회의 발전은 거듭되었던 것으로 해석되었다. 항상 지배적인 기득권을 장악한 사람들에게 도전하는 새로운 세력이 성장하고 있었으며, 이들의 성장은 자연히 기성의 권위와는 대립과 마찰을 야기하는 것으로 생각되었다. 결국 이 시대를 연구하는 역사가들은 그들 자신이 살았던 격동의 시대의 산물이었던 것이다. 우리는 의식적이건 무의식적이건 간에 우리 시대의 눈으로 조선 초기의 사회를 바라보고 있었던 것이다.

과연 조선 초기의 사료에는 당시 사회의 변화와 발전을 말해주는 자료가 많았다. 그런 의미에서 지금까지의 연구는 그 나름대로 실증적 토대 위에서 그와 같은 사회변동론의 기초를 닦을 수 있었던 것이다. 그렇지만 그러한 사회변동론의 전개에 정면으로 반대되는 수많은 자료들이 동시에 존재하고 있었다는 점에 대하여는 그다지 주목하지 않았다. 이러한 사실은 우리들이 조선 초기 사회의 어느 일면만을 지나치게 확대해서 보려고 노력한 반면, 어느 다른 측면은 도외시하고 있었다는 것을 의미하는 것이었다. 즉 우리는 당시의 사회를 종합적으로 보지는 못했던 것이다. 이를 다른 말로 표현한다면 우리는 오늘날 너무나 우리의 안목을 위주로 하여 당시의 사회를 해명하려고 했던 것이다. 조선 초기는 오늘날과는 매우 다른 시대였다는 점을 간과하고 있었는지도 모른다. 우리는 당시의 사회를 그때의 역사적인 상황 속에서 이해하려는 노력을 더 기울였어야 했다고 생각한다.

사실 당시의 사료 속에서 사회적 변화를 말해주는 사료도 많지만, 동시에 그와는 상충되는 자료도 얼마든지 발견된다. 이 두 가지 중 어느 것이 더 중요한 것이 아니라 그 두 가지 요소가 당시 사회의 양면성을 동시에 말해주는 것이므로 다 중요한 것이다. 그러므로 조선 초기 사회의 지속성과 안정성을 말해주는 자료를 찾는다면 변동을 말해주는 자료보다 결코 적지 않다. 만약 이 점만을 드러내어 조선 초기 사회는 전혀 변화가 없는 지속적인, 정체적인 사회였다고 말한다면 이것도 잘못된 해석일 것이다. 그러므로 우리는 이 양면적인 자료를 동시에 놓고 당시의 사회를 재구성하려고 노력해야 한다고 생각한다. 그래야만 역사적인 진실에 보다 가깝게 다가설 수 있다고 믿는다. 그리고 진실만이 오늘날의 우리 자신을 성찰할 수 있는 빛을 비추어줄 수 있으리라 확신한다.

이처럼 역사가들이 현실을 예리하게 관찰하면서도 바로 그 현실로부터 어느 정도 초연한 입장에 서게 될 때 과거의 역사를 보다 객관적으로 조망할 수 있을 것이다. 그렇게 되면 조선시대의 사회 발전에 관한 연구에 있어서도 보다 균형 있는 태도를 견지하게 될 것이다. 그러면 우리는 지금까지 몰두해왔던 연구 방향에 대하여 매우 의미 있는 반성을 할 수 있는 계기를 발견할 수 있을 것이라고 생각한다. 신흥사대부의 문제건, 양반과 양인의 문제건, 혹은 사림파의 성장에 관한 문제건 근본적으로 새롭게 연구할 수 있는 관점은 얼마든지 있을 것이기 때문이다.

그러므로 우리는 역사를 연구하는 우리의 근본적인 태도에 대하여 심각한 반성과 성찰의 기회를 가져야만 한다고 확신한다. 그런 바탕 위에서 지금까지 우리가 중요하다고 생각해왔던 자료를 재검토해보고, 그 자료를 해석하는 방향을 다시 탐색해보아야 한다. 그리고 우리들의 연구에 사용된 각종의 용어들을 찬찬히 뜯어보게 되면 지금까지의 연구에서 한걸음 더 나아갈 수 있는 계기를 마련할 수 있다고 생각한다. 그러므로 학문적인 연구나 논쟁에 있어서도 미시적인 접근이 아니라 보다 근본적이고 거시적인 접근이 절실히 요청되며, 이는 앞으로 다가올 한 세대의 연구의 방향과 학문적 수준을 결정짓는 데 깊은 영향을 끼치리라고 생각한다.

그리고 조선 초기의 사림세력이 대부분 삼사(사헌부 · 사간원 · 홍문관) 출신의 언관들이었다는 주장이 사실은 잘못된 가설에 의한 것일 뿐이라는 점을 더 드러내기 위해 조선 성종대의 대간 390명 이상의 사회적 배경을 검토했다. 그리고 이들을 세종대의 집현전학사와 세조대에서 성종대에 이르는 공신세력과 여러모로 비교 검토했다. 그 결과는 사림세력이 공신들을 중심으로 한 훈구세력과는 달리 중소지주 출신의 신진세력이었다는 주장이 전혀 근거 없는 것임을 여실히 보여주었다.[4]

그러나 신흥사대부와 사림 세력의 성장론을 중심으로 한 사회변혁론에 대한 비판은 국내에서보다 해외, 특히 구미 학계에서 더욱 강하고 지속적으로 제기되었다. 마르티나 도힐러(Martina Deuchler) 교수는 그의 저서, *The Confucian Transformation of Korea: A Study of Society and Ideology* (Cambridge, MA: Harvard University Press, 1992)에서 고려에서 조선으로의 변화를 성리학적인 사회의 출현이라는 점으로 고찰했다. 조선왕조가 성리학적인 이념에 바탕을 둔 사회였다는 것은 너무나 잘 알려져 있어서 이 문제는 더 이상 알아볼 필요도 없어 보였다고 해도 과언이 아니다. 그리

4 鄭杜熙, 『朝鮮時代의 臺諫制度 研究』(一潮閣, 1994) 제4장 「臺諫의 社會的 背景」을 참조할 것.

고 조선왕조의 사상사에 대한 연구는 그 시대를 대표하는 소수의 유명한 유학자들의 사상을 중심으로 전개되어왔었다. 그러나 도힐러 교수는 성리학적인 이념이 그 당시 사람들, 특히 양반계급에 속한 사람들의 제사와 장례, 혼인과 상속, 나아가서는 양반 사회의 중요한 특징을 이루었던 적장자 중심의 친족제도의 기본 특성을 형성하는 데 있어서 어떠한 역할을 했는지를 구명하려고 시도했던 것이다.

도힐러 교수는 기본적으로 고려의 귀족과 조선의 양반계급은 그 기원이 동일하다고 보았다. 즉 조선왕조의 건국으로 지배세력이 교체된 것이 아니었으며, 그런 관점에서 본다면 조선왕조의 지배세력은 바로 고려시대의 귀족가문의 후예였다는 가설에 근거해 논의를 전개해가고 있다. 그러나 고려 귀족계급의 후예들이 조선왕조를 건국하고 새 왕조의 지배층이 되었다고 해서 조선의 건국 이후에 아무런 사회적 변동이 없었던 것은 아니라고 주장했다. 그런 관점에서 조선의 건국자들이 적극적으로 성리학적인 이념을 받아들이고, 이에 근거해 조선 사회의 모든 제도와 관행을 바꾸어나갔다는 것이다. 물론 이러한 시도는 매우 점진적으로 시행되어 갔지만, 왕조의 건국 후 약 250여 년이 지난 17세기에 이르면 고려와는 판이하게 다른 적장자 중심의 사회로 정착하게 되었다는 것이다.

고려시대는 결코 적장자 중심의 사회가 아니었으며, 그렇기 때문에 재산상속에 있어서도 자녀 균분의 원칙이 지배적이었다. 뿐만 아니라 여성의 사회적 지위도 상대적으로 높은 사회였다. 그러나 조선왕조 건국 이후 성리학적 이념의 적극적인 도입과 더불어 양반 사회의 여러 관행에 있어서 주자가례의 원칙이 광범위하면서도 깊이 있게 적용되자 보다 유연하고 친족의 구성원 사이의 관계가 보다 평등적이었던 고려시대의 모든 사회제도와 관행이 변하기 시작했다. 조선의 건국자들은 고려 사회의 부패와 문란 및 그 멸망의 원인을 적극적으로 해명하려고 노력했다. 이것은 곧 그들이 건국한 새로운 왕조가 지향해야 할 방향을 설정하기 위해서는 불가피한 작업이었다.

그들은 중국의 역사적 경험에 대한 연구를 통해 당-송의 교체가 의미하는 바가 고려에서 조선으로 넘어가는 자신들의 역사적 입장을 이해하는 데 있어서 매우 중요한 시사를 하고 있음을 발견했다. 사상사적인 측면에서 그들에게는 당-송의 교체는 불교적 사회에서 유교, 즉 성리학적 사회로의 변화를 의미했다. 다른 의미에서 말한다면 당나라의 멸망은 이념적으로 볼 때 불교적 사회의 종말을 의미했다. 그들은 성리학적 이념을 발전시킨 송나라의 체험이 자신들의 현실적 문제를 성찰하는 데 있어서 매우 큰 도움을 주리라고 생각했다. 그러므로 그들은 주자(朱子)가 추구했던 것처럼 중국의 고전들 속에서 자신들의 사회를 재건할 수 있는 이념적인 모델을 발견하려고 노력했던 것이다. 그리하여 주자가 중국 고대의 왕조들이 장기간의 안정을 이룩할 수 있었던 그 고전의 사회제도와 질서를 자신의 당대에 실현할 수 있는 이상적인 형태로 보았듯이, 조선의 건국자들도 유교적 고전에 묘사된 중국 상대(上代)의 이상사회를 자신들의 현세에 구현하려고 노력했던 것이다.

그러므로 조선의 양반들이 고려의 귀족세력과 그 사회적 배경이 동일했음에도 불구하고 이념적인 측면에서는 매우 상이한 사회를 건설할 수가 있었다는 것이다. 조선의 엘리트들은 중국의 고전에 대한 적극적인 연구를 통해 단순한 세습적인 관료로서만이 아니라 그 방면에 관한 전문적인 관료 집단으로 자신들의 입장을 재정립할 수가 있었던 것이다. 말하자면 조선왕조의 건국은 새로운 사회세력의 등장으로 인한 것이 아니었지만, 성리학적 지식이 해박하고 또 그 이념에 열렬한 추종자들이었던 전문적 관료 집단이 등장했다는 점에서 매우 중요한 의미가 있는 사건이었다는 것이다. 때문에 조선 사회는 동시대의 명나라와는 달리 더욱 철저하게 유학자 문관 관료적인 사회가 될 수가 있었다. 그런 의미에서 조선왕조는 같은 성리학적 이념의 토대 위에 세워진 송나라보다도 더욱 철저한 성리학적인 사회가 되었다는 것이다. 나아가 도힐러 교수는 조선왕조의 출현을 계기로 고려적인 사회를 유교화하는 과정이 매우 점진적으로 진행되었으며, 17세기 이후 적장자 중심의 친족제도 · 상속제도가 확립되기까지는 무려 250여 년의 시간이 걸렸다는 것이다. 이런 과정을 그는 유교화라고 해석했다.

결국 이런 유교화의 오랜 과정은 주자의 성리학적인 이념의 구현을 목적으로 한 것이지만, 조선 사회는 결코 중국(宋)의 모범을 추종하기만 한 것이 아니며, 오히려 조선 사회는 그 나름대로 매우 독특한, 그런 의미에서 중국과는 매우 다른 각도에서 성리학적인 이념을 해석했으며, 그 결과 중국에서보다도 더욱 유교적인 사회가 될 수 있었다고 했다. 이는 곧 자신들의 역사적 · 사회적 경험의 토대 위에서 유교적인 이상에 관한 한국인들만의 독특한 해석이요, 수용이었음을 의미하는 것이었다. 강남지방의 중국의 전통사회에서는 가문의 지위를 유지하는 데 있어서 재산이 매우 중요한 토대가 되었지만, 고도로 계층화되었던 조선 사회에 있어서는 전통적인 세습적인 지위와 권위가 무엇보다도 중요했다. 중국의 역사 속에서는 세습적인 계급의식을 타파하기 위해 꾸준한 노력을 기울여왔다면, 조선의 유학자들은 바로 그런 의식으로부터 사회를 이끄는 힘을 얻으려 노력했던 것이다.

당 제국의 몰락은 당의 전통적 세습 귀족들의 몰락을 의미했으며, 송의 건국은 당의 귀족들과는 전혀 다른 사회적 배경을 지닌 새로운 지배계급의 등장을 의미했다. 이들 송대의 엘리트들은 당 제국의 몰락과는 아무런 관련이 없었기 때문에 송의 건국 이후 새로운 이념을 표방했으며, 이것을 기본으로 친족제도를 근본적으로 재편성하려고 했다. 그러나 송대의 성리학자들은 이념적인 지향을 성리학에 두었다는 것이지 그들의 현실을 성리학의 이념에 따라 근본적으로 변혁시키지는 않았다. 그러므로 그들은 훌륭한 성리학의 교사이기는 했지만, 그들의 이념을 구체적으로 실현할 수 있는 정치적 권위를 획득하지는 못했다.

그러나 도힐러 교수는 고려-조선의 교체기에 있어서 조선의 건국자들은 고려의 세습적 귀족들의 후예들이었기 때문에, 왕조의 교체로 고려의 지배귀족이 몰락한 것이 아니라고 주장했다. 새로운 왕조의 관료로 다시 정치적 권위를 장악한 이들은 계층적 서열을 강조하는 성리학적 이념을 토대로 자신들의 사회적 지위와 정치적 권력을 더욱 확고하게 장악했다. 그들은 자신들이 중심이 되어 형성된 조선왕조의 관료제도를 더욱 강화했으며, 이러한 이들의 시도는 과거제와 성리학적 이념의 구현을 통해 더욱 공고해졌다.

중국에서의 과거제도는 세습적 귀족세력에게 정치적 권력이 집중되는 것을 방지하기 위해 보다 광범위한 사회계층에게 관료로 진출할 수 있는 기회를 확대한 것이지만, 이 과거제도가 조선왕조에 있어서는 오히려 이들 양반귀족의 권위를 강화하는 방향으로 운영되었다. 조선 사회에서는 가문과 유교적 교양, 이 두 가지 요소가 과거를 통해 관료가 될 수 있는 필수조건이었다. 이처럼 조선 사회는 세습귀족제도와 관료제도 및 유학자와 관료가 일치하는 사회로 발전하게 되었던 것이다. 말하자면 송대와는 달리 조선의 세습적 양반귀족들은 그들 자신이 성리학적 이념을 추구하는 학자이면서 동시에 자신들의 이상을 현실에 구현할 수 있는 정치적 권력까지도 장악할 수가 있었던 것이다. 그러므로 조선 사회에 있어서 양반귀족들은 중국의 귀족들과는 달리 그들의 권위를 유지하는 데 있어서 경제적인 부에 의존하는 바가 훨씬 적었던 것이다.

이처럼 조선의 양반계급이 사회적 · 정치적 이념적인 여러 측면에서 그

우위를 확고하게 차지하고 있었기 때문에 이들의 지위는 확고했으며, 이들이 유지하는 사회는 여간한 충격으로도 쉽게 흔들리지가 않았다. 그러므로 조선 사회는 더욱 이들을 중심으로 하는 위계질서가 강조되었으며, 조선왕조의 정치체제는 더욱 안정적이고 지속적인 성격이 강했다. 그런 의미에서 상대적으로 왕권으로 대표되는 국가의 권력은 이 양반들의 지위를 압도할 만큼 절대적이지 못했던 것이다. 따라서 조선시대에 있어서 사회 변동을 살펴본다면, 비양반층의 신분 상승이 일어나기는 매우 어려운 사회였던 것이다. 결국 조선왕조의 건국 이후 지속적으로 추진된 적장자 중심의 친족제도 및 상속제도는 이러한 조선 사회의 형성에 결정적인 영향을 미치게 되었다는 것이다.

물론 필자로서도 그의 연구에 대해서 몇 가지 의문을 지적하지 않을 수 없다. 첫째, 당-송의 교체와 고려-조선의 교체를 비교 검토한 대목에 대해서이다. 필자는 이 부분에서 사실은 매우 깊은 감명을 받았지만, 그만큼 의문도 컸다. 주지하는 바와 같이 당나라는 안사(安史)의 난 이후 심각한 국가적인 위기를 맡게 되었다. 번진(藩鎭)의 절도사(節度使)들은 이제 거의 반독립적인 호족으로 변했으며, 이민족들의 연이은 침입은 당 제국을 철저하게 붕괴시켜나갔던 것이다. 이러한 과정을 통해 당대(唐代)를 지배했던 귀족들의 뿌리는 철저하게 파괴되어나갔던 것이다. 거기에 더해 당 제국 멸망 이후에도 수십 년에 걸친 오대십국(五代十國) 시대를 거치고 나서야 송나라는 건국되었던 것이다. 따라서 중국 역사에 있어서 당송의 교체는 커다란 분기점을 이루는 획기적인 변동의 시대로 인정되고 있는 것이다.

그러나 고려-조선의 교체는 당-송의 교체와는 시대도, 역사적 배경도 너무나 달랐다. 고려말에도 왜구나 홍건적의 침입, 중국대륙에서의 왕조 교체 등 대외적인 요인이 없진 않았으나 당의 멸망 과정과 고려의 멸망 과정은 무척이나 달랐다. 이는 곧 조선왕조의 건국 과정과 송나라의 건국 과정이 매우 달랐음을 의미하는 것이다. 그런 의미에서 당송의 교체와 고려－조선의 교체를 비교해 왕조 건국 이후에도 이전 왕조의 전통적 요인이 매우 지속적으로 유지된다는 점을 강조하는 것에는 적절치 못한 점도 있다고 생각한다. 송대 이후의 중국사에 있어서도 원－명－청으로 이어지는 왕조의 교체는 이전 왕조의 전통적 요인이 매우 강한 것으로 인식되고 있다. 왕실을 중심으로 한 일부 지배세력에 몽고족이나 여진족과 같은 이민족이 확고한 자리를 잡았다 하더라도 중국을 지배했던 광범한 한인(漢人) 관료층의 지속성은 계속 유지되었던 것이다. 그런 의미에서 중국 역사상 왕조 교체에 수반한 변혁성이 매우 강했던 때로 인식되는 당－송의 교체와 고려－조선의 교체를 비교해 한국사의 지속성을 지나치게 강조하는 것은 온당하지 못한 것은 아닐까 한다.

둘째, 도힐러 교수는 조선왕조의 건국 이후에도 고려적인 전통이 매우 강인하게 지속되었다는 점을 강조하면서 UCLA의 존 던컨(John Duncan) 교수의 연구 성과를 전적으로 이용했다. 던컨 교수는 조선의 태조에서 태종대까지의 실록에 나타나는 관료들의 명단을 데이터베이스로 만들어, 이들이 가지고 있는 고려적인 뿌리를 확인하는 연구 성과를 발표했다. 그 결과 그는 조선의 주요 관료들은 대부분 고려왕조 때부터 이미 중앙에 잘 알려진 주요 가문 출신이라는 결론을 얻었던 것이다. 그러므로 조선왕조의 건국은 새로운 지배세력의 성장의 결과로 이루어진 것은 아니며, 그런 의미에서 건국 이후의 조선 사회에는 여전히 고려적인 전통이 지속적으로 유지되었다는 것이었다.[5] 그리고 이러한 던컨 교수의 연구 결과는 도

5 이러한 던컨 교수의 견해는 그의 학위논문, "The Koryo Origins of the Choson Dynasty: Kings, Aristocrats, and Confucianism"(Ph. D. dissertation. University of Washington,

힐러 교수의 연구에 그대로 반영되었던 것이다.

필자는 던컨 교수의 일련의 연구는 연구 방법에 있어서나 혹은 연구 결과가 의미하는 바가 매우 중요한 것이라고 믿고 있다. 사실 한국의 학계에서는 조선의 건국으로 인한 사회적 변화가 매우 광범위했다는 것을 계속 주장해왔다. 고려말에 성장했던 중소지주층인 사대부 세력이 조선왕조를 건국했으며, 그런 의미에서 조선 사회는 고려 사회와는 판이하게 달랐다는 변혁성을 매우 강조한 것이다. 그러나 이런 연구로 조선의 건국으로 등장한 새로운 요인들에 대해 새로운 인식을 하게 되었지만, 사실 과거의 영향이 전혀 없는 현재란 어느 시대 어느 곳에서도 발견할 수가 없는 것이다. 따라서 한국의 학계에서도 변혁성 못지않게 조선 건국 이후에도 유지되었던 고려적 전통에 대해 당연히 깊은 관심을 기울였어야 한다고 생각한다. 던컨 교수의 연구가 한국학계에 주는 의미는 여기에 있다고 생각한다.

그러나 조선 건국의 주역들이나 이후 왕조의 지배층이 모두 고려적인 기원을 지닌다는 것은 너무나 당연한 일이다. 고려에서 조선으로의 교체는 시간적으로 하루의 공백기도 없이 그대로 이어졌으며, 조선의 건국자들은 거의 대부분 일단 고려에서 관료생활을 시작했던 사람들이기 때문이다. 그러므로 고려 때부터 관료를 역임했던 사람 혹은 가문의 후예라고 하더라도 구세력으로 단정하기 이전에 고려 사회에서 그들이 처했던 상황을 좀 더 세밀하게 파악하려는 노력이 필요하다고 생각한다. 그러면 역시 조선왕조의 건국은 사회계층론적인 관점에서 보더라도 고려 사회의

1988)에 잘 나타나 있으며, 또한 그의 논문 "The Social Background to the Founding of the Choson Dynasty: Change or Continuity?", *Journal of Korean Studies* 6(1988~1989)도 참고가 된다.

단순한 연장선상에서만 파악할 수는 없다는 점을 발견할 수 있을 것이라고 믿는다.[6]

그런 의미에서 변혁성을 지나치게 주장하는 한국의 학계와 지속성을 지나치게 주장하는 서구 학자들의 주장이 평행선을 긋는 것은 현명하지 못하다고 생각한다. 당-송의 교체나 혹은 비슷한 시기의 서유럽의 역사에 비교해 말한다면 조선의 건국은 확실히 지속성이 강한 사회였다고 말할 수 있을 것이지만, 한국사의 전체적인 흐름을 올바르게 이해하려면 그 변화의 폭과 흐름에 대해 균형 있는 관점을 유지하는 것이 매우 필요하다고 생각한다.

셋째, 도힐러 교수는 조선왕조의 건국 이후 본격적으로 전개된 유교화 과정이 17세기 후반에 절정에 이르러, 조선 사회를 특징짓는 적장자 중심의 철저한 가부장 사회가 출현했다고 주장했다. 사실 이전부터도 17세기 후반은 여러 가지 면에서 조선 사회의 특징적 요인이 절정에 오른 것으로 이해되어왔다. 그러나 왜 그런 특징이 하필이면 17세기 이후에 모두 드러나는가에 대해서는 논의가 이루어진 적이 거의 없다. 도힐러 교수가 밝힌 유교화 과정의 필연적인 결과로 17세기 후반에는 어쩔 수 없이 그런 상태에 도달할 수밖에 없었던 것일까? 따라서 필자는 17세기의 역사에 대해 보다 집중적인 관심이 모아져야 할 것으로 생각한다.

17세기는 조선왕조의 역사에서 매우 특이한 중요성을 지니고 있다고 믿고 있다. 16세기의 마지막이라고 할 수 있는 1592년에서 1598년 사이에는 임진왜란을 겪었으며, 그로부터 반세기도 되지 않아 만주의 여진족

6 고려말 신흥사대부의 성장과 조선왕조 건국에 관한 과거 우리 학계의 연구 성과와 그 문제점에 대하여는 필자의 논문 「朝鮮前期 支配勢力의 形成과 變遷: 그 硏究史的인 成果와 課題」, 『韓國社會發展史論』(一潮閣, 1992)을 참조하기 바란다.

이 흥기하면서 조선은 두 차례의 침략을 받고 마침내는 여진에 항복하고 말았으며, 명나라는 멸망하고 말았다. 이 사건은 조선왕조의 지배체제에 깊은 상처를 남겼으며 어떤 형태로든 이러한 현실을 정당화하지 않을 수 없었다. 그런 과정에서 주자학 중에서도 정통론(正統論)이라든가 의리론(義理論)이 유난히 강조되면서 조선의 성리학은 유연성을 잃어갔던 것이다. 공교롭게도 그런 시기가 바로 17세기 후반이었다. 그렇다면 도힐러 교수가 지적하는 바대로 적장자 중심의 철저한 가부장 사회의 출현은 조선 초기부터 진행되어온 과정의 자연스런 종착점이라고만 말할 수 있는가? 이런 문제에 대해 좀 더 깊은 학문적 관심이 모아지기를 기대한다.

던컨 교수는 도힐러 교수도 인용한 바 있는 그의 학위논문을 크게 보완해 *The Origins of the Choson Dynasty*(Seattle and London: University of Washington Press, 2000)를 출간했다. 이 책은 조선왕조의 기원이라는 제목에서부터 독자들의 시선을 강하게 끌어 모은다. 이것은 조선왕조가 그 이전의 과거에 깊은 뿌리를 두고 있는 사회였음을 암시하고 있다는 점에서 이 책의 전개 과정이 어떠할 것이라는 점을 짐작하게 한다. 동시에 고려 초기부터 조선 초기까지, 시간적으로 981년부터 1592년까지 600여 년에 걸친 역사를 해석하려는 저자의 구상 자체가 또한 독자를 놀라게 한다. 이 모든 것은, 왕조 건국을 고려말에 대두한 중소지주 출신의 지방세력인 신진사대부가 고려의 구세력을 축출하고 새로운 사회를 건설했다는 식의 사회혁명으로 해석하려는 국내 학계의 일반적 경향을 염두에 둔 저자의 의도적 선택이었다.

그러므로 던컨 교수는 고려 전기(981~1146), 무인 집권기(1070~1146), 고려 후기(1260~1392)의 세 시기로 나누어 고려왕조 지배층의 구성을 비교 검토했다. 『고려사』 등에 보이는 사료에서 모든 관료들의 명단을 수습해 이들의 사회적 배경을 비교 검토하였다. 그는 여기서 멈추지 않고 조선 건국 초기를 1392~1400년, 1401~1405년의 두 단계로 나누어 고려시대와 같은 방식으로 지배층의 성분을 분석했으며, 그 이후의 경향을 알아보기 위해 1592년에 이르는 조선 전기 지배층도 개략적으로 분석했다. 던컨 교수의 분석에 따르면, 고려 전기의 경우에 자신이 추출해낸 1,140명의 관료들을 분석한 결과, 세습적인 귀족가문 출신이 차지하는 비중이 23%에 달한다는 점을 규명했다. 그리고 1,140명의 관료 가운데 재추(宰樞)의 지위에 있는 관료들의 수는 234명이었으며, 그 가운데 61%에 해당되는 143명이 잘 알려진 당시의 귀족가문 출신이었다는 점을 강조했다. 이러한 방식으로 그는 고려시대 전체의 관료들의 사회적 배경을 검토하고, 그 결과를 비교해나갔던 것이다. 그 결과 저자는 초기부터 고려왕조의 핵심 관료들의 사회적 배경이 너무도 비슷하다는 사실을 밝혀냈던 것이다. 그는 특히 왕조 교체기의 변화 여부를 확인하기 위해 조선의 태조와 정종대 관료들의 구성을 세밀하게 검토했는데, 그 결과도 고려시대의 일반적 경향과 다름이 없음이 드러났다. 물론 조선시대의 관료에는 14세기 중엽에 새롭게 등장하는 가문 출신이 없는 것은 아니지만, 그 수는 미미해 전체의 10% 정도에 불과했다.

그리고 이러한 경향은 조선왕조 건국 이후에도 사라지지 않고 내내 지속되었다는 점을 강조했다. 그는 1430~1432년과 1455~1457년 사이 조선왕조의 관료들을 조사한 결과도 이러한 추세에서 벗어나지 않았음을 강조했다. 1430~1432년의 시기, 사료상 알려져 있는 293명의 관료 가운데 182명(62%), 48명의 재추(宰樞) 가운데 40명이 세습적인 양반가문 출신임을 규명했다. 그리고 1455~1457년의 경우에도 377명의 관료 중 65%인 246명이 유명한 양반가문 출신이며, 이 시기의 재추에 해당되는 고위 관료가 46명인데 이 중 44명이 그러한 세습적인 양반가문 출신이라는 점을 지적했다. 그리고 이러한 분석 결과는 고려−조선으로 이어지는 왕조 교체기에 혁명적인 사회 변화는 없었으며, 오히려 두 왕조 사이에는 지속성이 무척 강했음을 보여준다고 그는 단언했다. 물론 그도 조선왕조의 건국 이후 과거제도(科擧制度)의 운영에도 일정한 발전이 있었으며, 그 결과 새로운 관료층이 등장할 수 있는 무대가 더 잘 갖추어지게 되었음에도 불구하고, 결국 이러한 변화는 매우 점진적으로 일어났음을 지적했다.

고려시대에서 조선 전기에 걸치는 수백 년 동안의 관료 명단을 가려내는 일은, 비록 몇 개의 선택된 시기만을 대상으로 한다고 하더라도, 매우 힘든 일이다. 그러나 저자는 자신의 분석 결과가 과거 한국 사회의 정체성론과 어떻게 다른 것인지를 놓고 더 많은 학문적 고민을 했던 것 같다. 왜냐하면 지난 수십 년간 한국 역사학계의 큰 대세는 내재적 발전론이었으며, 이 내재적 발전론은 일제강점기 어용학자들의 한국 사회 정체성론을 극복한다는 명분 때문에 민족주의적 이념과 짙게 연결되어 있었다. 이는 그 자신 사학사적인 검토를 통해서 거듭 확인한 결과였다. 그는 소위 정체성론이라는 것에 대해서도 신랄한 비판을 아끼지 않았지만, 그의 연구 결과는 한국 사회의 내재적 발전론과도 배치된다는 점을 예민하게 인식했다.

그는 신라말에서 고려－조선으로 이어지는 역사 속에서 과거제도의 출현과 그로 인한 지배층의 성격 변화를 매우 중요한 변동으로 파악했다. 동시에 신라말 무인적 배경을 지닌 지방호족 세력이 고려왕조의 출현과 과거제도의 실시로 문민적 중앙귀족관료로 전환되는 과정을 중시했다. 그러나 고려시대 중국적인 관료제를 수용했다고 하더라도 전통적으로 뿌리 깊은 지방 세력을 완전히 제압할 수는 없었기에, 지방통치에 있어서 지방토착 세력인 향리들에 의존하는 바가 컸다는 것이다. 이는 모든 인적 · 물적 자원에 대한 통제력을 두고 국가의 공권력과 지방세력가 사이에 대립과 경쟁관계를 남겨둘 수밖에 없었음을 의미하는 것이었다. 조선왕조의 건국으로도 지배세력의 전면적 교체가 있었다기보다는 오히려 두 왕조의 지배세력의 구성이라는 면에서는 일체성이 더 강했음을 누누이 강조하면서도, 던컨 교수는 조선왕조의 건국으로 한국 사회의 중앙집권화는 더욱 강화되어갔다는 점에서 중요한 발전을 이룩했다고 보았다. 이런 결과를 놓고 볼 때 그동안 한국사의 내재적 발전론은 실증적 토대를 바탕으로 한 것이라기보다는 민족주의적 당위론에 따른 목적론적 요인이 강한 것이라고 비판하면서, 동시에 자신이 발견한 것만으로도 한국 사회를 정체적이라고 보는 것은 있을 수 없는 일이라고 강조했다.

그는 조선왕조의 건국을 계기로 초래된 여러 변화들을 건국 직후 추진되었던 각종의 개혁 정책을 통해 찾으려고 했다. 이와 관련해 그는 조선 건국 이후의 여러 개혁정책들을 검토했다. 과전법을 비롯한 토지제도, 호적제와 호패법에 대한 검토, 그리고 태종대의 정치개혁에 대한 정리를 통해 저자는 조선왕조의 건국 이후 중앙관료제가 더욱 강화되어가고, 물적 · 인적 자원에 대한 국가의 통제력이 강화되어가는 과정을 살폈다. 물론 동시대 중국의 명나라와 비교해볼 때 조선왕조의 집권화는 무척 미약했지만, 그래도 고려왕조와 비교해볼 때 조선 사회는 상대적으로 더욱 사회 분화가 진척되었다고 보았다. 결국 그는 사회의 상층부를 구성하는 지배세력이 과거와 거의 동일하다면 이러한 변화는 무척 완만하게 이루어질 수밖에 없다고 생각했다. 이 점을 확인하기 위해 그는 조선의 국가이념이라고 할 수 있는 성리학을 문제삼았다.

그는 당-송의 교체를 귀족사회에서 사대부사회로, 농업 중심의 사회에서 농상의 사회로, 그리고 유불의 공존에서 유교 중심의 사회로 변했다는 일반론에 비추어 고려-조선의 변화도 그와 유사한 점이 있음을 지적했다. 그러나 그는 조선 초기의 사상사를 추적해보면 그 내용이 상당히 다르다는 점을 발견하게 된다고 보았다. 그는 송대(宋代)의 유학을 특징짓는 정주학(程朱學)의 핵심적 내용은 적어도 16세기 이전의 한국 사회에 적극 수용되지 못했다고 단언했다. 차라리 16세기 이전의 조선 초기에는 정주학적 요인보다는 한당유학적(漢黨儒學的) 성격이 더 강했다고 보았던 것이다. 말하자면 조선의 건국으로 한국 사회가 일시에 정주학적 사회로 이행한 것이 아니라는 것이다. 한국 사회가 정주학 중심의 사회로 가는 과정에 있어서 조선 초기는 한당유학과 정주학이 공존하는 일종의 과도기였다는 것이다. 그만큼 사상사적인 변화에 있어서도 점진적이었다는 점을 그는 강조한 것이다.

던컨 교수의 책이 출판된 2000년에 에드워드 슐츠(Edward Shultz)는 *Generals and Scholars: Military Rule in Medieval Korea*(University of Hawaii Press)에서 최씨 무인정권의 등장을 한국의 전통사회가 문민적 관료 중심의 사회로 변화해가는 과정 속에서 파악하고자 했다. 이 책은 무인정권기에 대한 연구이지만, 조선왕조의 건국으로 이어지는 고려 후기의 역사적 전개 과정에 대해 깊은 성찰을 담고 있다는 점에서 던컨 교수의 저서와 일맥상통한 점이 있다. 특히 이 책도 한국사에 있어서의 제도적 변화의 의미를 강조한다는 점에서 더욱 그러하다. 이러한 미국 학자들의 연구는 한국 전통사회의 지속적 성격에 대해서는 일치된 견해를 지니고 있다. 그러면서도 그들 나름대로 한국 사회 변화의 동인(動因)과 의미를 발견하려는 노력은 매우 진지하다. 그들은 사회경제적인 의미에서의 변화보다는 다른 면, 즉 사상 혹은 제도적 변화 속에서 한국 사회의 성격을 재발견해야 한다는 일정한 메시지를 담고 있다는 점을 새겨보아야 한다고 생각한다.

미국의 학자들은 고려-조선의 교체를 흔히 당-송의 교체와 비견해보는 경향이 있다. 도힐러 교수도 그러했으며, 던컨 교수도 마찬가지였다. 특히 던컨 교수는 사산조 페르샤나 고대 중국의 관료제를 검토한 아이젠

슈타트(S. N. Eisenstadt)의 *The Political Systems of Empires*를 크게 참조했음을 밝히고 있다. 아이젠슈타트의 저술에 대해 아는 바가 없는 필자로서는 이 점에 관해 언급할 처지에 있지 않다. 그러나 던컨 교수는 당－송의 교체를 중심으로 하여 패어뱅크(John K. Fairbank)·라이샤워(Edwin O. Reischauer)·크레이그(Albert M. Craig), *East Asia: Tradition and Transformation*의 왕조교체론을 비평적으로 검토한 것 같다(이 책은 김한규·윤병남·전용만에 의해 『동양문화사』라는 제목으로 번역되었다). 이 책의 제6장에서 *East Asia*의 저자는 당－송의 변화는 "본질적으로 군사적 성격이 강한 사회 지도계층이 기본적으로 문민적 성격의 계층으로 바뀌었음을 의미하기도 한다"(번역서, 상권, p. 150)고 말한다. 이 점에서 신라－고려의 교체에 대한 던컨 교수의 입장도 매우 비슷한 입장에 서 있는 것 같다. *East Asia*에서는 당－송 교체를 통해 중국 사회에 초래된 변화로 또 다른 한 가지를 강조했다. 즉 중국의 중심이 북중국에서 "나라의 경제적 심장부"인 양자강 하류 지역으로 이동했으며 이 지역 출신 사람들이 중국의 정치와 문화 두 분야를 다 장악했다는 점이었다. 그러나 한국은 중국에 비해 그 지배지역이 무척 좁다는 점, 또 고려나 조선 두 왕조의 지배층이 모두 토지를 소유한 세습귀족이었다는 점에서 한국의 전통사회는 중국과는 무척 달랐으며, 이 점이 한국 사회의 특징적 성격이라는 점을 강조했다.

던컨 교수는 정체성론이나 내재적 발전론과 마찬가지로 그 두 개의 담론 사이에 자신의 독자적 해석을 시도하려는 것처럼 보인다. 이것은 그가 이 책에서 언급하고 있는 시기가 신라말에서 1450년대의 조선까지 미친다는 점만 보아도 그러하다. 또한 『고려사』에 나타나는 중앙귀족적 관료의 성격을 검토하는 방법에서도 그런 점이 지적될 수 있다. 고려 전기·중기·후기의 한 부분을 선택해 동일한 방법으로 분석해 서로의 상관관계를 따져보는 것은 분명히 흥미로운 시도라고 할 수 있다. 대세론적으로 말할 때 이는 매우 유용한 방법이며, 필자도 그런 시도를 나 자신의 연구에 원용한 적도 있다. 그러나 이처럼 시기가 5세기 이상에 펼쳐져 있을 때는 동일한 가문이나 출신으로 보일지라도 그들의 존재양식이 항상 동일하지는 않았을지도 모른다. 말하자면 지속성이 강한 한국의 전통사회를 연구할 때는 거시적 유사성에만 주목해서는 본질을 간과할 수 있는 위험성이 있다는 점을 지적하고 싶다. 오히려 이러한 사회 연구에서는 더 미세한 변화를 감지하려는 노력이 때로 더 윤기 나는 연구 성과를 얻을 수도 있다.

그런 점에서 이 책은 큰 개울을 몇 개의 징검다리로 성큼성큼 건너뛰고 있다는 비판에서 자유로울 수는 없을 것 같다. 물론 던컨 교수의 이 저서가 출판된 것은 2000년이라고 하더라도 그가 이 연구에 몰두한 것은 이미 십 수 년 전부터라는 점을 고려해야 할 것이다. 그리고 그가 처음 이 연구에 착수할 때는 한국 사회 정체성론과 내재적 발전론 사이에서 쌓인 고민이 더욱 심각할 때였다고 보아도 좋다. 아마 그가 이 책을 내면서 그런 과거의 짐을 벗어버리게 된 것을 차라리 다행으로 생각하지 않을까 한다. 그런 의미에서 던컨 교수 자신이나, 이 책에서 비판의 대상이 되었던 내재적 발전론을 주장하는 사람들이나, 이제 지나치게 크기만 한 거대 담론에서 빠져나와 새로운 공기를 들이마시기를 권하고 싶다. 그리고 우리 모두 한국사 연구를 통해서도 인간의 사는 재미와 존재의 의미를 심각하게 성찰하는 역사 연구, 변화무쌍한 오늘날의 한국 사회를 통찰하는 지혜의 원천으로서의 역사 연구라는 새로운 지평을 향해 떠나기를 희망한다.[7]

---

7 이상 서양 학자들의 연구 성과는 이들의 한국사에 대한 저서를 중심으로 그 연구 성과를 정리하여 출판한 필자의 책, 『유교, 전통, 변용: 미국의 역사학자들이 보는 한국사의 흐름』(국학자

이상에서 조선왕조 건국의 역사적 의미를 해명하는 데 도움이 되는 연구 성과를 검토했다. 그러나 여러 방면에서 국내 학계에서 이루어진 사회 변혁론에 대한 비판이 제기되었음도 알게 되었다. 그러나 그 비판에도 불구하고 아직도 기존의 내재적 발전론을 극복하는 데는 이르지 못했다고 생각한다. 비판은 제기되었지만, 그 비판을 넘어서 조선왕조 건국의 의미를 새롭게 해석해 체계화하는 데까지 이르지는 못했기 때문이다. 그러므로 조선왕조 건국의 역사에 대한 새로운 해석의 방향을 모색하는 일은 이제야 비로소 시작될 수 있는 계기를 맞았다고 생각한다.

료원, 2005)을 참조할 것. 도힐러 교수의 연구에 대해서는 이 책 가운데 「성리학은 조선사회를 어떻게 변모시켜 나갔는가?」(pp. 77~93), 던컨 교수의 연구에 대해서는 「조선의 건국을 어떻게 볼 것인가?」(pp. 56~64)를, 그리고 슐츠 교수의 연구에 대해서는 「조선의 건국: 유교적 문인관료사회의 출현」(pp. 65~76)을 참조할 것.

제2장

조선 초기 정치사에 대한 역사소설과 TV 드라마

단종과 세조에 대한 역사소설:
이광수의 『단종애사』, 『세조대왕』과 김동인의 『대수양』

TV 사극 「용의 눈물」이 제기하는 몇 가지 문제:
역사적 해석과 문학적 상상력

TV 사극이라는 장르가 한국인의 생활과 역사의식에 큰 영향을 미치면서 조선시대의 역사는 먼 과거가 아니라 안방에서 전개되고 있는 현실인 것처럼 느껴지기도 한다. 이것은 과거와 현재가 결코 동일한 것은 아니지만 그 안에 존재하는 상황의 유사성 때문에 화면을 통해 전개되는 과거의 이야기는 곧 현재 눈앞에서 전개되고 있는 현실적 상황과 일체감을 느끼게 하는 것이다. 조선왕조 건국과 그 이후 조선의 정치사는 오래전부터 많은 이들의 관심을 끄는 대상이었다. 사극이 역사학자들에 의해 서술된 역사와는 매우 다른 것이지만 대중들에게 미치는 영향력은 비교할 수 없을 정도로 큰 것이 현실이다. 필자는 그 시대를 전공하는 전문 역사가로서 이 문제에도 관심을 기울여야 한다고 믿고, 그런 생각을 정리해두었다.

사실 TV 사극은 따지고 보면 문학적 영역에 속한 것이라고 생각할 때 이에 대한 검토는 역사소설에서부터 시작되어야 한다고 생각한다. 지금도 역사소설이 부단히 창작되고 있지만, 과거 TV가 없던 시절에는 역사소설의 인기와 재미는 대단한 것이었다. 조선 건국과 왕조 초기의 정치사를 생각할 때 이에 대한 최초의 역사소설이라면 이광수의 『단종애사』를 들 수 있을 것이다. 이광수는 『단종애사』 이후에 『세조대왕』이라는 소설을 쓰기도 했다. 『단종애사』가 나온 직후 김동인은 『대수양』이라는 소설을 발표하면서 자신이 이광수와는 전혀 다른 입장에서 그 시대의 역사를 쓴다고 주장하기도 했다. 우리나라 현대 문학사의 초기에 큰 업적을 남긴 이 두 작가의 작품은 당시에도 인기가 있었지만, 해방 후 한국 문학을 연구하는 학자들의 큰 관심의 대상이기도 했다. 특히 이광수의 『단종애사』는 해방 이후 1970년대까지 여러 차례 출판될 정도로 인기가 있었으며, 그만큼 일반에 끼친 영향도 컸다. 그러므로 여기서는 단종과 세조에 관한 이광수와 김동인의 역사소설이 제기하는 문제를 먼저 검토하려는 것이다.[1]

조선왕조 건국 그 자체를 주제로 삼은 것 중에는 1976년에 출판된 김성한의 소설 『이성계』 같은 것도 있지만 이것까지 다 검토하지는 못했다. 그러나 TV 드라마 「용의 눈물」이 방영되었을 때 안방극장의 인기는 대단했다. 조선왕조 건국을 둘러싼 거대한 권력의 교체를 두고 벌어지는 투쟁, 그 가운데서도 태조 이성계와 태종 이방원 부자의 운명적인 대립과 갈등 같은 것은 많은 시청자의 호기심을 자극했던 것이다. 이를 중심으로 사극과 역사의 문제를 살피는 경험은 필자에게도 무척 흥미로운 것이었다.[2]

따라서 역사소설과 TV 사극에 전개된 조선건국사 및 왕조 초기의 정치사는 어떤 성격을 지닌 것인가? 동시에 역사소설 및 사극에 담긴 역사 해

1 이 글은 원래 『역사비평』(1992년 2월 봄호)에 「단종과 세조에 대한 역사소설의 검토: 세조의 찬탈을 찬양한 이광수와 김동인의 친일역사관」이란 제목으로 발표되었던 것을 이 책의 목적에 맞게 수정한 것이다.

2 이 글은 1998년 『中央史論』(10·11合輯, 중앙대학교 중앙사학연구소)에 「TV 사극 "용의 눈물"이 제기하는 몇 가지 문제: 역사적 해석과 문학적 상상력」으로 발표된 것이다.

석과 직업적 역사학자의 역사 해석은 어떻게 다른 것인가? 이런 본질적 문제를 생각해보면서 동시에 그 시대 역사에 대한 해석이 너무도 권력 담론에 의지하는 바가 크다는 것이 지니는 문제점들도 생각해보는 기회가 되기를 바란다.[3]

단종과 세조에 대한 역사소설: 이광수의 『단종애사』, 『세조대왕』과 김동인의 『대수양』

일제강점기 우리나라의 대표적인 소설가로 알려진 이광수와 김동인은 조선 세조대를 배경으로 한 소설을 썼다. 이광수의 『단종애사』, 『세조대왕』과 김동인의 『대수양』이 바로 그것이다. 어린 조카요 또 자신이 섬겨야 할 군주였던 단종을 몰아내고 왕위에 오른 세조, 단종의 충신이었던 사육신 등에 얽힌 이때의 역사는 조선시대 이래 많은 이들의 관심을 끌어왔으며, 오늘날에도 심심찮게 화제가 되고 있는 것이다. 우리나라 초창기의 대표적인 작가 둘이 그 시대를 배경으로 역사소설을 썼다는 것도 단종과 세조에 얽힌 이야기가 그만큼 흥밋거리가 됨을 말해주는 것이라고 생각한다.

필자는 세조대를 중심으로 한 조선 초기의 정치사를 연구하는 역사학도로서 오랜 동안 이 시대의 정치사를 공부하면서 성종 · 중종대 이후의 조선왕조의 역사를 이해하는 데 있어서 세조대가 하나의 분수령을 이루

3 사극과 역사와의 관계에 대하여 좀 더 깊이 알기 위해서는 필자의 글, 「사극이 펼치는 역사는, 과연 역사인가」, 정두희 · 김아네스 · 최선혜 · 이장우 공저, 『장희빈, 사극의 배반』(소나무, 2004)을 참조할 것.

고 있음을 발견했으며, 그러한 필자의 관심을 이미 몇 편의 논문을 통해서 표명한 적이 있다.[4] 그러다가 최근에는 이광수와 김동인은 그들의 소설을 통해 이 시대의 역사를 어떻게 인식하고 있었을까 하는 문제에 관심을 가지게 되었던 것이다.

이광수와 김동인의 역사소설에 대하여는 이미 문학 분야의 전문적인 연구가 상당히 이루어져왔다.[5] 그러므로 비전문가인 필자는 이러한 문학적인 논쟁에 끼어들 능력도 없으며, 또 그럴 의사도 없다. 그러나 『단종애사』, 『세조대왕』, 『대수양』을 읽어가면서 필자는 이 소설들의 핵심적인 주인공들이 모두 당시에 실재했던 사람들이었다는 점에서 큰 관심을 가지게 되었다. 뿐만 아니라 이 두 작가는 자신들의 소설을 통해 소설에 등장하는 주인공들의 인품과 행적에 대해 매우 적극적인 가치판단을 내리고 있다는 점을 발견했다. 이광수와 김동인은 세조의 집권을 전후해 있었던 사건들에 대해 구체적인 역사적 평가를 내리고 있었던 것이다. 그런 면에서 이 문제는 역사학도인 필자가 어느 정도 관심을 가져도 좋으리라고 생각했다.

세조는 왕위를 찬탈한 사람이었다. 그 과정에서 나이 어린 단종을 비롯

4 이에 대해서는 필자의 책, 『조선초기 정치지배세력 연구』(일조각, 1983)의 제4장 「세조 성종대 공신집단의 정치적 성격」 및 「결론」 부분과 필자의 논문, 「대간의 활동을 통해 본 세조대의 왕권과 유교이념의 대립」, 『역사학보』(130, 1991)를 참조할 것.

5 필자는 문학 연구 성과에 대해 잘 아는 바가 없지만, 이광수와 김동인의 역사소설에 대한 다음과 같은 글들이 참고가 되었다.

姜仁淑, 「春園과 東仁의 距離: 歷史小說의 人物型을 중심으로」, 『現代文學』 11권 2호, 1965. 2.

白樂晴, 「歷史小說과 歷史意識: 新文學에서의 出發과 問題點」, 『創作과 批評』 2권 1호, 1967. 2.

朴容九, 「金東仁의 歷史小說」, 『現代文學』 13권 4호, 1967. 4.

金治弘, 「金東仁의 歷史小說論 硏究: "春園硏究"를 중심으로」, 『國語國文學』 88, 1982. 12.

해 많은 사람들이 억울하게 죽임을 당했다. 더욱이 이때는 군신 간의 의리와 가족 간의 윤리를 동일시하던 유교적인 이념이 지배하던 때였다. 그러므로 세조의 찬탈은 당시의 가치관에 명백하게 배치되는 행위였다. 말하자면 그의 권력은 정통성이 결여된 것이었다. 이럴 경우 우리는 별 수 없이 현실을 인정해야만 하는가? 아니면 추구해야 할 이념적인 가치의 효용성에 대한 신뢰를 견지해야만 하는가?, 라는 심각한 문제에 봉착하지 않을 수가 없다. 이광수와 김동인이 이 소설을 쓰던 때는 일제의 식민통치가 확고한 자리를 잡은 것처럼 보이던 때였다.[6] 이민족의 부당하고 강압적인 지배를 현실로서 받아들여야만 하는가, 아니면 민족의 독립을 위한 신념을 더욱 다져가야만 하는가라는 문제가 심각하게 제기되었던 때였다. 그런 의미에서 반역과 충성, 정통성이 결여된 정치권력과 지켜야 할 윤리적 가치 사이의 대립이 적나라하게 제기되었던 세조대의 역사는 이광수와 김동인이 살았던 시대의 사람들에게도 현실적인 의미를 지니고 있었던 것이다. 그러므로 『단종애사』, 『세조대왕』, 『대수양』 등의 소설을 통해 세조대의 역사에 적극적인 평가를 내리려 했던 작가들의 의식 속에는 자연히 자신들이 직면했던 현실에 대한 태도가 반영되어 있었다고 생각한다. 바로 이 점을 필자는 문제 삼아보려는 것이다.

해방 이후 식민지시대를 제대로 청산하지 못했던 우리 사회는 그 이후 거의 반세기를 왜곡된 정치권력 구도 하에서 커다란 진통을 겪어왔다. 추구해야만 할 이상과 배치되는 현실적인 권력구조는 우리 개인에게나 사회 전체에 엄청난 갈등을 초래했던 것이다. 그렇기 때문에 세조대의 역사뿐만 아니라 세조대의 역사에 그 어떤 해석과 평가를 하려고 했던 이광수

6 『단종애사』는 1928년과 1929년 사이의 「동아일보」에 연재되었으며, 『세조대왕』은 1941년에 출판되었다. 그리고 김동인의 『대수양』은 1940년에 출판되었다.

와 김동인의 역사의식까지도 오늘날의 우리에게는 현실적인 의미를 강하게 지니고 있는 문제일 수밖에 없다고 생각한다. 이러한 문제를 성찰하는 데에도 이 글이 보탬이 되기를 바란다.

1. 『단종애사』와 『세조대왕』에 나타난 이광수의 역사관

1) 『단종애사』

이 소설은 1441년(세종 23년) 단종이 탄생한 때에서 시작해 1457년(세조 3년) 단종이 죽을 때까지를 배경으로 삼고 있다. 세종이 자신의 세자(훗날의 문종)가 병약한 것을 걱정하고 있을 때, 세손(훗날의 단종)이 탄생한 것을 기뻐한다. 그러나 한편으로는 수양대군·안평대군을 비롯한 자신의 아들들이 강성해 혹시 만약의 변이 있을까 하고 걱정했던 세종은 어린 세손을 자신이 신뢰하는 집현전학사들에게 특별히 부탁을 하게 된다. 그 중에서도 특히 신숙주와 성삼문에게 세손을 당부했다. 세손에게는 삼촌이 되는 '칠 대군이 강성해' "세자마저 돌아가시고 어린 아기가 등극하시게 되면 필시 무슨 불길한 사단이 있을 것은 누구나 상상하기 어렵지 아니한 일일 뿐더러" "아기가 자라 왕위에 오르실 때는 황희·황보인·정분·김종서 같은 이들은 벌써 늙어 죽거나 살아 있더라도 권세에서 물러났을 것"이기 때문에 장래가 촉망되는 신숙주와 성삼문 등 젊은 학사들에게 세손을 부탁한 것이다(p. 12).[7]

세종의 뒤를 이어 즉위한 문종은 평소 병약하였을 뿐 아니라 그 결혼생활도 불행하였다. 자신의 앞길이 짧을 것을 예감한 문종은 철없는 자신의 아들의 장래에 대하여도 심각한 걱정을 하였다. 그 어린 아들이 "장차 국

7 필자는 1979년 又新社에서 간행한 『이광수 대표작 전집』 8권에 있는 『단종애사』와 11권에 있는 『세조대왕』을 읽고 인용했다. 인용문의 출처는 본문의 ( ) 속에 밝혀두었다.

왕이라는 높고 위태한 자리에 앉아 수없는 시기와 음모의 표적이 될 것이 무한히 가엾으시었다." 그러므로 "사랑하는 아버지의 눈에는 그 아기의 전도가 험한 것만" 같았다(p. 34).

그러나 문종은 뛰어난 군주로서 부왕인 세종을 이어 나라의 발전을 위해 많은 노력을 기울였다. 세종이 세운 집현전의 중요성을 극진하게 여겨, 그곳의 학사들을 신임하였다. 문종 또한 "집현전의 어느 학사보다도" 학식이 많았다. "그러므로 집현전 제신들은 문종 대왕께 대하여는 다만 군신지의(君臣之義)가 있을 뿐 아니라 모두 수십 년 간 거의 매일 대한 벗이요, 동창이었다"(p. 36). 그러기에 문종도 어린 세자의 장래를 이들 집현전학사에게 당부한 셈이었다.

그러나 문종의 동생인 수양대군의 눈에 비친 문종은 무능했다. "왕이 너무 위엄을 아니 부리시기 때문에 기강이 해이"해졌다고 생각하였다(p. 38). 그는 집현전학사에 대하여도 "주둥이만 까고 아무 힘없는 선비"로 여기고 있었다(p. 39). 그러므로 어린 세자를 자신에게 부탁해야지 집현전학사에게 맡겨서는 안 된다고 믿었다. 따라서 문종의 임종이 가까워오자 자신이 단종의 섭정이 되리라고 기대했으며, 그렇게만 되면 주공처럼 열심히 어린 왕을 보좌하리라고 다짐하게 된다. "군국대사(軍國大事)를 한손에 쥐고 천하에 호령하는 것"이 그의 꿈이었다(p. 52). 그러나 그는 섭정이 되지 못했다.

이렇게 되자 세조는 불만에 쌓이게 되었으며, 그 틈에 권람 · 한명회 등 모사들이 세조에게 반대파를 제거하고 정권을 장악할 것을 권하게 된다. 권람에 대해 작가는 그의 조부인 권근의 훼절까지 거론하면서 그가 타고난 배신자임을 암시한다(pp. 54~55). 또 한명회는 모략이 뛰어난 인물이긴 하지만 "전혀 선악을 변별하는 양심이 없"는 사람이었다(p. 65). 이러한 사람들이 야심 많은 세조를 부추기게 된다. "무릇 큰일을 하는 법이 선살후생

(先殺後生)"임을 들어 우선 반대하는 몇 사람을 죽일 것을 권하였다(p. 59). 그리고 죽일 때에는 꼭지 되는 큰 사람부터 먼저 죽일 것을 주장해 김종서를 제거할 계획을 세운다. 김종서는 나라의 중심이 되는 대신으로서 뛰어난 인물이었다. "그처럼 위풍이 늠름한 수양대군도 김종서의 안광에는 헤아릴 수 없는 무거운 무엇으로 내려 눌리는 듯한 압박을 깨달았다"(p. 114). 그래서 그는 김종서를 살해함에 있어서도 "내가 죄 없는 사람—지극히 옳은 사람을 해하려 하는구나" 하는 생각이 들었던 것이다. 그러면서 그는 김종서와 그 아들을 친히 죽이고 반대파라고 간주되는 많은 조정의 대신들을 참살했다. 그런 후에 수양은 단종에게 국가의 역모자들을 제거했다고 보고하고서 국가의 모든 권력을 장악하게 된다. "왕은 어리시지마는 그 총명으로 대세가 어찌할 수 없을 것임을 통찰"하고 "숙부의 공로를 내가 아오. 앞으로는 군국대사에 어린 나를 잘 도우오"라고 부탁할 뿐이었다.

이렇게 대세가 수양에게 기울자 정인지 · 신숙주 등 핵심적인 문신들이 변심하게 된다. 결국 이들이 앞장서서 단종에게 왕위를 수양에게 넘겨줄 것을 요청한다(p. 267). 특히 세종으로부터 어린 세손을 부탁받은 신숙주는 또한 문종의 깊은 신임을 받으면서 "이 임금을 위해 목숨을 안 버리고 어이하리" 하며 성삼문과 맹세한 사람이었다(pp. 268~269). 그래서 그가 선위를 요청하고 나간 뒤에 단종은 목을 놓아 통곡했다. 결국 이렇게 해서 세조는 왕위에 오르게 되고, 단종은 상왕의 지위로 물러나 앉게 된다. 이로부터 일 년 후 "두 분의 용모는 무척도 변하시었다. 상왕은 수양 숙부의 얼굴이 과연 왕자답게, 더욱 위엄과 윤택한 빛이 생긴 것을 놀라시고, 왕은 상왕의 얼굴에서 소년다운 빛이 전혀 사라지고 마치 인생의 고초를 다 겪은 중년 남자의 얼굴과 같이 노성하시고 초췌한 빛을 띤 것에 놀라시었다"(p. 291).

이처럼 모든 일이 숙명적으로 끝나버린 것처럼 보일 때, 성삼문을 중심으로 단종의 복위 계획이 세워지고 있었다. 그러나 이 계획의 누설로 인해 단종의 충신이었던 이들이 참혹한 처형을 당하고 말았다. 이들은 모진 고문을 당했지만, 끝내 세조에게 굴복하기를 거부하고 모두 단종의 충신으로서 비장한 죽음의 길을 걷게 된다. 이 사육신 사건의 종말은 단종의 운명의 종말을 의미했다. 이후 단종은 상왕의 지위에서 다시 노산군으로 격하되고 강원도 영월로 유배당하게 되었으며, 결국 그곳에서 비참한 죽임을 당했으며, 이것으로 이 소설도 끝을 맺게 된다.

2) 『세조대왕』

1928년에서 1929년 사이에 「동아일보」에 『단종애사』를 연재했던 이광수는 1941년에 이 『세조대왕』이란 소설을 발표했다. 이미 제목을 통해서도 알 수 있듯이 『세조대왕』은 『단종애사』의 후속편의 성격을 강하게 지니고 있다. 이 책에서는 이미 사육신도 없고 단종도 없다. 그런 의미에서 군주로서의 세조의 면모와, 또 노성해가는 한 인간으로서의 세조의 모습을 그려내려고 했던 이 소설은 1467년(세조 13년) 원각사가 낙성되는 장면에서 시작해 이듬해인 1468년 세조가 죽는 것으로 끝을 맺고 있다.

세조는 사육신과 같은 충신들과 안평대군, 금성대군 등 자신의 친형제들을 죽였다는 것으로 "인망을 잃으심이 크셨으나 즉위 후 십 년 간에 하신 선정으로 하여서 백성들은 우리 임금 만세라는 칭송을 하게 된 것이었다. 더구나 불교를 중흥하시는 대호법왕(大護法王)이시라 하여 조상적부터 불교를 존숭하여 오는 다수 백성들은 진정으로 이 임금의 만세를 부처님께 빌" 정도였다(p. 11). 그러나 백성들은 "이 임금을 그렇게 고맙게 생각하면서도" 이 임금이 단종을 비롯하여 많은 사람을 죽였다는 사실을 잊을 수가 없다(p. 11). "이제 마흔아홉 살 되시는 상감은 아직 늙으셨다고는 할 수 없었다. 그렇지마는 백성들의 생각에는 상감님의 머리

위에 무슨 큰 불행, 큰 벌이 임한 것같이 생각되었다. 상감님의 덕을 사모는 하면서도 이러한 생각을 아니할 수 없는 백성들의 마음은 슬펐다"(p. 12).

세조 자신도 과거 자신의 행위에 대해 뉘우침이 많았다. 그러나 자신이 이 세상에 나타난 것은 "이 백성! 이 중생들을 가르치고 다스리고 건지는 것이다!"(p. 15)라고 자각하고 열심히 노력했다. "태조 대왕의 뒤를 이어서 그 성의를 실현할 자는 내다. 그 어른께서 뜻 두시고 이루지 못하신 것을 내가 완성해야 한다. 이 나라를 잘 다스려서 백성들이 저마다 제자리를 찾아서 편안히 살게 하는 것, 예악문물(藝樂文物)이 우내(宇內)에 으뜸이 되게 하는 것, 그리고 불도가 널리 행해서 이 나라에 태어난 중생으로 하여금 모두가 불연을 맺게 하는 것— 이것이 내 일이다. 내가 임금으로서 할 일이다. 이 일을 하려고 내가 임금이 된 것이다"(p. 16). 세조는 이렇게 자신의 사명을 자각하고 "오욕을 금하는 생활을" 했다(p. 17). "이 모양으로 상감은 몸의 편안을 위해서는 모든 탐욕을 끊는 생활을 하시면서 오직 나라와 백성을 위하는 일에 힘을 쓰셨다"(p. 17). 그러나 "실상 백성의 휴척을 생각하는 이는 상감뿐이셨다." 신하라는 자들은 제 몸과 제 집과 제 당파를 위해서 논쟁했다. 유신들이 유교를 옹호한다는 것도 공자의 도를 위한다는 것보다도, 나라를 위한다는 것보다도 제 심사와 제 계급의 이익을 위하는 것이었다(p. 19). 세조는 외로웠다. 게다가 원각사를 낙성한 지금에 이르러 세조는 단종을 죽였다는 것 때문에 "가끔 꿈에 노산군을 뵈옵고는 소스라쳐 잠을 깨"실 정도로 자책감을 느끼는 때도 많아졌다(p. 23).

이에 세조는 단종 이하 원통한 혼령을 위로하는 추천재(推薦齋)를 원각사에서 크게 행하려 했다. "비록 대의멸친(大義蔑親)으로 나라 일을 위해서 그 목숨을 끊는 극형에까지 처하였다고는 하더라도 의리로 보나 인정으로 보나" 세조에게는 "가슴에 박힌 큰 못"이었다(p. 35). 그는 아무리 고쳐 생각해보아도 자신의 행위가 근본적으로 잘못된 것이라고 판단되지 않았다. 그는 신숙주와 이러한 문제에 대해 대화를 나누면서 "나는 죄인이요. 나는 임금을 죽이고, 조카를 죽이고, 아우들을 죽이고, 충신을 죽이고— 나는 죄인이요"(p. 42)라고 고백하기도 했다. 그러면서도 그는 "나는 후회는 아니 하오. 죄는 죄대로 죄 갚음은 내가 받을 작정하고 이 나라 일은 내가 맡아야 되겠으니 맡은 것"이라고 하면서 자신의 행위가 정당했음을 확신하고 있었다.

그러나 자신을 도왔던 공신들은 세조의 궁극적인 뜻을 실현하기에는 부족한 점이 많았다. 그는 정말 새롭고 큰 인물의 등용을 원했으며, 그 점에서 생육신의 한 사람으로 칭송받았던 김시습을 등용하려고 했다. 그런 생각을 가지고 당시 불도에 깊이 들어가 있던 김시습이 단종을 비롯한 억울한 이들의 영혼을 위로하는 추천재의 법사가 되어주기를 원했다. 그래서 김시습과 친한 서거정을 보내어 그러한 뜻을 전하게 했다. 김시습은 세조의 찬탈과 그 일을 도왔던 신숙주 같은 인물을 용납할 수 없었기 때문에 속세를 버린 것이지만, 단종의 영혼을 위로하는 법회를 크게 베풀려는 세조의 간절한 뜻을 제대로 이해했다. 그래서 김시습은 세조의 청을 수락했다.

추천재를 마치고 김시습은 서둘러 서울을 빠져나왔다. 그의 제자 선행은 자기 스승의 행동이 잘 이해가 되지 않았다. 그래서 그는 "이번 시님 설법에 사육신이 제도 되었겠소?"라고 물었다. 이에 대해 김시습은 "상감(세조)은 제도를 받으셨나니라"고 대답했다. 선행이 다시 "사육신은 어찌 되었습니까?"라고 묻자 "나는 충신이다 하는 아만(我慢)이 깨어지자면 몇 겁은 지내야 할 것이다"라고 대답했다. 요컨대 김시습은 세조의 참회를 크게 인정하고 그의 영혼이 구제받을 것임을 확신한 것이었다. 반면 사육신은 충성을 다했다고 하지만 그것은 어디까지나 자신의 좁은 소견에 집착하는 충성이었기에 그들의 영혼이 구제받기는 상당히 어려울지 모른다는 생각을 했던 것이다(p. 70).

이러한 김시습의 뜻을 세조가 모를 리 없었다. 그는 더욱 김시습을 그리워했으며, 그를 꼭 조정에 등용해 정치의 일신을 꾀하려 했다. 그러나 김시습은 "사슴이 마을에 내리면 개한테 물리는 일밖에 없지요. 개가 산에 오르면 사슴이 개를 물지는 않지만"(p. 81)이라고 말하며 세조의 청을 거절했다. 당시 세조의 신하 중 불교에 정통한 김수온을 김시습에게 보내어 설득하려던 세조는 단념치 않을 수 없었다.

원각사를 완성했을 때는 세조가 죽기 일 년 전이었다. 세조는 자신에게 다가오는 죽음의 그림자를 느끼고 있었다. 그러나 세조는 자신의 생각이 신하들에게 오해되는 것을 괴롭게 생각했다. 신하들은 세조가 임금의 자리를 빼앗아 얻은 것이라고 생각하기 때문이었다. 그러나 그는 "결코 임금의 자리가 탐이 나서 임금이 되신 것"은 아니었다. 자신이 "임금이 아니 되시면 이 사직이 안보할 수 없다고 보셨으므로 임금이 되신 것이었다"(p. 102). 즉 신하들은 대체를 보지 못하는 사람들이었다. 게다가 자신이 왕이 될 무렵에는 조선 백성들의 정기가 소진한 때였다. 아무도 나라 전체를 사랑할 줄을 몰랐다. 그래서 세조는 "이 사직이 오래 가게 하자면 백성들의 마음을 바로 잡아서 작은 저를 버리고 큰 저를 알게 함에 있다" 하고 생각했다(p. 102). 그러하자면 "불도를 펴지 아니 하면 아니 되리라" 고 판단했다. 그는 "중생을 다 제도하기 전에는 나도 성불 아니 하겠다" (p. 130) 하는 보살의 마음을 가지고 나라를 다스렸다. 그가 원각사를 세우고 상원사를 중창하는 등 불법의 진흥에 마음을 쓴 것도 이러한 뜻에 따른 것이었다. 그는 유교로는 소진된 백성들의 정기를 되살릴 수 없다고 믿었다.

세조의 불교 진흥은 조선의 중흥의 기초가 될 수 있었다. 그가 상원사를 완성하자 여러 가지의 영험한 기적 같은 일들이 연이어 일어난 것도 그 증거였다. 세조가 "불도를 숭상하셔서 조선에 영험한 일이 많다는 소문이 이웃 나라에까지 퍼져서 일본서도 여러 차례 사신이" 왔다(p. 152). 이 불도에는 저 신라로부터 중국을 숭배하는 사상이 없었다. 유교가 들어와 중국에 대한 사대사상이 싹트게 된 것이므로, 세조는 이를 극복하려는 뜻도 가지고 있었다. 그래서 그는 "차라리 일본과 친하고 명을 멀리하려는 생각을 품고" 있었다. 이는 "중국에 대해 독립의 위신을 유지하려는 생각"이었다(p. 155). 그러므로 만일 세조가 "더 오래 사시고, 또 신하들이 상감의 뜻을 받들었다 하면, 임진년의 비극은 아니 일어나고 말았을는지도 모른다"(p. 157). 그러나 안타깝게도 세조는 죽음에 이르렀다. 세조는 죽음에 임해 자신의 과거를 되돌아보면서 단종을 죽이며 한 모든 일이 사욕을 위한 일은 아니었음을 새삼스레 확신했다. 이러한 확신을 가지고 세조는 죽어갔다. 그러므로 그의 죽음은 자신의 큰 깨달음의 완성을 의미하는 것이었다. 그의 최후는 깨달은 자의 깨끗하고 조용한 죽음이었다. 이것이 이 소설의 끝이었다.

2. 『대수양』에 나타난 김동인의 역사관

김동인은 이광수와는 상당히 다른 관점으로 세종 말기에서 세조가 즉위할 때까지의 역사를 소설로 다루었다. 그는 제목이 암시하듯이 수양대군을 중심으로 소설을 전개해나갔다.[8]

문종과 수양대군은 여러 가지 면에서 달랐다. 문종은 병약하고 의지도 약한 사람이었다. 그가 세종의 장남이었기에 왕위에 올랐지 사실은 왕의

8 필자는 1976년 三中堂에서 간행한 『김동인전집』 3권에 있는 『대수양』을 읽고 인용하였다.

재목은 아니었다. 여기에 반해 세조는 활달하고 의협심이 강하고 뛰어난 능력을 지니고 있었다. 수양이 오히려 임금 될 자질이 뛰어난 사람이었다. 세종은 늘 이 점을 아쉬워하고 슬퍼했다. 문종은 이러한 연유로 동생인 수양을 시기하고 미워했으며, 이러한 자신의 감정을 자신의 후계자인 단종에게 늘 주입시키고 있었다. 양녕대군은 "국가적 안목으로 보자면 스라소니(세자)와 스라소니의 새끼(세자손)는 제거해버리는 편이 좋겠다"(p. 22)고 생각했다. 당시의 유교적인 명분 때문에 문종이 세종의 후계가 되고, 단종이 다시 문종의 후계가 되는 것은 어쩔 수 없었지만, 나라의 장래를 생각한다면 둘째인 수양대군이 왕이 되어야만 한다는 생각이 세종과 양녕대군 및 뜻있는 중신들의 생각이었다. 그러나 그럴 수는 없었기에 세종도 "아아, 왜 순서가 바뀌었느냐!"(p. 24)고 한탄을 금치 못했다. 그래서 세종은 자신의 죽음이 임박해지자 수양에게 뒷일을 깊이 당부했다. 그리고 부왕의 뜻을 잘 아는 수양도 문종이든 단종이든 잘 보좌해 주공의 역할을 다 하리라고 다짐했다.

병약한 문종이 승하하고 어린 왕 단종이 즉위했다. 그러나 그 둘레에는 모두 "무위 무능한 사람뿐이지, 변변한 사람이 없었다"(p. 34). 김종서 · 황보인 등 모두는 "저 혼자 제 마음대로 버려두면 무엇을 어떻게 해야 할지 분간도 못하고, 물론 큰일을 성공할 수가 없는 사람이었다"(p. 35). 물론 "신숙주라, 성삼문이라, 박팽년이라 신진기예의 학도들이 있기는 하지만, 그들은 아직 그 지위도 국정에 용훼할 처지가 못 될 뿐더러, 경력이 얕아서 정치가 어떤 것인지 치민(治民)이 어떤 것이지 이해할 만한 나이가 부족"(p. 35)했다. 이러한 자격을 갖춘 사람은 "수양 단 한 사람뿐이었다"(p. 35). 이에 수양은 더욱 자신의 임무가 막중함을 깨닫고 설사 문종의 눈에 벗어나는 한이 있더라도 나라를 바로잡겠다고 다짐했다.

유약하고 무능한 문종의 치세 2년 동안 나라는 기울어져갔다. 이어 어린 단종이 즉위하니, "해이하고 문란한 이 정부를 이제부터라도 바로잡아야 할 터인데" 나라꼴이 말이 아니었다. "어린 왕 한 분만을 동그랗게 내어놓고 굳센 보호의 손이 없으면 장차 무슨 화단이 생겨날는지를 알 수 없었다"(p. 46). 그래서 그는 자신의 사명감을 더욱 절실하게 자각하지 않을 수 없었다. 나라의 운명이 자신에게 맡겨진 것이나 다름없었기 때문이었다.

어린 왕이 즉위하자 왕을 에워싼 중신들은 오히려 수양과 같은 종친들이 왕과 가까이 지내지 못하도록 훼방했다. 그러나 수양은 성심으로 단종을 모셨으므로 단종의 신임은 갈수록 두터워졌다. 부왕인 문종으로부터 수양은 경계해야 할 위험 인물이라고 들어왔던 단종도 세조의 성심을 "부인하려야 부인할 수가 없도록 절실히 느끼었다"(p. 67). 그래서 단종은 "아버님이 숙(수양대군을 말함)을 오해하셨구나!"(p. 67) 하고 생각하게 되었다. 그러자 "수양숙께 대한 감사의 염과 존신의 염이 왕의 마음에는 종내 크게 자랐다"(p. 67).

그러나 김종서와 안평대군은 어린 단종에 대해 불충한 음모를 꾸미고 있었다. "김종서는 아첨하기를 좋아하고, 아첨할 필요상 이간질이 필요하면 이간질도 사양치 않는 사람이었다. 자기가 부귀하기 위해, 자기가 영화되기 위해서는 어떤 일이라도 감행할 사람이었다. [……] 수양이 지금 왕의 신임을 업고 있어 수양만을 떼서 제거하기 힘들면, 더 높은 데까지라도 손을 뻗쳐 보려 할 위인이었다"(p. 75). 김종서는 단종을 폐위하고 안평대군을 왕으로 삼으려는 음모를 꾸미고 있었다. 나라의 운명과 단종의 운명은 위태했다. 이러한 상황 하에서 수양은 어려운 결정을 내려야만 했다. 잘못하면 생겨날 유혈의 참극을 생각지 않을 수 없었다. 이를 피하고 싶었다. 그러나 나라를 위해서는 당장 "큰 개혁을 하지 않으면 안 되리라. 큰 수술을 하지 않으면 안 되리라"(p. 85)고 생각지 않을 수 없었다.

단종이 수양대군을 믿는 마음은 더욱 돈독해져갔다. 이는 김종서 일파에는 큰 위협이었다. 왕은 무슨 일이 생기건 "수양과 의논하였다"(p. 101). 그러나 수양에게는 매우 마음 쓰이는 일이 두 가지가 있었다. "하나는 수양 자기도 단지 임금의 삼촌이라는 것 이외에는 아무 실직권이 없는 점이었다. [……] 또 한 가지의 마음 쓰이는 점은, 지금 조카님과 수양 자기가 서로 믿는 사이가 된 이 신임이 이간 붙이는 손이 이르는 것을 엄중히 삼가고 경계해야 할 일이었다"(p. 102). 그러나 사태는 나쁜 방향으로만 치달았다. 김종서의 지지를 받는 안평대군은 무사들을 모으는 등 적극적인 움직임을 보이고 있었기 때문이다. 이런 형세 때문에 수양은 "김종서를 제거해버려야겠다"(p. 104)는 결심을 하지 않을 수 없었다. 그리고 이를 시작으로 그 일당을 숙청해야 한다고 생각했다. 이런 오랜 생각 끝에 수양은 이들을 먼저 제거한 다음에 단종에게 보고 드리기로 하고 계획을 실행에 옮겼다. 이는 매우 지난한 일이었지만 한명회를 중심으로 하는 세조의 측근들은 "단지 수양의 놀라운 지배력과 감화력이 그들에게 작용되어, 수양의 지휘에는 무조건 복종하려는 사상만이 굳게 뿌리박힌" 사람들이었다. 그리하여 그들도 수양의 지휘 아래 나라를 위해 목숨을 버리기로 다짐했다. 이렇게 해서 수양은 김종서와 그 일당을 다 제거하는 데 성공했다.

수양은 일이 잘되어 "사직이 안정되면 영화는 조카님에게로—만약 불행하게 일에 착오가 생기면 뒷감당은 수양 자기가— 이렇게 마음먹고"(p. 130) 일을 처리했다. 그는 매사에 단종을 위하는 마음이 극진했던 것이다. 일이 성공하자 수양은 조정의 인물을 쇄신했다. 그는 이제 단종을 잘 보필해 옛 고구려의 영토를 회복할 뜻을 키우고 있었다. 그리고 "지금 열세 살의 소년왕이 장차 친정을 하는 날, 당신이 직접 세상이라는 것을 이해할 수가 있도록—이해하여 당신 스스로 좋은 정치를 베풀 지각이 움돋아 나도록" 주력했다(pp. 142~143). "이 수양의 용의주도한 주의 가운데서 왕은 한가하고 안온한 듯하고도 마음과 몸이 훌쩍훌쩍 장성하였다"(p. 143).

그러나 단종은 왕비를 얻은 뒤로 정무가 "진실로 귀찮고 번거로웠다. 할 수만 있으면 왕비 처소에 진일을 들어 있고 싶었다"(p. 163). 그래서 모든 나라 일을 다 수양에게 미루었다. 그러자 항간에서는 "왕은 그 위(位)를 수양대군께 물려드리고 당신은 상왕(上王)이 된다"라는 소문이 돌았다(p. 168). 이런 소문은 곧 "수양이 왕위를 찬탈하려 한다"는 것으로 퍼져갔다. "왕의 깊은 신임과 수양의 지배자적인 천품만 없으면 모가지가 열 개가 있어도 당하지 못할" 것이었다(p. 171). 그러나 단종은 사실 진심으로 이제 왕위를 수양에 물려주고 싶었다. 이러한 단종의 뜻을 알자 수양은 깜짝 놀랐다. 단종을 잘 보필해서 나라를 바로잡겠다는 자기의 충정이 다 깨어졌다고 그는 생각했다. 그러나 정인지와 같은 정신이 올바른 신하들은 단종의 뜻을 수양이 받아들이는 것이 옳다고 주장했다. 수양은 이러한 요청을 결코 받아드릴 수 없었다. 그러나 왕위를 물리고자하는 단종의 뜻도 간절했다. 그래서 결국 수양은 "가슴에 고통(육체적인)까지 느끼면서"(p. 185) 자신에게 주어진 운명을 받아들일 수밖에 없었다. 그는 "온 힘을 다 쓰자. 뼈를 부수고 몸을 갈아서라도 조카님의 뜻에 봉답하고, 또 어린 마음에 고통을 받으시며 물러서신 조카님을 이후 마음과 몸이 아울러 평안하시도록 온 힘을 다 쓰자"(p. 186)고 굳게 결심했던 것이다. 이로써 이 소설은 끝을 맺었다.

3. 세조대 역사에 대한 평가가 지니는 현재성

이상에서 필자는 문제된 세 개의 소설의 내용을 작가의 역사적인 평가가 잘 드러나도록 정리했다. 이 소설을 읽은 사람이라고 할지라도 여기에 반영된 역사관을 문제 삼을 경우에는 작가의식의 전개를 보다 분명하게 정리하는 일이 매우 필요하다고 판단했기 때문이다. 그러나 여기에 반영된 작가들의 사관을 문제 삼기 위해서는 세조대의 역사상을 먼저 올바르게 제시해야만 할 필요가 있다.[9]

사실 세조의 집권과 통치, 그리고 그의 정치적인 업적을 어떻게 평가해야 할 것인가 하는 문제는 조선시대로부터 오늘날에 이르기까지 많은 이들의 관심을 끌어왔다. 사육신 사건이 보여주는 바와 같이 그의 집권은 그 초기부터 강력한 이념적인 비판에 직면했다. 그리고 그의 사후 성종대에 있어서의 사림들도 세조의 집권에 대한 도덕적인 반성과 비판을 바탕으로 기성의 정치적인 권위에 도전했던 것이다. 그리고 세조대의 정치에 대한 이러한 비판적인 견해는 성리학적인 이념이 더욱 확대되었던 사림정치 이후의 조선시대에 있어서는 사대부들 사이의 일반적인 생각이었던 것이다. '충신불사이군'이라는 유교적인 윤리관이 지배했던 당시에 있어서 그가 국왕이요 또 조카였던 단종을 몰아냈다는 것은 이미 그의 정치가 도덕적으로 정당화될 수 없다는 것을 뜻하는 것이었다.

이처럼 도덕적인 정통성이 없는 것이었다고는 해도 세조는 그의 집권 이후 많은 정치적인 업적을 이룩했다. 그는 북방의 야인 문제를 해결함과 동시에 그 어느 때보다도 강력한 국방력도 마련했다. 그 이외에도 여러 방면에 걸쳐 이룩한 바가 적지 않았다. 이러한 관점에서 세조대는 긍정적으로 평가될 여지 또한 적지 않은 시대였다. 그러므로 세조대에 대한 역사적인 평가는 대단히 미묘한 문제를 내포하고 있다. 즉 정통성이 없는 그의 권력을 문제 삼을 것인가, 아니면 그가 이룩한 업적만을 평가의 대상으로 삼을 것인가라는 문제가 제기된 것이었다. 그러나 문제를 이렇게

9 세조대의 역사상에 대한 정리는 앞서 소개한 필자의 논문에 의거하였다.

양자택일 식으로 단순화시킬 경우, 사태의 본질을 지나칠 위험성이 크다고 생각한다. 그러므로 우리는 세조대의 역사를 좀 더 깊이 들여다보아야 할 것이다.

자신의 조카요 또 섬겨야 할 군주였던 단종을 몰아내고 권력을 장악한 세조의 왕권은 가족 간의 윤리와 군신 간의 의리를 동일시했던 당시의 유교적인 윤리관으로는 결코 정당화될 수가 없었다. 이렇게 왕이 되었을망정 세조는 스스로 유교적인 이상정치를 펼치고자 하는 의욕을 가지고 있었다. 그러나 이러한 그의 바람이 이루어질 수는 없었다. 단종에 대하여도 이를 상왕으로 삼은 것으로 문제가 해결될 수가 없었다. 그 지위가 어떻든 간에 단종이 서울에 있는 한 민심은 이반될 수밖에 없었다. 이럴 때에 세조 2년에 사육신 사건이 발생했다. 이는 아무리 세조가 덮으려 해도 자신의 왕권에 정통성이 없다는 사실을 극적으로 상기시키는 사건이었다. 성삼문 등 당시의 연루자들을 모두 사형에 처한 세조는 이 사건의 목적이 단종의 복위에 있었다는 점을 그냥 넘길 수가 없었다. 그리하여 이듬해인 세조 3년 6월에는 단종을 상왕의 지위에서 파하고 강원도 영월로 유배를 보냈으며, 또한 3년 7월에는 그의 동생이었던 금성대군을 사형에 처하지 않을 수 없었다. 단종의 유배는 단종의 자발적인 의사에 따른 선양에 의해서 왕위에 올랐음을 강조했던 세조의 입장을 매우 난처하게 만들었다. 게다가 이미 동생 안평대군을 죽일 수밖에 없었던 그가 또 다른 동생인 금성대군마저 죽이게 되었다는 사실도 그의 권력의 허구성을 적나라하게 드러냈던 것이다.

이제 그는 유교적인 의미에서의 명군으로 자처하기는 불가능했다. 그는 사육신 사건 이후 유교적인 이념을 적극 구현하기 위해 이미 오래전부터 마련되었던 여러 기구들을 억압, 폐지하기 시작했다. 그는 먼저 집현전을 폐지했다. 세종대의 문화적 발전의 모체가 되었던 집현전마저도 그에게는 위험시되었던 것이다. 이어서 그는 경연도 폐지했다. 경연이란 조정 내의 명망 있는 유신들과 국왕이 한자리에 만나 유교적인 경전을 토의하고 그러한 원칙에 입각해 국가의 당면 문제를 검토하는 자리였다. 유교적인 고제를 연구하는 집현전과 왕에게 부단히 유교적인 이념을 촉구하는 경연을 폐지했다는 것은 세조가 더 이상 이러한 이념의 구속을 받지 않겠다는 의지를 표명한 것이었다. 다른 말로 한다면 이러한 기구의 존재가 자신의 왕권에 대해서는 위협이 된다는 것이었다. 세조는 여기서 멈추지 않았다. 그는 대간의 기능을 극도로 위축시켰다. 대간이란 사헌부와 사간원을 합칭한 말인데, 이 두 기구는 특히 국왕을 비롯한 당시의 지배자들에게 유교적인 이념을 촉구하기 위해 마련된 제도였다. 이는 어느 의미에서는 현대 민주국가에서의 언론이 담당했을 역할을 하는 곳이었기에, 조선시대의 정치기구 중에서도 매우 중요시 된 기구였다. 세조는 이를 용납할 수가 없었다. 이러한 일련의 사실은 세조가 왕이 되었다 하더라도 자신의 왕권의 정통성을 확립하는 문제로 계속 시달리고 있었음을 뜻하는 것이었다. 이러한 상황에서 세조의 정치는 무단적인 성격을 강하게 띨 수밖에 없었다.

그러나 정치를 혼자 아무렇게나 할 수는 없는 것이다. 즉 정치에는 그 지향하는 이념적인 방향이 있어야만 하며, 그러한 정치를 지지해주는 사회세력이 있어야 하는 것이다. 조선왕조는 유교 국가였다. 고려말의 정권 및 사회의 권문세족과 연결된 불교계의 타락은 당시 새롭게 성장해갔던 사대부 계층으로부터 격렬한 비판을 면할 길이 없었다. 이들이 중심이 되어 조선을 건국하자 유교는 사회의 주도 이념으로 자리를 잡았으며, 이러한 이념에 따라 정치의 제도와 국가의 방향이 설정되었던 것이다. 그러므로 세조의 반유교적인 무단적 정치는 일면 국조 이래의 통치이념이었던 유교와 결별을 선언한 것이며, 또한 그러한 이념을 지향하는 사대부 계층을 외면하는 것이었다. 오늘날 적지 않은 이들이 조선시대의 유교사상과 사대부 계층을 싸잡아 비난하는 경우가 있다. 그러나 조선의 역사를 그처럼 단순화하는 것은 매우 위험한 태도이다. 조선 전기에 있어서 유교이념은 추구할 만한 가치를 지니고 있었으며, 그러한 추진력이 조선시대의 발전의 원동력이 되었기 때문이다. 이러한 유교이념이 수세기 후, 조선 사회가 새로운 도전에 직면했을 때 무력했다는 것은 또 다른 차원에서 문제를 삼아야 할 것이었다.

그러면 세조는 무엇으로 통치의 이념을 삼았으며, 자신의 이념을 지지해줄 사회세력의 성격은 어떠했는가? 유교를 버리고 새로운 대안을 발견하기란 어려웠다. 세조는 자신이 불교를 믿으면서 한편으로는 단군에 대하여도 관심을 기울였다. 그리고 중국의 천자나 지낸다는 제천제(祭天祭)인 원구제(圓丘祭)를 지내는 등 정통적인 유교이념과는 다른 길로 나아갔다. 이러한 조처들은 유교적인 보편적인 가치를 강조하기보다는 자신이 통치하는 조선의 보다 특수한 성격을 강조하려는 것이었다. 이러한 조처가 일면 상당히 흥미를 끄는 것이기도 하지만, 잘 생각해보면 이러한 생각으로 국가를 이끌어가는 중심 이념을 삼을 수는 없는 것이다. 그러므로 세조의 정치는 사회의 공론과는 더욱 멀어질 수밖에 없었다. 세조는 더욱 자신의 개인적인 능력에 의존해갔으며, 자신의 집권을 옹호했던 공신들에게 거의 모든 특권을 집중적으로 부여했다. 세조는 김종서 등을 죽이고 정권을 장악하자 곧 정난공신을 책봉했으며, 그가 왕이 된 직후에는 좌익공신을 책봉했다. 이들 공신 집단의 핵심적인 인물들은 한명회 · 권람 · 신숙주 · 정인지 · 구치관 · 홍윤성 등이었다. 세조대의 정치권력은 거의 이들 소수의 특권적인 공신들에게 집중되었다. 이는 그의 권력의 사회적인 기반이 매우 좁다는 것을 뜻하는 것이었다. 이러한 사실은 세조대의 역사가 조선 사회의 대세와는 크게 어긋났었음을 잘 보여주고 있다.

그러므로 세조대의 정치를 어떻게 평가할 것인가 하는 문제는 그 당시에 있어서 유교적인 이념과 사대부 계층의 사회적인 가치를 어떻게 평가해야 하느냐라는 문제와 직결된다고 생각한다. 조선왕조가 일제의 침략으로 망하면서 우리 민족은 식민지 지배라는 치욕을 겪게 되었다. 이러한 경험은 우리나라의 많은 지식인들로 하여금 사상적으로 근대화에 기여할 수 없었던 유교에 대한 비판의식을 갖게 했으리라고 생각한다. 특히 병자호란 이후 조선의 유교가 비현실적인 명분론에 지나치게 집착함으로써 명에 대한 사대가 강조되고 사회의 현실과 유리되어갔기 때문에 유교에 대한 부정적인 태도는 상당히 일반화될 정도였다. 그러므로 종종 한국사에 있어서 단군을 강조한다든지 원구제를 지낸다든지 하는 사건들이 보다 높이 평가되었던 것이다. 그러나 세조가 살았던 시대를 전후한 시대의 유교적인 이념은 우리 사회의 발전에 기여하는 측면이 많았던 것이다. 그런 점에서 볼 때 세조의 집권과 정치는 당시의 사회적인 여망과는 명백히 배치되는 것이었다. 그런 의미에서 세조의 정치를 긍정적으로 평가할 수만은 없는 것이다. 세조의 사후 조선의 사림들이 세조대의 유산을 청산하기 위해 매우 공격적인 태도를 취했다는 사실이 이러한 사정을 잘 말해주고 있는 것이다.

이러한 세조대의 역사는 여러 가지 면에서 우리들에게 암시하는 바가 많다. 일제의 한국 지배는 어떠한 명분이 있었던가? 일제의 침략자들은 일본인과 조선인은 동일한 조상을 지닌 같은 황국신민이며, 그렇기 때문에 일본이 부당하게 한국을 지배하는 것이 아니라 한국의 발전을 진심으로 도우려는 것임을 강변했다. 그리고 대동아공영권을 실현하면 일본과 한국은 물론 아시아인의 평화와 번영이 이룩될 것이라고도 주장했다. 그리하여 한국 내에 철도를 부설하고 공장을 건설하고 학교를 세운 것 모두가 그러한 선의를 실현하려는 방도였다고 주장했다. 이것이 그들의 지배를 영속화하고 대륙 침략을 지원하며 일본 자체의 경제적인 이익을 위한 것이었다는 점을 이 자리에서 새삼스레 지적할 필요는 없을 것이다. 그러면서 그들은 자신들의 주장에 반대하는 여하한 한국인의 요구도 강압으로 짓눌렀던 것이다. 압도적으로 강한 힘을 가진 일본의 한국 지배는 현실적으로 굳어졌으며, 이러한 상태는 영구히 지속될 것 같았다. 이때에 많은 사람들은 어쩔 수 없는 이 상황을 인정하지 않을 수 없다고 생각했다. 그것이 민족의 살길이라고도 생각했다. 그리하여 일본의 강압적인 침략과 지배는 다수의 유수한 한국인들에 의해서도 정당화되었던 것이다. 이때에 그러한 식민지적인 상황과 아무런 관련성을 지니지 않은 채로 세조대의 역사를 평가할 수가 있었겠는가?

해방 이후 우리 사회는 정통성이 결여된 정치권력으로 인한 혼란과 갈등을 겪어왔다. 이제 자유주의적인 민주 국가를 건설해야 한다는 이상은 5 · 16 군사 쿠데타 이후 반공과 경제 번영이라는 목적에 짓눌리고 말았다. 군사정권의 이론가들은 국사 교육을 강조하고 한국적인 민주주의를 제창했다. 그 허구적인 주장에 많은 사람들은 공명했다. 공장은 늘어나고 소득은 증대되었으며 절대적인 굶주림은 사라졌다. 그렇다고 자유주의적인 민주 국가의 건설이라는 주장을 땅에 묻은 것은 불가피하기도 했을 뿐 아니라 결과적으로 잘된 일이었다고 평가할 수가 있는가? 경제 번영이라는 문제는 진정 자유주의적인 민주 국가의 건설이라는 이상과는 양립이 불가능한 것이었다고 단정할 수 있는가? 이러한 문제가 심각하게 제기되고 있는 오늘날의 우리들에게 세조대의 역사는 아무런 관련성도 없는 몰가치한 표본일 뿐이겠는가? 정치권력과 이념의 문제가 첨예하게 대두되었던 일제시대 이래 오늘날에 이르기까지 세조대의 역사는 그러한 역사적 현실과 무관하게 평가될 수는 없을 것이다. 그리고 실제로 이 문제를 생각하는 대다수의 사람들도 세조의 집권 과정과 그 통치의 문제를 어떤 형태로든 자신이 보는 현실과 관련을 지어볼 수가 있다. 이런 문제의식을 갖고 우리는 이광수와 김동인의 소설을 읽어볼 필요가 있다고 믿는다.

4. 이광수와 김동인의 역사를 보는 눈

이광수와 김동인의 역사관의 내용을, 앞서 필자가 정리한 그들 소설을 통해 알아보기 위해서는 이들의 세조에 대한 평가를 살펴볼 필요가 있다. 이광수는 『단종애사』에서도 인물 묘사에 있어서는 세조에 큰 비중을 두고 있으며, 『세조대왕』은 제목 그대로 세조가 주인공이었다. 그리고 김동인도 책의 제목을 아예 『대수양』이라고 한 것 역시 그가 세조에 대해 많은 관심을 표명했음을 짐작할 수 있는 것이다.

이광수는 『단종애사』에서 수양대군을 무척 의지력이 강하고 의협심이 강한 사람으로 묘사했다. 그리하여 그는 문종이 어린 세자를 자신에게 부탁하기만 하면 성심으로 보좌하리라고 마음을 다지고 있었다. 그는 "자기의 불충 불효는 용서하더라도 남이 내게 대한 불충 불효는 추호만큼도 용서할 수 없는" 사람이었다(p. 59). 그러나 이러한 수양대군도 김종서를 대할 때는 늘 눌리는 듯한 압박을 깨달았다. 이는 "옳지 못한 것이 옳은 것을 대할 때에 당하는 꿀림"이었다(p. 114). 그러므로 세조는 자신의 행위가 옳은 일은 아니었다고 인식하고 있는 인물로 묘사된 것이었다. 그러나 한편으로 수양대군은 단종의 어전에서 자신의 행위에 비판을 하던 내시 김연의 목을 베었으며, 또 다른 내시 한숭의 가슴을 칼로 내려 그은 냉혹한 사람이었다(p. 133). 자기가 성심껏 섬기겠다던 단종의 어전에서 자신에게 반대한다고 하여 그 두 사람을 직접 칼로 벤다는 것은 반역도 이만저만한 반역이 아니었다. 그러나 작가는 이러한 수양의 행위에 대해 일체의 평가를 내리지 않고 있다. 그가 조상을 들먹이면서까지 권람의 사람됨을 욕하고, 타고난 악인이라고 한명회를 매도했던 것에 비하면 세조에 대한 직접적인 비판을 일체 삼가고 있다는 사실이 부자연스럽게 느껴지는 것이다.

사육신의 비장한 죽음을 묘사한 이후 작가는 "이들이 아니면 이 땅에 의는 죽어버리고 만다"(p. 224)고 했다. 이는 작가가 사육신을 의인으로 평가했음을 보여준다. 그렇다면 그는 이들을 죽인 수양(세조)을 악인으로, 그의 행위를 의에 어긋나는 악행으로 단죄했던가? 이 점에서 작가의 판단은 흔들리고 있는 것처럼 보인다. 사육신을 죽인 다음의 세조에 대해 작가는, "총명이 뛰어난 그가 무엇인들 모를 리가 없건마는 다만 그의 억제할 수 없는 욕심이 모든 덕과 모든 총명을 눌러버린 것"(p. 225)이라고 했다. 이어서 그는 "이 성격의 결함[특징이라면 특징]은 총명한 그의 힘으로는 어찌할 수 없었던 모양이다. 그는 이 패기의 날랜 말에 올라앉아 그 뛰어난 예지로 자기가 달려가는 길이 무엇인지를 보면서도 안 되겠다 안 되겠다 하고 연해 후회하면서도 걷잡을 수 없이 그가 마침내 굴러 떨어진 절벽 끝으로 가버린 것"(p. 225)라고 했다. 세조는 총명하고 예지에 가득 찬 사람이었으나, 자신의 패기를 억제하지 못해서 이러한 사태를 저지른 것이었다. 그러나 그가 굴러 떨어진 절벽의 끝이 무엇인지에 대해서는 전혀 설명이 없다. 아마도 그의 양심의 가책을 의미하는 것이 아닐까.

이는 조카요 군주였던 단종을 내몰고, 김종서 등 온갖 충신들을 쳐 죽이고, 자신의 형제를 죽이고, 또 사육신 같은 의인을 죽인 사람에 대해 대단히 이해심 많은 동정을 보이고 있음을 말해주고 있다. 그러기에 그는 "수양대군은 그렇게 굳굳한 사람이면서도 어느 한편 구석에는 나약한 데가 있었다. 때로 그는 냉혹하기 철석같아도 때로는 또 더운 눈물을 흘리는 이였다"(p. 259)고 감싸주기까지 했다. 수양이 연루된 사건은 국가의 운명에 관련된 문제였지만, 그러한 관점에서 수양의 행위를 평가하지를 않았다. 이러한 사실은 그가 단종을 묘사한 데서도 잘 드러난다. 세종 · 문종을 이어서 왕위를 이은 단종은 "시인의 상상력으로 지어내기 어려운 큰 비극의 가장 비참한 주인공이"(p. 270) 되었다. "그래서 왕은 시인의 예민한 감수성으로 인생의 슬픔을 감수할 여가가 없이 당신 스스로의 아픔과 쓰림을 감수하시게 되었다. 그 어리고 연연하고 인자하고 깨끗하고 죄 없는 몸이— 마음이 이렇게 견디기 어려운 수난을 하심은 너무 애련한 일이었다"(p. 270). 국가의 대통을 빼앗기는 단종의 심정은 전혀 없다. 가련한 어린아이가 처한 가혹한 운명이 너무나 슬프다는 것이 작가의 평가였다. 세상모르는 철없고 순진한 아이(단종)가 세상의 물정을 너무나 잘 알고 이를 능수능란하게 처리할 능력이 있는 삼촌에게 버림받는 이야기로 『단종애사』는 결말이 난 것이다. 그러므로 작가는 단종과 세조의 이야기를 지극히 감상적인 터치로 일관한 것이었다. 이 소설에서 왕이 삼촌에게 축출당하고, 국가의 중심인물들이 억울하게 살해당하는 국가적인 위기에 대하여는 말할 것도 없고, 이 사건이 갖는 정치와 이념의 문제나 시대적인 선과 악의 문제 등에 대하여는 거의 관심을 보이지 않았던 것이다. 이를 소설에서는 선악의 문제나 역사적인 평가의 문제보다는 소설 그 자체의 재미만을 잘 구성하면 되기 때문이라고 변명할 수가 있을까?

사실 작가는 처음부터 그렇게 몰가치적으로 쓰려는 생각은 아니었다. 그는 이 책에 다음과 같은 요지의 짧은 서문을 붙였다.

> 육신의 충분의 열은 만고에 꺼짐이 없이 조선 백성의 정신 속에 살 것이요. 단종 대왕의 비참한 운명은 영원히 세계 인류의 눈물로 자아내는 비극의 제목이 될 것이다. [……] 나는 나의 부조한 몸의 힘과 마음의 힘이 허하는 대로 조선 역사의 축도요, 조선인 성격의 산 그림인 단종 대왕 사건을 그려보려 한다. 이 사실에 드러나 인정과 의리—그렇다, 인정과 의리는 이 사실의 중심이다—는 세월이 지나고 시대가 변한다고 낡아질 것이 아니라고 믿는다. 사람이 슬픈 것을

보고 울기를 잊지 아니하는 동안, 불의를 보고 분내는 것이 변치 아니하는 동안, 이 이야기는 사람의 흥미를 끌리라고 믿는다.

위의 서문을 보면 작가는 사육신의 열렬한 충성심이 조선 백성의 정신 속에 살 것이라고 선언하고 있음을 알 수 있다. 그리고 단종의 이야기는 곧 인정과 의리가 그 중심 내용이라고 했다. 인정과 의리는 세월이 가고 시대가 변한다고 없어지는 것이 아니라고도 했다. 그러므로 단종의 이야기는 슬픈 것을 보고 울고, 불의를 보고 분내는 인정이 변치 않는 한, 언제나 사람의 관심을 끌 것이었다.

여기에서 작가는 인정과 의리를 강조했다. 그렇다면 인정과 의리상으로 볼 때, 세조는 불의를 저질렀다는 것이 된다. 그러므로 이 서문대로라면 단종의 슬픈 운명을 보고 울고, 세조의 불의를 보고 분을 냈기 때문에 작가는 이 소설을 썼다고 생각할 수가 있다. 그러나 이 소설을 읽어보면, 단종의 애달픈 운명에 한없이 울고는 있지만, 세조의 불의에 분노하는 모습은 전혀 볼 수가 없는 것이다. 그는 이 책의 「충의편」 앞머리에 작가 나름대로의 역사관을 다음과 같이 피력하고 있다.

개인의 일생에도, 또 어떤 민족의 일생에도 몇 십 년에 한 번씩 또는 몇 백 년에 한 번씩 이러한 마감 날이 온다. 평상시에는 다 비슷비슷하여 별로 차별이 없는 듯하던 이들[개인이나 민족이나]도 이날 우뢰 같은 운명의 호령과 형문, 곤장 같은 자작얼(自作孼)의 아픈 매가 벗은 몸뚱이를 후려갈길 때에는 지금까지 쓰고 있던 탈바가지도 다 집어던지고 대번에 개개 실토를 하게 되는 것이다. 이러한 대좌기를 겪고 난 뒤에야 그가 갈대인지, 참대인지, 무쇠인지, 강철인지가 판명이 되는 것이다. (p. 219)

이 글의 내용을 이해하기가 쉽지는 않다. 그러나 앞서 인용한 서문과 이를 보면 작가는 이 소설을 집필함에 있어서 자신과 자신의 조국이 당면했던 현실을 염두에 두고 있었다는 사실을 느낄 수가 있다. 그리고 단종이 살던 때와 마찬가지로 자기가 살던 때도 커다란 시련기임을 지적한 것이다. 그러나 그는 이 시련의 시기가 어떻게 닥쳤는가, 이를 어떻게 극복해야 하는가라는 점에 대하여는 관심을 표명하지 않았다. 이 시련기를 겪고 난 다음에야 무엇인지를 알 수가 있다는 것이다. 이는 상당히 무책임한 견해라고 느껴진다. 그러기에 그는 수양에 대해 분노를 표명하지 못하고 결국 다음과 같이 결말을 진 것이다.

> 수양대군은 당연히 왕의 자리를 도모할 결심을 하였다. 득롱망촉(得隴望蜀)이란 셈으로 바라던 자리를 얻으면 한층 더 높은 자리를 또 바라는 법이다. 이리하여 사람은 한없는 욕심의 층층대를 허덕거리며 오르다가 마침내 끝 간 데를 보지 못하고 현기증이 나서 굴러 떨어지어 머리가 부서져 죽는 법이다. 더구나 수양대군 같은 야심이 만만한 사람이 오를 수 있는 한 층을 남겨 두고 마음을 잡을 리가 없다. 일국 정권을 한 손에 거두어 쥐고 보면 부족한 것이 오직 익선관(翼蟬冠), 곤룡포(袞龍袍)인 듯하였다. (p. 220)

위의 글을 보면 작가는 세조의 욕심이 끝 간 데를 보지 못하고 결국 왕이 되려는 데 있음을 지적하고, 결국 그 자신이 현기증이 나서 굴러 떨어져 머리가 부서져 죽을 때까지 그 욕심을 추구할 것임을 지적하고 있다. 세조는 자신의 욕심으로 말미암아 왕이 되긴 하겠지만, 결국은 그 욕심으로 머리가 부서져 죽는 벌을 받을 것이었다. 누가 벌을 주는가? 이 점에 대한 언급은 전혀 없었다. 그러므로 작가는 이 소설에서 자신의 현실과 단종－세조대의 역사적 현실을 대비시켰음이 분명했다. 그렇다면 단종은 망국의 설움에 젖은 조국이요, 수양은 야심만만해 욕심이 끝 간 데를 모르는 일제였다고 단정할 수 있을 것이다. 따라서 대단히 미흡한 대로 작가는 세조를, 다시 말하면 일제를 불의한 것으로 보고, 이 불의가 언젠가는 머리가 깨져 죽음으로써 꺾일 것이라고 생각한 것이었다. 그러나 이러한 불의에 대한 철저한 비판과 저항의식은 전혀 찾아볼 길이 없다는 점을 기억해야 할 것이다. 그는 단종(조국)의 슬픈 운명을 숙명적으로 인정했으며, 그렇기 때문에 세조(일제)의 불의도 또한 어쩔 수 없는 운명의 힘에 그리된 것이었다고 판단한 것이라고 생각한다.

세조의 행위를 불의라고 인식은 했으면서도 이를 철저하게 비판하지 못한 작가는 『세조대왕』을 집필해 세조의 행위를 극적으로 합리화했다. 이 책은 1467년(세조 13년) 세조가 죽기 일 년 전 원각사가 완성되는 때로부터 시작해 그의 죽음으로 끝이 난다. 여기에서 세조는 불교에 깊이 귀의해 자신의 다스림은 곧 중생을 구원하는 행위라는 자각에 도달하게 된다. 물론 자신이 왕위에 오르는 과정에서 무고한 사람을 많이 죽였다는 점이 항상 자신의 업보가 되어왔으며, 자신의 큰아들의 죽음도 그러한 업보로 그는 생각한다. 그러나 그는 자신의 행위가 결코 사사로운 욕심에 의한 것이 아니라 국가의 대의를 위해 어쩔 수 없었다는 점을 잘 알고 있다. 그러므로 개인적으로는 그가 죽인 사람들에게 미안하고 죄스럽다 하더라도 중생을 구제하는 큰 입장에서 본다면 자신의 행위는 정당했다고 확신하고 있었다. 그러기 위해 작가는 세조의 거사가 국가를 위해 불가피했음을 누누이 설명하고 있었다.

작가는 세종의 사후 조정 대신들이 무능하고, 이기심과 시기심에 빠져 있었기 때문에 사태가 그렇게 발전할 수밖에 없었다고 했다(p. 36). 일찍 수양에게 단종의 섭정을 맡겼다면 그런 사태가 없었을 것이라고 생각했다. 결국 나라의 운명을 떠맡을 탁월한 인물인 수양을 배척하고 자신들의 사욕으로 나라를 망치려는 사람들을 제거하지 않을 수 없었던 것이다. 그러므로 세조의 거사는 공적으로 정당한 행위로 설명된 것이다. 그렇기에 작가는 세조로 하여금 자신의 행위를 "살신성인"의 행위였다고 자신 있게 말할 수 있게 만들었던 것이다(p. 44). 이렇게 되면 『단종애사』에서 미약한 대로 드러났던 도덕적인 판단은 그나마 흔적도 없이 사라지고 말았다. 그는 분명 앞의 책에서 세조의 행위를 불의로 단정했다. 그러나 『세조대왕』에서는 세조의 행위는 불의가 아니라 살신성인의 성불의 행위로 간주되었던 것이다. 이제 세조와 단종의 이야기에서 단종은 역사의 무대에서 사라져버릴 운명이었으며, 중생을 구원하고 성불하려는 세조의 큰 뜻만이 역사적인 정당성을 지닌 것이다. 이는 다른 말로 말하면 조국의 운명이 사라지게 된 것은 일제에 의해 더 크고 더 값있는 미래를 건설하기 위한 불가피한 것이었다. 그것이 참 애석한 일이긴 하지만 대의를 위해서는 어쩔 수 없는 일이었던 것이다. 이제 작가에게 있어서는 도덕도 대의도 조국도 다 문제가 되지 않았다. 오로지 현재와 미래에 펼쳐질 위대한 세상에 대한 희망과 염원만이 남게 된 것이다.

그래도 세조는 인정 있는 사람이었다. 그는 자신이 추구하는 큰 길에서 희생될 수밖에 없던 사람들에 대하여도 무한한 자비심을 가지고 있었다. 그래서 그는 더욱 부처님께 귀의하고, 또 죽은 영혼들을 위해 진심으로 초혼제를 지냈던 것이다. 이러한 세조를 작가는 생육신의 한 사람이었던 김시습의 입을 빌려 기꺼이 용서했던 것이다. 김시습은 세조의 찬탈을 용납하지 않고 속세를 떠난 사람이었지만, 세조는 이제 그를 중용하려 한다. 또 김시습도 세조를 마음으로 용서했다. 이러한 대목에 이르러서는 작가는 마치 우리들의 일상적이고 사회적이며 역사적인 가치의 세계를 초탈해버린 것처럼 보인다. 여기에서 그는 역사를 비역사로, 현실을 비현실로 바꾸어버린 것이다. 보통 때보다도 더욱 역사적 · 도덕적 자각이 필요할 때 살았던 작가는 오히려 역사적 · 도덕적 세계에서 벗어나버렸다. 무엇이 옳은 일인가, 무엇이 그른 일인가, 일체 무요, 일체 공이었다. 한 개인의, 한 집단의, 한 민족의 이익을 위해 무고한 개인과 집단과 민족을 짓밟아 죽이는 일이 악이 아니고, 또 그러한 불의에 대해 비판하고, 항거하는 일이 정의가 아니라면 우리는 이 세상에서 무엇을 바라고 살아야 할 것인가? 그래서 필자는 불교적인 교리로 교묘하게 위장된 이 작가의 역사관을 그냥 묵과할 수는 없는 것이다. 그는 결국 수단과 방법을 가리지 않고 현세의 권력을 장악한 존재를 모두 정당화시키고 있었던 것이다.

한편 김동인은 이광수와는 좀 다른 입장에서 『대수양』이라는 소설을 썼다. 그는 「춘원연구」라는 글을 통해 이광수의 문학세계 전반을 비판적으로 검토한 바 있었다.[10] 여기에서 그는 『단종애사』에도 많은 지면을 할애해 비판을 가하고 있었다. 그의 비판은 크게 두 가지 점으로 요약될 수 있다고 생각한다. 그 하나는 이광수가 『단종애사』를 씀에 있어서 사실(史實)을 제대로 파악하지 못하고 있는데 이는 남효온(南孝溫)의 『추강집』(秋江集) 『육신전』(六臣傳) 등 잘못된 자료를 바탕으로 집필하였기 때문이라는 것이었다(pp. 163~164). 또 하나는 이광수는 단종을 선으로, 수양을 악으로 대비시켰는데, 그렇다면 세조의 모든 좋은 정치적 업적도 한갓 인심을 모으려는 계책에서 나온 행동으로 썼어야 하는데 그렇게 하지를 못했다는 것이다. 그러므로 그의 소설에서는 "수양이 과연 '악'인지 '선'인지—이것을 다시 뒤채어 말하자면 계유년 사변이 단지 수양의 야심에서 나왔는지 혹은 원대한 계획에서 생겨난 것인지 모호하게 되었다"고 신랄하게 비판했던 것이다. 즉 그는 이광수가 잘못된 자료에 의지해 잘못된 선입견

10 필자는 여기에서 金治弘 編, 『김동인 평론전집』(三英社, 1984)에 수록된 「춘원연구」를 읽고 인용하였다. 인용문의 출처는 본문의 ( ) 속에 밝혀두었다.

으로 쓰다가 결국 애매하게 되어버리고 말았다고 생각했다(p. 162).

이러한 김동인의 비판의 문학적인 가치나 성격에 대하여는 필자로서 아는 바가 없다. 그러나 김동인의 비판은 매우 흥미를 끄는 데가 있다. 그것은 『단종애사』의 가치판단이 그 작가가 의도한 대로 되지 못하고 혼란 되어버렸다는 대목이다. 결국 처음부터 수양을 악을 대변하는 자로 설정한 것 자체가 잘못이었다는 것이 김동인의 이광수에 대한 비판의 핵심이었다. 그러므로 그는 아예 수양은 악의 화신이 아니라 처음부터 나라의 운명을 크게 열 원대한 계획을 가지고 행동에 임한 뛰어난 인물이었다고 주장한 것이다. 그의 소설이 '대수양'이라고 제목 붙여진 것만 보아도 그의 의도를 파악할 수가 있다.

그는 세종의 왕자 중에서 둘째인 수양의 인물됨이 가장 뛰어나 왕자의 풍모를 지니고 있음을 도처에서 지적했다. 그리하여 그는 양녕대군의 입을 빌려,

> 국가의 안목으로 보자면 스라소니[세자]와 스라소니의 새끼[세손]는 제거해버리는 편이 좋겠다. (p. 22)

고 극단적인 표현을 하게 했다. "세종도 양녕의 그 생각이 그다지 비난할 것이 아닌 줄" 알았다는 것이다. 세자는 문종이요 세손은 단종이었다. 세종의 형인 양녕대군이 나라를 위해서는 이들을 죽여버리는 것이, 그렇게 해서 둘째인 수양이 자연스레 왕이 되도록 하는 것이 좋겠다고 했으며, 이러한 생각을 세종도 굳이 책망하고 싶지 않았다는 것이다. 이러한 대목에 이르면 소설이라고는 하지만 작가가 이 시대의 역사적인 상황에 대해 너무나 무지하다는 생각을 하지 않을 수가 없다. 유교적인 이념이 지배했던 당시에 있어서 왕의 형이 왕세자와 왕세손을 죽이는 것이 차라리 낫겠

다는 이야기를 어떻게 할 수가 있는가 한번 생각해볼 일이다. 이러한 태도를 좀 더 문제 삼아본다면, 정치권력을 장악하기 위해서는 수단과 방법을 가릴 필요가 없다는 이야기가 된다. 세종 당시에 있어서 부자 간의 윤리란 만 가지 도덕의 근본이었다. 이러한 사실을 양녕대군이나 세종은 전혀 고려치 않았던 것이다. 작가는 도대체 무슨 생각을 가지고 살았던 사람이었을까?

이 작가는 자신의 입장을 정당화하기 위해 세종 사후의 상황을 위기적인 상황으로 몰아갔다. 그래서 그는 "지금 국가는 다난하고 더욱이 왕실이 하도 창성해, 어린 왕 한 분만을 동그랗게 내어놓고 굳센 보호의 손이 없으면 장차 무슨 화단이 생겨날지를 알 수 없"(p. 46)는 상황이었다. 그러므로 김종서 등이 수양의 섭정을 반대한 것은 나라를 망칠 행위였다. 이에 수양은 김종서 등의 음모를 분쇄하고 나라를 바로잡는다는 것이었다. 이것으로 그의 단종에 대한 지극한 충성은 다 달성되었다고 생각하는 순간에 정무를 번거로워하는 단종이 왕위를 선양하겠다고 하자 세조는 너무나 놀라 할 말을 잊게 된다. 그러나 단종의 뜻이 하도 간곡하므로 수양도 더 이상 거절할 수 없어서 왕위에 오르게 되었다는 것으로 작가는 소설을 몰아갔다. 이렇게 되니 그는 사육신의 죽음도, 금성대군의 죽음도, 또 수양이 그렇게 섬기던 단종의 유배와 죽음에 대하여도 그는 일체 언급을 할 필요도 없이 소설은 끝이 나고 말았다. 아마 그런 관점으로는 더 이상 써나갈 수가 없었을 것이라고 생각한다. 사실 이 작가의 역사적인 평가는 너무나 단순해 길게 말할 것도 없다. 그는 이광수에 있어서보다도 훨씬 몰가치적인 판단을 내린 것이었다. 그러므로 그는 이광수의 『단종애사』를 두고 사실을 제대로 파악하지 않고 쓴 소설이라고 비판했지만, 그 자신은 이광수보다 더 나을 것이 전혀 없었던 것이다.[11] 그에게는 양심의 가책이라는 것도 전혀 없었다. 만약 그가 자신의 현실 속에다 세조대의 역사상을 대비할 줄 알았다면 그는 일제의 지배를 아무 의심 없이 인정하고 따랐을 것이라고 믿는다. 너무나 민감한 시대의 역사적인 사실을 취급하고, 그에 대한 평가를 가하면서 『대수양』의 작가가 보인 몰가치적인 태도에 필자는 상당한 놀라움을 금할 수 없었던 것이다. 역사적인 자각이 더욱 요청되던 식민지시대에 살았던 작가의 입장을 생각해본다면 『대수양』에 나타난 그의 태도는 너무나 반역사적인 것이었다.[12]

5. 과거의 긴 그림자

이상에서 이광수와 김동인의 소설 『단종애사』, 『세조대왕』, 『대수양』을 통해 나타난 작가들의 역사관을 세조대의 역사상을 거울로 하여 살펴보았다. 세조대의 역사는, 그 역사에 대해 이광수와 김동인이 관심을 표명한 그대로, 정치권력과 그 정통성에 관한 의미를 함축하고 있었다. 그리고 이 두 작가가 이를 배경으로 소설을 썼을 때는 우리나라가 일제의 강압적인 지배를 받던 때였다. 그러므로 이들은 일제의 압제를 받던 자신들

---

11 김동인은 앞서 언급한 「춘원연구」 중에서 『단종애사』에 대하여 신랄한 비판을 가했다(pp. 143~165). 그 비판은 여러 가지 면에서 제기된 것이지만, 특히 이광수가 당시의 사실을 제대로 파악하지 못하고, 사실과는 상반되는 남효온의 『추강집』이나 『육신전』에 의거하여 소설을 썼다는 것이 비판의 핵심이었다. 남효온의 작품이 그의 말처럼 그렇게 사실과 다른 것이 아니기도 하지만, 그러면 김동인은 무슨 자료를 바탕으로 삼았던가? 그는 정작 이에 대해서는 언급조자 하지 않고 있다. 그 시대를 전공하는 역사학도인 필자가 보기에는 김동인 자신도 당시의 자료를 제대로 읽지 못했음이 확실하다. 더욱이 그는 수양대군을 합리화하기 위하여 사실을 마구 왜곡시키기를 서슴지 않았던 것이다. 작가는 역사가가 아니기에 자신의 상상력을 동원해 소설을 쓸 수 있다는 것을 모르는 것이 아니다. 그런 경우에도 엄연한 사실을 작가의 의도에 따라 마구 왜곡시켜서는 안 된다는 것은 말할 필요조차 없는 일이 아닌가 한다.

12 김동인의 친일 행위는 일반에 잘 알려진 것 같지는 않다. 그의 친일 행위에 대해서는 임종국, 『친일문학론: 일제암흑기의 작가와 작품』(평화출판사, 1966), pp. 192~197에 간략하게 언급되어 있다.

의 현실과 그들의 소설의 배경이 된 세조대의 역사를 대비시키면서 이야기를 전개해나갔다고 생각한다. 그런 관점에 서게 되었을 때, 당시 우리나라의 대표적인 지식인이요 작가였던 이들의 세조대에 대한 평가의 기준이 매우 잘못 설정되어 있었다는 것은 자신들의 현실 문제를 그릇되게 판단하고 있었음을 의미하는 것이었다. 그들의 세조대에 대한 역사적 평가와 그들의 현실 인식은 어느 정도 일치하고 있었다. 어떤 의미에서 이 소설들은 자신들의 현실관을 정당화하려는 목적을 강하게 지니고 있었는지도 모른다고 생각한다. 이 소설들을 통해 이 두 작가가 세조대의 역사에 대해 적극적인 평가를 내리려고 했다는 점이 그러한 생각을 굳게 해주고 있다.

필자는 이 두 작가의 친일 행위를 새삼스레 단죄하려는 뜻에서 이 글을 쓰려는 것이 아니다. 필자는 이 두 작가의 대단히 감상적이며, 그릇된 역사관의 정체를 보다 분명하게 드러내어, 우리 자신에게 문제를 제기해보려는 의도를 가지고 있었다. 이 두 작가가 세조대의 역사를 그릇되게 평가하고 있다면 우리는 그런 오류에서 벗어났다고 자신 있게 말할 수 있는가?

사실 이광수와 김동인은 자신들이 직면한 현실을 제대로 직시하지는 못했다. 대신 왜곡된 현실과의 바람직하지 못한 동거를 단종과 세조대의 역사를 통해 정당화하려 했다. 현실적 이해관계를 통해 역사를 만들어내고자 한 것이다. 이러한 태도는 현재와 과거가 동등한 처지에서 서로 대화를 나누는 것이 아니라 과거를 세속적 목적을 위해 현재에 예속시켜버리고 만 것이다.

또한 모든 역사적이며 사회적인 행위를 개인적인 인정관계로 윤색해버리고, 불순한 목적을 위해 부도덕한 수단을 거침없이 행사해도 우리는 그 악폐를 쉽게 잊어버리는 경향이 얼마나 많은가? 그러므로 이광수와 김동인은 지난 역사 속에 사라져버린 사람이 아니라 바로 우리들의 자화상이며, 그들의 부도덕하고 무책임하고 반역사적인 역사관은 그대로 우리 것으로 남아 있는 것이다. 우리가 일제강점기를 비판하고 친일파를 단죄한다면 우리는 그러한 잘못을 다시 저질러서는 안 되는 것이다. 그런데도 그러한 그릇된 역사관이 아직도 일반화되어 있다면, 우리는 역사 속에서 아무런 교훈도 얻은 바가 없기 때문이라고 생각한다. 올바른 역사의식이 없으면 현실을 제대로 인식할 수가 없으며, 반대로 현실을 제대로 인식하지 못하면 올바른 역사의식을 발전시킬 수가 없는 것이다. 그런 의미에서 『단종애사』와 『대수양』에 나타난 역사관의 문제점을 우리는 좀 더 현실적인 자각을 가지고 음미해야 할 필요가 있을 것이라고 믿는다.

TV 사극 「용의 눈물」이 제기하는 몇 가지 문제: 역사적 해석과 문학적 상상력

한때 KBS에서 방영한 주말 연속사극 「용의 눈물」이 세간의 화제가 된 적이 있다. 조선왕조의 건국을 전후해 전개된 역사적 사건을 본격적으로 극화한 「용의 눈물」은 주요 등장인물이 모두 당시에 실재했던 사람들일 뿐 아니라 이 시대의 역사를 연구하는 데 있어서 가장 중요한 사료인 『조선왕조실록』을 바탕으로 엮어졌다는 점에서 역사적 해석과 문학적 상상력이 상당히 밀도 있게 결합되어 있는 것처럼 보인다. 그만큼 「용의 눈물」은 사실성이 짙은 연속극이라고 말할 수 있다.

과거에도 우리나라의 대표적인 TV 방송국에서 조선시대를 배경으로 한 실명의 방송극이 여러 번 제작되어 인기를 누린 적이 있었다. 그러나 「용의 눈물」처럼 각계각층의 깊은 관심을 끈 작품은 흔치 않았다. 조선왕조의 역사를 그 시작에서부터 본격적으로 재구성하겠다는 제작진의 의욕도 남다른 데가 있었으며, 그만큼 관계 사료의 검토도 철저한 것처럼 보인다. 바로 이러한 점 때문에 「용의 눈물」은 다른 사극과는 달리 한 편의 극으로서가 아니라 역사 그 자체를 재현한 것으로 인식되고 있는 것이라고 생각한다. 말하자면 시청자들이 이 드라마를 방송극으로서가 아니라 역사적 실제 상황으로 생각할 만큼 사건과 인물의 재구성이 치밀하다는 말이다.

현대 사회에서 TV 방송매체가 대중들에게 미치는 거의 절대적인 영향력을 감안한다면 「용의 눈물」과 같은 사극이 우리 역사에 대한 일반의 역사인식에 미칠 결과가 어떠할 것인지는 더 말할 필요도 없을 것이다. 그러므로 「용의 눈물」이 거둔 성과는 단지 한 편의 성공적인 연속극이라는 차원에서가 아니라 한국 역사의 해석과 교육이라는 학계의 관심사로 다루어져야 할 필요도 있다고 생각한다.

필자는 이 시대의 역사를 전공하는 역사학도이며, 동시에 주말이면 「용의 눈물」을 기다리는 시청자의 한 사람이기도 했다. 그래서 필자는 「용의 눈물」의 극적인 재미를 즐기면서도 당시의 역사를 전공하는 역사학도로서의 비평적 안목을 가지려 하는, 비교적 균형 잡힌 감각을 지닌 사람이라는 점에서 조금은 특이한 입장에 있다고 생각된다. 이런 필자에게 이 드라마는 단순한 극적인 재미뿐 아니라 이 시대를 연구하는 직업적인 역사학자로서 필자가 해왔던 일, 혹은 앞으로 해야 할 일에 대해서도 많은 것을 생각하게 만들곤 했다. 사극은 무엇이며 역사학은 무엇인가? 이 두 가지는 어떻게 다르며 또 어떻게 같은가? 그리고 지금 「용의 눈물」이 이 자리에서 이렇게 논의되는 현실적 상황은 어떻게 이해해야 할 것인가?

1. 『조선왕조실록』의 대중화와 전통적 역사학

불과 몇 해 전만 하더라도 내가 『조선왕조실록』을 읽으며 자료를 정리하고 있을 때 비전공자들은 한자로 빽빽하게 씌어진 두꺼운 책을 보고 있는 필자를 조금은 경이로운 눈초리로 대하면서, 이런 것을 어떻게 읽느냐고 묻곤 했다. 그러나 오랜 세월 끝에 방대한 실록이 한글로 다 번역이 되고, 이어서 얼마 전에는 이 한글 번역본 실록이 CD-ROM으로 제작되기에 이르렀다. 특히 CD-ROM 조선왕조실록의 출현은 커다란 반향을 불러일으켰다.

실록은 그 양이 방대해, 그 속에서 관련된 자료를 일일이 수집하고 분류·정리하는 일은 무척 고통스럽기도 했다. 그러나 CD-ROM 실록은 일거에 이런 문제를 모두 해결해줄 수 있다. 수백, 수천 페이지에 달하는 실록을 한 장 한 장 넘기며 눈으로 다 확인해갈 필요가 없다. 단지 원하는 단어만 입력하면 그 단어가 포함된 모든 자료를 하나도 빠짐없이 다 볼 수 있으며 프린터를 통해 인쇄할 수가 있게 되었다. 이제 실록을 읽고, 거기서 자료를 수집·정리하는 일은 더 이상 전문가만이 할 수 있는 일은 아니다. 물론 조선시대의 역사를 연구하는 데 있어서 실록만이 유일한 자료는 아니다. 방대한 양의 고문서, 『승정원일기』, 『비변사등록』, 그 외 수많은 사람들에 의해 씌어진 각종의 문집들이 총체적으로 조선시대사 연구에 이용되고 있는 것이다. 그러나 조선 건국 시기부터 임진왜란(1592) 때까지의 역사 연구에 있어서 실록은 거의 절대적인 가치를 지니고 있다. 그런 실록이 이처럼 편리하게 누구에게나 이용될 수 있는 형태로 재탄생했다는 사실은 매우 중요한 의의가 있다고 생각한다.

지금까지 전문 역사가들이 쓴 연구논문에 대해 타 분야의 사람들이 비평적 입장을 취하기는 사실상 어려웠다. 왜냐하면 그 논문의 뼈대가 되는 사료를 그들은 읽을 수가 없었기 때문이었다. 그러나 이제 누구든지 마음만 먹으면 (비록 불충분한 번역으로나마) 그 역사학자가 사료를 제대로 읽었는지, 그리고 그 해석이 타당한지를 따져볼 수 있게 된 것이다. 여기서 한 걸음 더 나아가 뜻만 있다면 누구든지 조선 초기 역사상의 중요한 사건이나 인물에 대해 본인이 직접 조사해보고 자기 나름대로의 해석을 제기할 수도 있게 된 것이다. 그만큼 전문가의 영역이 침해(?)를 당하게 된 것이다.

생각해보면 우리나라의 특수한 환경 속에서 과거 수십 년간 역사가들은 좀 더 특별한 대접을 받아왔다. 식민지시대 이래 민족의 살길은 우리 역사를 찾는 길이라고 여겼기에 국민들의 역사가에 대한 기대는 타 분야의 학자들에 비해 컸다고 할 수 있으며, 역사가 자신들도 단순한 학문적 호기심을 넘어 자신의 일이 국민의 역사의식을 높이고 이끄는 것이라고 자부하기도 했다. 그러나 한국의 역사가들이 누리는 권위는 역사가 자신들에 의해 당연시되기에 이르렀으며, 그럴수록 자신의 일과 국민들(혹은 잠재적 독자들)의 욕구를 일치시키고자 하는 노력은 결여될 수밖에 없었다.

역사가들의 전유물로 간주되었던 중요한 자료들이 오늘날처럼 대중화되는 시대에 있어서 이러한 역사가들의 고답적인 태도는 중요한 도전을 받게 된 것이다. 누구나 읽을 수 있는 자료를 가지고 연구하면서 그 전문성을 인정받으려면 그 자료에 담겨져 있는 의미를 더 깊이 파악해낼 수 있는 능력을 발휘해야만 할 것이기 때문이다. 그러므로 역사가들은 자기만의 의식세계에 몰두해서는 안 될 것이다. 말하자면 비전공의 사람들과도 그 해석의 유효성을 놓고 경쟁적 관계에 있을 수 있다는 새로운 환경에 처해 있는 자신의 처지를 더 깊이 인식해야만 된다는 것이다. 그래야만 모든 전통적 권위가 심각한 도전에 직면한 현실적 상황 속에서도 역사가의 전문성과 역사적 해석의 유용성이 새롭게 인정받을 수가 있을 것이기 때문이다. 「용의 눈물」의 인기와 화제가 직업적인 역사가들의 관심사가 되어야 하는 이유는 바로 여기에 있다고 생각한다.

2. 태종 초의 '조사의 난'과 「용의 눈물」

거의 한 달 동안 이어진 「용의 눈물」의 주제는 '조사의 난'(趙思義 亂)이었다. 태조 이성계는 계비(繼妃)인 신덕왕후(神德王后) 강씨(康氏)의 소생인 나이 어린 방석(芳碩)을 세자로 책봉했다. 건국 후의 다른 수많은 문제들과 어울려 이 문제는 심각한 국면으로 확대되었다. 결국 태종이 주도한 쿠데타가 성공하자 방석과 신덕왕후는 죽임을 당했으며, 방석을 세자로 추대했던 개국공신 정도전도 숙청되었던 것이다. 조사의의 출신이나 생애는 알려진 바가 거의 없으나, 그가 방석의 어머니인 신덕왕후 강씨의 족속이었다고만 알려져 있을 뿐이다. 사실 당시의 실록에는 조사의 난에 대한 기록이 거의 없다. 그러므로 태종의 집권과 개혁에 대한 관심에 묻혀 조사의 반란 사건은 학계에서도 거의 주목을 받지 못했다. 이런 사건을 두고 「용의 눈물」에서는 거의 한 달 동안이나 극을 전개시켜나갔다. 필자는 이 부분을 무척 흥미 있게 시청했다. 필자도 그다지 중요시하지 않았던 조사의 난이 너무나 재미있게 조명되었기 때문이었다. 조사의 난을 배경으로 전개된 「용의 눈물」이 필자의 관심을 크게 끌었던 것은 그때까지 별 관계가 없어 보였던 몇 가지 사건들을 이와 연결 지어 해석을 시도한 때문이었다.

제1차 왕자의 난이 일어나 정도전과 방석 등이 죽임을 당하자 태조는 상심해 왕위를 물러난 것으로 알려져 있지만, 이것은 사실상 정치적인 실각이었다. 왕위에서 물러날 수밖에 없었던 태조는 궁궐을 떠나 자신의 본거지였던 함흥지방으로 물러났으며, 그런 아버지를 모셔오기 위해 태종은 몇 차례나 사신을 보냈다. 그러나 그때마다 태조가 그 사자를 죽여버렸기 때문에 살아서 돌아가지 못했다는 '함흥차사'의 이야기는 우리나라 사람들 사이에 널리 알려진 이야기이다. 이 극의 작가는 바로 여기에서 이성계가 왕위에서 물러나 함흥으로 간 것이 범상한 일이 아님을 바로 알아차렸다. 태조와 태종, 이 두 부자 사이의 정치적 갈등이 매우 심각했음을 발견한 그는 안변부사였던 조사의 반란과 함흥차사의 고사를 연결시켰던 것이다.

그러자 사소한 사건처럼 여겨졌던 조사의 난은 새롭게 재구성되었다. 태조와 태종의 갈등, 자식에게 몰려났다고 생각하는 아버지의 끝 모를 노여움, 효를 무엇보다도 강조하는 유교적 이념에 입각한 조선왕조를 끌어갈 왕으로서의 정통성을 세워야 할 아들의 번민, 이 틈을 이용하려는 조사의의 야심. 이런 것들이 한데 어울리자 이 사건은 극적인 흥미와 함께 이 시대의 정치사에서 다소 애매하게 처리되어왔던 몇 가지 문제가 매우 그럴듯하게 해석될 수가 있었던 것이다. 필자는 지금도 조사의가 극중에 보이는 것처럼 태조에 충성스러웠던 사람이었던가, 또는 태조가 조사의 반란에 그처럼 직접적으로 가담했던가라는 문제에 대해서는 여전히 유보적인 생각을 가지고 있다. 그러나 「용의 눈물」에서 제시된 이 사건에 대한 해석은 무척 흥미로웠다. 극중의 해석이 이처럼 필자의 관심을 끌 수 있었던 것은 작가가 관련된 사료를 매우 넓게 그리고 깊게 읽었기 때문에 가능했다고 생각한다. 필자는 그 작가가 원본 실록을 읽었는지, 아니면 번역본 또는 CD-ROM 실록을 이용했는지 알 수가 없다. 그러나 누구나 마음만 먹으면 읽을 수 있는 형태로 정리된 자료가 작가의 작업에 도움이 될 수는 있었을 것이라고 생각한다. 어느 경우든 전문 역사가가 아니더라도 작가가 당시의 관련 사료를 이처럼 종합적으로 읽고 정리했다면, 그 자료를 해석하는 상상력의 영역이야말로 작가의 전문 분야가 아니겠는가. 직업적 역사가들과 다름없이 그 자료를 다 섭렵할 수 있는 데다, 그것을 해석하는 상상력이 역사가들보다 훨씬 뛰어난 작가가 당시의 역사를 재구성한다면 과연 이 시대에 역사가라는 직업이 별도로 있어야 할 이유가 있을 것인가?

3. 역사적 해석과 문학적 상상력

조선왕조 건국 세력은 어떠한 사회적 배경을 지녔던 사람들이었던가? 이들이 주도해서 건국한 조선왕조의 국가적 성격은 그 이전의 고려왕조와 어떻게 달랐던가? 이 두 가지 문제는 조선왕조의 건국사를 연구하려는 역사가들의 주된 관심사였다. 그리하여 고려 후기부터 사대부라 불리는 사회세력이 성장했으며, 이들이 고려 후기의 지배세력인 권문세족들을 제압하고 새 왕조를 건국했으며, 그런 의미에서 조선왕조의 건국은 우리 역사상 매우 중요한 변동기였다는 점을 강조해왔다. 그리고 건국 그 자체를 가능하게 했던 사람들을 분석해 조선왕조의 건국에는 정도전이나 조준 같은 문인사대부 세력과 함께 이성계와 고락을 함께 했던 변방의 무인들의 역할이 컸으며, 이들이 새 왕조의 개국공신에 책봉됨으로써 새로운 지배세력으로 등장했다는 점도 밝혔다. 그러나 새 왕조는 시간이 흐를수록 유학자 중심의 사회로 변해갔으며, 나라와 국제 정세가 안정되어감에 따라 무인들은 역사의 중심무대에서 사라지게 되었다는 점도 규명하려 했다.

역사가들의 노력이 이런 점에 집중된 데는 그만한 이유가 있었다. 식민지시대에 일제의 관학자들은 조선왕조의 역사 일체를 부정했다. 그래야만 조선왕조를 멸망시키고 한국을 일제의 식민지로 병합한 그들의 침략을 정당화할 수가 있었으며, 또한 한국인들의 패배의식을 역사적으로 정당화할 수가 있었다. 그렇기 때문에 해방 후 이 시기를 연구하는 역사학자들은 조선왕조가 고려왕조 내의 사악하고 추한 권력 다툼의 결과로 만들어진 것이 아니라, 그 시대의 사회 발전의 필연적 결과로 이루어진 것임을 밝히려 했던 것이다. 말하자면 현재 한국 역사학계의 연구 성과가 비록 대단히 미흡할지라도 그 의도만큼은 시대적 요청에 따른 것이었다. 그러므로 역사가들은 그 시대 역사의 전체 구조를 밝히는 데 모든 노력을 기울여왔던 것이다.

「용의 눈물」에서도 중요하게 다루어진 두 인물을 예로 들어 역사가들의 작업의 한 면을 드러내보기로 하겠다. 정도전은 건국 직후부터 그가 죽을 때까지 새 왕조의 실권을 장악한 사람이었다. 특히 정도전은 여러 공신들이 소유하고 있는 사병을 혁파하고, 나아가 개국공신 집단에 과도한 권력이 몰려 왕권이 약화되는 현상을 타파하려고 많은 노력을 기울였다. 새 왕조의 통치체제를 가다듬으려는 정도전의 노력은 왕권을 강화하는 데에도 실질적 도움이 될 것이기에 태조 이성계는 적극적으로 정도전의 개혁을 후원했던 것이다. 그러므로 정도전의 실각은 태조의 실각으로 이어질 수밖에 없었다. 한편 태종은 정도전의 개혁이 실패한 이유를 정밀하게 분석했다. 그는 조선왕조의 체제를 안정시키는 데 있어서 과거 고려의 구신들을 등용할 필요가 있음을 발견했으며, 나아가 자신의 집권에 도움이 되었던 무신들의 존재를 인정해주되 병권을 엄격하게 자신의 지휘 감독 하에 두려고 많은 노력을 했다. 사병을 혁파하는 데 있어서는 정도전과 같은 방향을 취했지만, 태종은 무신계급 전체를 불안하게 만들지 않으면서 사병을 혁파하는 개혁을 성공시킬 수가 있었다. 그리고 이미 당시의 사회에 유교와 유학자들의 영향력이 강해지고 있다는 역사의 흐름을 정확하게 파악하고 새 왕조의 통치구조를 거기에 맞도록 재편했던 것이다. 이러한 역사가들의 해석은 당시의 역사의 전반적인 구조를 설명해주는 데는 유익하지만, 그러나 그 역사 속에서 활약했던 사람들의 심리적 갈등구조 같은 것을 이해하는 데는 아무런 도움이 되지 못했다.

그러나 「용의 눈물」에서는 그 접근 방법이 역사가의 그것과는 무척 달랐다. 역사가들의 서술에서는 정도전이나 태종의 심리세계에 대한 것을 찾아볼 수가 없다. 조사의 난에 대해서 역사가들이 큰 관심을 가지지도 않았지만, 가졌다 하더라도 「용의 눈물」에서처럼 극적 흥미를 끌 수 있는 서술을 할 수는 없었을 것이다. 이것은 역사가의 상상력이 작가에 비해 빼어나지 못하기 때문이기도 하지만, 동시에 역사가들의 작업은 기록에만 주로 의존해야만 하기 때문이기도 하다. 물론 그 기록을 서로 연관 지워 종합적인 해석으로 나아가는 데는 역사가라고 해서 상상력의 도움을 받지 않는 것이 아니다. 그러나 그런 상상력은 기록에 바탕을 두어야 한다는 역사학의 운명 때문에 그 적용 범위가 무척 제한될 수밖에 없다.

그러나 작가는 자료를 읽어가면서 있을 법하다고 생각되는 모든 해석의 방향을 다 따라갈 수 있다. 조사의의 반란군에 앞장서서 태조가 말을 타고 행군을 같이 했을 것이라고 생각되면 그렇게 묘사할 수 있다. 태조가 조사의에게 난신적자인 태종을 참해도 좋다고 명령하는 것도 그런 상상력의 소산이다. 분노가 끓어오를 때 아버지라도 자식을 죽이고 싶도록 미울 때가 있을 수도 있을 것이다. 그럴 정도로 노여움이 큰 상태라고 생각된다면 그렇게 묘사할 수도 있을 것이다. 그러므로 작가의 문학적 상상력의 범위는 역사가의 그것에 비한다면 거의 무한대에 가깝다고까지 말할 수 있을 정도이다. 따라서 필자는 「용의 눈물」을 보면서 문학적 상상력이 얼마나 자유로우며 또한 창조적인지를 발견할 수가 있었다. 그에 비한다면 역사가의 작업은 얼마나 답답한 것인지도 새삼스럽게 알게 되었다. 결국 역사적 해석과 문학적 상상력이 완벽하게 조화를 이룰 수가 있다면 얼마나 좋을까? 그러나 그와 같은 완벽한 조화가 있을 수 있는가? 다만 합당한 역사적 해석에 이르기 위해서는 문학적 상상력의 도움이 필요하며, 사극에서 문학적 상상력이 빛을 내려면 역사적 사실이 그 토대가 되어야 할 것이다. 그런 의미에서 이 양자는 상호의존적이라고 할 수 있지만, 이들은 서로 추구하는 바가 완연히 다르다는 점을 한시라도 잊어서는 안 된다고 생각한다.

「용의 눈물」을 보면서 필자는 가끔 이 작가가 흥미 있고 유익한 문학작품을 쓰려는 것이 아니라 역사가들이나 할 법한 역사적 해석을 제시하려고 하는 것이 아닌가 하는 생각이 들 때가 많았다. 자신의 작품이 문학이 아니라 역사이기를 바라는 것일까? 만약 이러한 필자의 추측이 아주 틀린 것이 아니라면 이러한 태도는 상당한 위험성을 안고 있다고 생각한다. 더욱이 TV 방송이 현대 사회에서 차지하는 거의 절대적인 영향력을 생각해본다면 그런 위험성은 더욱 크다. 그래서 필자는 역사적 사실에 대해 많은 지식을 축적하되, 역사가 아니라 더욱 철저한 문학이 되고자 할 때 TV의 연속사극은 더욱 재미있고 유익한 것이 되리라고 확신한다. 그리고 한국사를 연구하는 우리나라의 역사학자들은 문학적 상상력이 자신들의 작업에 왜 얼마나 필요한지를 깊이 생각하는 사고의 전환이 절실히 필요한 시점에 와 있다고 믿는다.

그런 의미에서 필자는 「용의 눈물」이 역사의 대체물로서가 아니라 뛰어난 극적 재미를 담뿍 담고 있는 뛰어난 작품이기를 바란다. 그리고 우리의 시청자들도 「용의 눈물」 같은 드라마에서 찾을 수 있는 극적인 재미를 즐기면서도 그 극에 암시되어 있는 그 어떤 교훈적 내용의 의미를 발견하도록 노력하는 성숙한 태도를 지녀야 할 것이다. 행여나 "태조가 아들 태종을 저렇게까지 증오한 줄은 미처 몰랐다"라는 식으로만 역사극을 대하지 않기를 바란다.

제3장

건국 이후 태종의 정치개혁과 새로운 통치체제의 성립

조선왕조 통치의 기본 구조는 조선왕조 제3대 왕인 태종의 주도로 만들어졌다. 태종은 형제들 사이의 치열한 권력투쟁을 통해 왕위에 올랐으며, 그 과정에서 많은 사람들을 숙청하기도 했다. 그렇기 때문에 태종의 정치개혁이라고 불리는 그 치세 기간 동안의 정치사는 매우 급진적인 것으로 인식되기 쉬웠다. 소위 왕권을 강화하기 위해서라면 어떠한 난관도 무단적으로 처리했다고 인식되는 이런 태종대의 정치개혁은, 그 실제 내용을 자세하게 살펴보면 매우 점진적이고 매우 신중하게 이루어졌다는 것을 알 수 있다.

태종대 약 15년에 걸쳐 진행된 끝에 완성된 조선왕조의 통치체제는 그 이후 조선왕조의 기본 법전인 『경국대전』에 거의 그대로 반영되어 5세기에 걸친 조선왕조의 거의 전 시대에 걸쳐 유지되었다. 심지어는 1863년(고종 원년) 대원군의 개혁이 시작되던 초기에 간행된 법전인 『대전회통』도 그 근본은 『경국대전』이었다. 그만큼 태종대에 만들어진 조선왕조의 통치체제는 그 영향이 참으로 컸다. 어느 의미에서 태종의 정치개혁은 너무도 성공적이었다고 말할 수 있다. 그리고 그 성공의 원인은 그 제도가 새롭게 전개될 조선왕조의 이상과 현실을 너무도 잘 반영했기 때문이라고 생각한다. 그러므로 태종대의 정치개혁을 왕권을 강화하기 위한 권력투쟁의 역사로만 해석해서는 본질을 이해할 수 없다.

태종은 460년 가까이 유지되었던 고려왕조의 유산을 그 왕조가 망했다고 해서 완전히 무시할 수는 없었다. 무시하기는커녕 고려적 유산은 새 왕조에게도 너무나 중요했다. 그러므로 태종은 새 왕조의 통치체제를 만들어가는 과정에서 고려의 유산을 어떻게 정돈하고 어떻게 활용할 것인지를 두고 깊이 생각했던 것이다. 동시에 고려시대와는 달리 유교이념을 전면에 표방하고 나선 새 왕조에서 그 이념을 구현하기 위한 제도를 만든다는 것도 무척 어려운 일이었다. 특히 유교적 교양을 토대로 형성된 사대부세력의 큰 힘과 영향력을 너무도 잘 알고 있었던 태종은 이들의 이념과 여망을 어떻게 통치제도에 담아내느냐는 문제도 심각하게 고려해야 했다. 그러므로 태종대의 정치개혁은 권력투쟁의 역사를 크게 넘어 이 시대의 이념과 엘리트사회의 성격과 깊은 관련을 맺고 있다.

만약 태종이 새 왕조 조선이 안고 있는 이런 큰 흐름을 무시하고 중국의 진시황제나 주원장과 같은 명의 황제들과 같은 전제권력을 추구했다면 그의 개혁은 결코 성공하지 못했을 것이다. 태종은 매우 과단성 있는 인물이었지만, 개인적 혹은 왕실 중심적 사고에 빠지지 않은 인물이기도 했다. 그는 장기간에 걸쳐 관료 및 정치기구 상호간에 경쟁적 관계가 유지될 수 있는 체제를 만들었으며, 그 경쟁으로 인해 유지되는 견제와 균형의 원리 위에서 왕권이 상대적으로 더 안정적이 될 수 있다는 것을 꿰뚫어보는 밝은 눈을 지니고 있었다. 그러므로 그 과정과 내용을 잘 이해해야 조선 건국의 역사적 의미를 제대로 파악할 수 있을 것이다.[1]

1. 왕조의 건국과 도평의사사 체제의 성립(1392년 7월)

조선왕조가 건국된 직후인 1392년(태조 원년) 7월, 신왕조의 관제가 반포되었다. 여기에서 육조의 역할을 비롯해 여러 기구의 기능을 명시했지만, 도평의사사(都評議使司)를 비롯해 문하부(門下府)·삼사(三司)·중추원(中樞院)이 국가권력의 핵심기구가 되었다. 문하부는 국가의 일반 행정업무를 총괄하고, 삼사는 재정을 담당하며, 중추원은 왕명(王命)의 출납과 군사에 관련된 업무를 관장했다. 비록 관제에서 육조를 두고 거기에 국가의 여러 기능을 분산시킨 것으로 되어 있지만, 사실 육조의 기능은 무시되고 문하부·삼사·중추원에 모든 업무가 집중되어 있었다.

태조 원년의 관제에서 가장 주목되는 것은 도평의사사였다. 흔히 도당(都堂)이라고도 했던 도평의사사는 그 구체적인 업무가 무엇인지 전혀 명시되지 않았으며, 그에 전속된 관리가 없었다는 점에서 다른 기구들과는 확연히 달랐다. 특히 그 인적 구성에 관한 규정을 보면 문하부·삼사·중추원의 고위관리들이 도당의 직책을 겸하도록 되어 있었다. 따라서 도당은 건국 직후 조선왕조의 최고위 인사들이 모여 국가의 중대사를 의논하는 곳이었다는 것을 알 수가 있다.

이러한 권력구조는 전혀 새로운 것이 아니었다. 이것은 곧 고려시대 통치체제의 기본 골격을 그대로 본받은 것이었다. 고려말부터 여러 가지 개혁을 주도했던 조선왕조의 주역들이 기본적인 통치제도를 입안하는 데 전혀 개혁의지를 내세우지 않았던 것은 당시의 급변하는 정세 속에서 장

1 이 논문은 처음 「조선건국초기 통치체제의 성립과 그 역사적 의미」(『한국사연구』 67, 1989)에 발표된 것이었으나, 이후 이를 수정·보충해 한길사에 간행한 『한국사』 7(1994)에 「조선 전기 중앙통치체제의 성립」이란 제목으로 새롭게 실리게 되었다. 여기서는 바로 이 『한국사』 7에 실린 글을 바탕으로 한 것이며, 이의 게재를 허용해준 출판사 측에 감사드린다.

기적인 안목으로 새로운 사회에 걸맞은 제도 개혁을 모색할 수 있는 여유가 없었기 때문이었다. 특히 조선왕조의 건국에 공로가 있는 인사들을 새로운 체제 속에 흡수해야 하는 문제는 새 왕조 권력구조의 개편을 더욱 복잡하고 미묘하게 만들었다. 수십 명에 달하는 고위인사들을 도당에 참여시켜 나라의 일을 의논하게 함으로써 일단은 왕조 건국 직후에 있을 수 있는 심각한 권력투쟁을 방지할 수가 있었다.

고려시대의 재추회의(宰樞會議)가 소수 문벌귀족들의 입장을 강력히 반영함으로써 왕권을 견제했던 것처럼, 조선 건국 초기의 도평의사사도 건국에 공로가 있는 소수 인사들의 정치적인 입장을 강력하게 반영했다. 조선왕조는 건국 직후인 1392년 8월 2일에 공신도감(功臣都鑑)을 설치하고, 며칠 후에는 개국공신 명단을 발표했다. 이때에 배극렴(裵克廉) · 조준(趙浚) · 정도전(鄭道傳) 등 43명이 개국공신에 봉해졌으며, 그 뒤 다시 9명이 추가되어 그 수는 모두 52명에 달했다. 이밖에도 수많은 원종공신(原從功臣)과 회군공신(回軍功臣)이 책봉되었다.

이들이 건국 직후 조선의 새로운 지배층을 형성했다. 그러나 이들 공신 집단은 우선 편의로 형성된 것이기 때문에 조선왕조 건국의 바탕이 되었던 전국의 사대부세력을 대변할 수 있는 것은 아니었다. 이 점이 초기의 도평의사사 체제가 불안정할 수밖에 없었던 중요한 이유가 되었다. 또한 이러한 공신들의 합좌기구(合坐機構)의 존재가 자연히 태조의 왕권을 견제하는 것이었기 때문에 이 체제는 내심 왕실의 입장에서도 대단히 불만스러운 것이었다.

이러한 상황을 정확히 파악하고 있었던 정도전은 곧 권력구조 개편을 위한 일련의 조치를 강구했으며, 그의 이러한 조치는 태조 이성계의 강력한 지지를 받을 수 있었다. 정도전은 특히 공신들의 사적인 지배력을 혁파하고 강력한 중앙집권적인 관료적 통치체제를 확립하고자 했다. 그는 왕을 정점으로 하는 관료기구를 정립하려고 노력함과 동시에 여러 공신들이 소유하고 있던 사병(私兵)을 혁파하는 일에 몰두했다. 사병은 홍건적(紅巾賊)이나 왜구(倭寇)의 지속적인 침입에 대처할 병력을 동원할 수 없었던 고려말의 특수한 사정 때문에 보편화된 것이었으며, 이성계도 사병을 소유했다. 사적인 지배 아래 있는 군사력의 존재가 신왕조의 통치 질서를 가로막는 최대의 장애물이 되었다. 태조의 적극적인 후원을 배경으로 정도전은 이러한 사병을 혁파하기 위해 많은 노력을 경주했던 것이다.

1392년(태조 원년) 9월에는 삼군도총제부(三軍都摠制府)를 의흥삼군부(義興三軍府)로 개편하고 중방(重房)을 폐지했으며, 정도전과 조준이 각기 판의흥삼군부사(判義興三軍府事)를 번갈아 겸임했다. 또한 다음해 3월 조준은 좌시중으로서 교주강릉서해경기좌우오도도총제사(交州江陵西海京畿左右五道都摠制使)를, 정도전은 판삼사사(判三司使)로서 경상전라양광삼도도총제사(慶尙全羅楊廣三道都摠制使)를 겸임함으로써 지방군의 통수권을 장악했다. 그리고 진법(陣法)훈련을 적극 실시하면서 병권을 국가에 귀속시키는 개혁을 단행했다.

이러한 개혁은 신왕조의 장래를 구상하는 데 꼭 필요한 것이기는 했지만 조선왕조 성립의 기반이 되었던 사대부세력의 광범한 참여를 바탕으로 추진되지는 못했다. 개혁의 핵심이었던 정도전과 조준 등 소수 인물에게 국가권력이 과도하게 집중되어 결국 사병의 소유자 및 도평의사사에 참여했던 많은 공신들의 강력한 반발을 초래했다. 또한 자신이 사병의 소유자이기도 했으며 조선 건국에 상당한 공헌을 했던 이방원(李芳遠)과 같은 왕실 인물들로부터도 불신을 받게 되었다.

정도전의 개혁은 의도하는 바가 옳았다고 하더라도 결국 성공할 수 없었으며, 왕자의 난을 계기로 그는 실각했다. 도평의사사 체제가 너무나 구시대적이어서 조선왕조 건국을 계기로 드러난 사회적인 변동의 추세를 반영할 수가 없었기 때문에 건국 이후의 정국을 안정시킬 수가 없었지만, 정도전의 개혁도 이미 조선왕조의 저변을 형성한 광범한 사대부세력의 지지를 바탕으로 실행된 것이 아니었기 때문에 성공할 수가 없었다. 조선왕조의 통치체제는 당시에 큰 세력으로 대두했던 사대부의 성장과 유교사상의 발전이라는 새로운 사회적인 욕구를 적극 반영하는 것이 되어야만 했다.[2]

2. 도평의사사 · 중추원의 해체와 의정부의 신설

건국 초기에 도평의사사 체제는 공신과 재추(宰樞)들에게 지나치게 권력이 집중되어 왕권을 약화시킬 뿐 아니라, 사대부들의 공론을 광범위하게 수렴할 수 없다는 근본적인 한계를 지니고 있었다. 왕자의 난이 태종의 정치적인 야심과 더불어 정도전 등의 강력한 사병혁파 조치에 불만을 품은 개국공신계 무인들의 불만이 합해져서 촉발된 것이기는 하지만, 태종은 집권을 정당화하기 위해서도 당시의 도평의사사 체제에서 소외된 사대부세력의 여론의 움직임을 잘 파악하고 있었다. 왕자의 난 이후 그가 집권하면서 과거의 체제에 대한 비판이 거세게 일어난 것은 당연한 일이었으며, 이러한 비판은 왕자의 난을 정당화할 수 있는 명분을 제공하는

2 도평의사사 체제와 정도전의 개혁에 대하여는 한영우, 「조선건국의 정치 경제 기반」, 『한국사』 7(국사편찬위원회, 1973); 한영우, 『조선전기 사회경제 연구』(을유문화사, 1983); 정두희, 『조선초기 정치지배세력연구』(일조각, 1983); 정두희, 「『삼봉집(三峰集)』에 나타난 정도전의 병제개혁안의 성격」, 『진단학보』 50(진단학회, 1980) 참조. 건국 초기의 군사제도의 개혁에 대하여는 특히 민현구, 『조선초기 군사제도와 정치』(한국연구원, 1983), 제3장 참조. 도평의사사에 대하여는 한충희, 「조선초기 의정부연구」 상, 『한국사연구』 31(1980), pp. 89~100에 상세한 설명이 있다.

것이기도 했다.

건국 직후의 상황은 일종의 비상사태였기 때문에 체제에 대한 비판이 제기될 수 있는 형편은 아니었다. 그러나 벌써 1397년(태조 6년) 4월, 왕자의 난이 일어날 무렵에는 사정이 조금씩 달라지기 시작했다. 당시 간관(諫官)들이 올린 상소에 이러한 분위기가 잘 나타나 있다.

> 옛날에는 삼공(三公)이 있어서 도(道)를 논하고, 육경(六卿)을 두어 나라의 일을 나누어 맡게 하였습니다. [그러므로 불필요한] 관리들을 [많이] 둘 필요가 없었습니다. 그런데 우리나라의 관제는 번거롭기 짝이 없습니다. 위로는 묘당(廟堂)에서부터 아래로는 일반 관직에 이르기까지 관리의 수가 지나치게 많아 관직이 천해지게 되었습니다. 이는 마치 [길러야 할] 양은 10마리밖에 되지 않는데, 목동이 10명이나 [……] 되는 것과 같습니다. 그러니 불필요한 관리들을 줄여야 합니다. (『태조실록』 권 11, 태조 6년 4월 병오)

간관들의 주장은 불필요한 관직자의 수를 줄이자는 것이지만, 이는 곧 도평의사사에 참여하는 재상들의 수가 지나치게 많다는 비판이었다. 이러한 상소가 올라간 이듬해에는 대사헌 이직(李稷) 등이 상소해 개국 초기를 맞이해 검교직(檢校職)을 지닌 자가 너무 많으니 태조가 즉위하기 전의 훈구기로(勳舊耆老) 및 서운(書雲)·전의(典醫) 등을 없애자는 건의를 했다.[3] 이 상소에서도 도당의 재상들에 대한 명백한 언급은 없지만, 흔히 도당에는 "도평의사사(都評議使司)의 대소신료(大小臣僚) 및 한량기로(閑良耆老)"들이 모여 국사를 논의했기 때문에[4] 결국은 도당의 재상들을 지목한 것으로

3 『태조실록』 권 13 태조 7년 2월 을미.

4 『태조실록』 권 1 태조 원년 7월 정유.

보아야 할 것이다.

이처럼 왕자의 난 직전부터 불필요한 관리들을 줄이자는 비판이 제기되면서, 1398년(태조 7년) 4월에는 간관 박신(朴信) 등이 보다 본격적으로 이 문제를 거론하기에 이르렀다.

> 고려말에 관직(官職)이 남발되어 양부[문하부와 중추원]의 [재상] 수가 너무 많아져 70여 인에 달하였습니다. 전하께서 즉위한 이후 그 수를 줄이기도 하였지만, [그로부터] 10년도 지나지 않은 지금 그 수가 56명에 달하게 되었습니다. 주나라 때에는 삼공육경(三公六卿)만을 두고서도 천하가 잘 다스려졌으며, 지금의 명나라도 역시 육부를 두어 다스리고 있습니다. 그러나 우리나라는 국토가 천리도 되지 못하면서 재상의 수는 [중국보다] 몇 배나 더 많아, 떼를 지어 나아가고 물러가고 합니다. 그러니 관직이 더욱 천하게 되었습니다. 우리나라가 비록 주나라나 명나라의 제도를 그대로 본받을 수는 없다고 하더라도 상의직(商議職)을 혁파하고 예문춘추관(藝文春秋館)에 새로 설치한 직책을 없애고, 한성부에도 역시 한성윤 하나만 두소서. 그리고 나머지 소관을 없앨 것은 없애고, 합할 것은 합하여 관직자의 수를 줄이도록 해당 관서에 명령을 내리십시오. (『태조실록』 권 13 태조 7년 4월 기묘)

여기에서 간관 박신은 문하부와 중추원의 재상의 인원이 당시 56명이나 된다고 비판했다. 실제 1392년(태조 원년) 7월의 제도대로라면 그 인원은 문하부에 10명, 중추원에 16명, 모두 26명인데, 이 인원도 고려 문종대의 관제에 비하면 지나치게 많은 인원이라고 할 수 있다.[5] 그런데 이 인

5 태조 원년 7월의 관제 내용은 한충희, 앞의 논문, pp. 92~95에 잘 정리되어 있다. 고려 문종대의 관제에 의하면 양부 재상의 수는 12명이었다. 『고려사』 백관지의 문하부와 밀직사(密直

원이 56명에 달한다는 것이었다. 이는 곧 실직(實職)은 아니라도 검교직으로 재상이 된 사람이 많았다는 것을 의미하며 동시에 이들이 모두 도평의사사에 참여했다는 의미도 된다. 중국보다도 작은 나라에서 중국보다 몇 배나 많은 재상을 둘 필요가 어디 있느냐는 이 비판이 어느 정도 받아들여졌는지는 모른다. 그러나 1400년(정종 2년) 4월 권근(權近)의 상소를 보면 이러한 일련의 비판이 노리는 것이 무엇이며, 이러한 비판에도 불구하고 사정이 그다지 개선되지 않았다는 것을 알 수 있다.

> 현재 양부[문하부와 중추원]의 여러 재상의 수가 40여 명을 넘습니다. 이들이 모두 도평의사사에 모여 국사를 의논합니다. [그러나] 각 품의 상의직(商議職)은 불필요한 관리일 뿐입니다. 더욱이 관직은 매우 중요하며 또한 군주가 아껴야 할 커다란 보물이나 마찬가지이므로 이를 문란하게 하는 것은 불가합니다. (『정종실록』 권 4 정종 2년 4월 병신)

위의 권근의 주장을 통해 1400(정종 2년) 4월에도 양부 재상의 인원이 40명을 넘었다는 것을 알 수 있으며, 동시에 이들이 모두 도평의사사에서 나라의 일을 논의하는 사람들이었다는 것을 확인할 수 있다. 왕자의 난 이후 정종의 즉위와 더불어 태종의 집권이 확실시된 이때에도 사정은 크게 달라지지 않았던 것이다. 그러나 도평의사사와 이를 중심으로 권력을 장악한 40~50명의 재상들에 대한 비판은 더욱 거세졌다.[6]

司) 부분을 참조.

6 이러한 비판 외에도 이 시기에 분경(奔競) 금지 조치와 1품관의 임명에 이르기까지 대간의 고신서경권을 인정한 것도 이러한 맥락에서 이해된다(『정종실록』 권 2 정종 원년 8월 기해, 정종 2년 정월 기축 등을 참조). 그리고 이때의 분경금지법에 대하여는 이광린, 「분경금지법(奔競禁止法)의 제정과 그 변천에 대하여」, 『동방학지』 4(연세대 동방학연구소, 1959)를 참조.

권근의 비판이 제기된 며칠 후, 문하부에서도 쓸데없는 관리들을 없애자는 상소를 제출했다. 곧 문하부에서는 당시 조선의 문무관의 인원이 중국의 3배에 달한다고 하면서 검교(檢校)·첨설(添設)·상의직(商議職)을 모두 혁파하자고 적극 건의했던 것이다.[7] 이처럼 도평의사사 체제 및 그에 참여했던 인사들에 대한 비판이 본격화되었던 정종 2년 4월, 문하부의 상소가 제출되었던 그날, 바로 사병혁파의 조치가 취해짐과 동시에[8] 당시 문하시랑찬성사(門下侍郞贊成事)였던 하륜(河崙)에게 도평의사사 중심의 관제를 개혁하도록 하는 조처가 취해졌던 것이다.

개혁의 골자는 도평의사사를 혁파하고 대신 의정부를 신설하며, 나아가 중추원의 기능을 분산·해체시키려는 것이다. 도평의사사는 물론이거니와 군사에 관한 모든 권한과 아울러 왕명의 출납을 관장하는 승지(承旨)의 기능을 장악하고 있었던 인사들이 의정부에 임명되지 못하도록 제한했다. 그리고 중추원에 소속된 승지들의 권한을 승정원(承政院)이라는 새로운 기관을 만들어 독립시켰다. 중추원은 이 개혁으로 명칭조차 사라지고 말았다. 왕자의 난이 일어나 태종이 정치의 실권을 장악한 지 거의 3년이 지나서야 도평의사사 체제에 대한 구체적인 개혁이 현실화될 수가 있었다.[9]

---

7 『정종실록』 권 4 정종 2년 4월 기해.

8 이때의 사병혁파에 대하여는 여러 논문에서 언급되었으나, 특히 민현구, 앞의 책 제3장을 참조.

9 『정종실록』 권 4 정종 2년 4월 신축. 그리고 정종 2년의 사병혁파와 삼군부의 설치 등에 대하여는 민현구, 앞의 책, pp. 111~116을 참조할 것. 그리고 조선 초기의 승정원에 대하여는 한충희 「조선초기 승정원 연구」, 『한국사연구』 59(한국사연구회, 1987)가 있으나, 이 제도의 기원에 대하여는 별다른 분석이 없다.

3. 문하부의 혁파

정종 2년 4월에 있었던 관제개혁으로 오랫동안 문제시되었던 도평의사사를 해체함으로써 공신 · 재추들의 합좌에 의한 정치를 극복하는 데 상당한 효과를 거둘 수가 있었다. 그러나 이때의 개혁에서 도평의사사의 해체에 따른 정치권력의 공백을 어떻게 메울 것인가 하는 문제가 깊이 강구된 것은 아니었다. 사실 이번의 개혁은 이와 동시에 이루어진 사병혁파와 그에 이은 군대통수권을 다시 확립하는 데 더 큰 비중을 둔 것이었다.

도평의사사의 해체에 이어 의정부를 신설하기는 했으나 의정부의 권한과 책임 등 구체적인 사안에 대하여는 아무런 후속 조처가 없었으며, 오히려 중추원의 혁파와 그에 따른 새로운 군통수 체계의 확립이라는 면에 세심한 조처가 강구되었다. 이 개혁이 이루어지기 직전, 대간에서는 거듭 상소를 올려 중추원을 해체할 것과 군통수권을 새로이 구축할 것을 주장했다. 이때에 대간에서는 먼저 병권이 분산되어 명령 계통이 없다면 이는 국가의 장래를 위해 바람직한 일이 아니기 때문에 이미 사병혁파를 건의했다는 점을 상기시킨 뒤에 다음과 같이 말했다.

> [그러나 분산되어서는 안 된다고 하여] 병권이 한곳에 집중되면 병권을 장악한 자가 국가권력을 좌우할 수 있는 위험이 있으므로 이에 대하여 미리 대비책을 강구해두지 않을 수 없습니다. 저희들이 예전의 병법을 살펴보니, 그에는 발명(發命) · 발병(發兵) · 장병(掌兵)의 세 가지 구분이 있었습니다. 발명하는 자는 재상이며, 발병자는 총제이고, 장병자는 명령을 받아 행하는 자들이었습니다. [그러나] 재상은 임금의 명령이 없으면 [결코] 발명할 수가 없으며, 총제는 재상의 명령 없이 행할 수가 없었던 것입니다. [이리하여] 위아래가 잘 유지되어 [군대의] 체통이 어지럽지 않게 되었습니다. [그러므로 군대를 이용하여] 난을 일으킬 생각을 가진

자라도 함부로 움직일 수가 없었으니, 이것이 바로 [군대를 다스리는] 올바른 법입니다. (『정종실록』 권4 정종 2년 4월 신축)

말하자면 왕을 정점으로 군대의 지휘체계를 바로잡아야 한다는 것이 이들의 핵심적인 내용이었다. 이에 이어 대간에서는 고려시대의 제도를 개관하면서 구체적인 개혁 방안을 다음과 같이 제시했다.

[고려가] 원의 간섭을 받게 되면서부터 국가에 일이 많아지게 되자 문하부와 중추원의 재상들이 모여서 국사를 의논하는 일이 잦아지게 되었는데, 이를 양부합좌(兩府合坐)라고 일컬었습니다. 이에 도평의사사를 두게 된 것입니다. 충렬왕 이후 부병(府兵)이 점점 문란하게 되자, 비로소 재상을 보내어 군대를 이끌고 적을 막게 하였는데, 이는 바람직한 제도가 아닙니다. 우리의 태조께서 개국한 직후에도 양부합좌 제도가 폐지되지 않고 그대로 이어졌으며, 의흥삼군부를 두어 군무를 다 장악하도록 했습니다. 이로 말미암아 재상이 군정에 관여할 수가 없게 되고, 중추원에서는 군기(軍機)를 장악할 수가 없게 되었으니, 이는 옛 법에 어긋나는 것입니다. 이에 중추원의 재상은 유명무실한 존재가 되었는 데도 인원은 많고 그 지위만 높을 뿐이어서 공연히 녹봉만을 축낼 뿐입니다. [그러니] 중추원을 혁파하십시오. (『정종실록』 권 4 정종 2년 4월 신축)

이렇게 보면, 1400년(정종 2년) 4월 당시 개혁의 초점은 도평의사사의 혁파와 새로운 권력구조의 개편이라는 보다 본질적인 면에 있었던 것이 아님을 알 수 있다. 오히려 사병을 혁파하고, 공신 · 재상들의 수중에 있는 병권을 박탈하려는 것이 요지였다. 중추원에 대하여는 군기의 실권을 장악하지도 못하고 또 할 일도 없기 때문에 혁파해야 된다고 말했지만 실은 의도가 다른 데 있었다. 곧 공신 재상들의 군통수권을 박탈하고 나면, 그러한 권한이 제도적으로 중추원에 귀속될 수밖에 없기 때문에 이를 사전에 방지하려는 의도였다. 이 개혁으로 인해 국왕이 군통수권을 장악할 수 있는 계기가 마련되었으며, 바로 여기에 개혁의 초점이 있었던 것이다.

정종 2년은 태종이 왕위에 오르기 직전이었다. 그는 병권을 장악함으로써 자신의 권력을 강화시키려고 했다. 그러나 병권을 장악한다고 해서 태종에게 모든 정치권력이 집중될 수는 없었다. 비록 도평의사사는 폐지되었다고는 하지만 그 대신 설치된 의정부의 위상을 확실히 하지 않았기 때문에 그리고 권력의 중요한 축이었던 문하부는 그대로 온존시키면서 의정부를 설치했기 때문에, 당시의 권력구조도 여전히 중층적일 수밖에 없었다.

의정부와 문하부의 관계도 애매하게 되었다. 문하부는 행정실무 기관이 발달하지 않았던 당시에 내각과 같은 역할을 해야 했기에 그대로 둔 것이다. 그러나 문하부 재상들은 과거 도평의사사의 주요 구성원이었다. 따라서 이들과 의정부 대신들과의 관계가 애매하게 되었는데, 이는 의정부 대신과 문하부 재상들이 합좌해 도평의사사 해체 뒤의 정치적인 공백을 메우게 될 가능성이 높았기 때문이다. 도평의사사 혁파조처가 취해진 바로 그해 12월, 낭사(郎舍) 서유(徐愈)는 고려말 권신들의 권한이 지나치게 강해 분경이 성했음을 지적하면서, 다음과 같이 비판했다.

> 지금도 재상들이 나라의 모든 일을 다 처결하기 때문에 관리들이 공공연히 권세가의 문전을 드나든다. (『정종실록』 권 6 정종 2년 12월)

또한 서유의 비판이 제기될 당시 좌정승 이거이(李居易)와 우정승 하륜(河崙)의 갈등을 서술한 부분의 기록을 보면, 이들 둘이 모두 판상서사(判

(尙瑞司)를 겸직하고 정방(政房)에서 인사행정에 깊이 관여했음을 알 수가 있다.[10] 도평의사사가 해체되었다고는 하나 여전히 대신들의 합좌에 의한 정치가 이루어졌던 당시의 현실을 이로써 알 수가 있다. 그러므로 1400년(정조 2년)의 개혁은 사병을 혁파하는 한편 군 지휘 체계상 국왕의 지위를 강화했으며, 나아가 태조대 권력의 핵심이었던 도평의사사를 일단 해체하는 데까지는 어느 정도 성공했으나, 그 개혁은 불완전한 것이었다. 이에 정종이 물러나고 태종이 즉위하자 곧 새로운 관제 개혁의 조치를 취했다.

태종은 즉위한 직후 영삼사사(領三司事) 하륜, 의정부참찬(議政府參贊) 권근 등을 명해 관제를 개혁하도록 했다. 이러한 명령에 따라 문하부의 낭사에서는 다음과 같은 몇 조목에 걸친 개혁안을 상정했다.

첫째, 건국 초에 [고려말 이래 인사권을 좌우했던] 정방을 폐지하고 대신 상서사를 두었습니다. 그러나 그 명칭은 바뀌었어도 정방의 폐단은 그대로 남아 있어서 권실들에게 인사권이 귀속되어 있었습니다. [……] 그러므로 상서사를 폐지하고, 문관의 인사권은 이조(吏曹)에, 무관의 인사권은 병조(兵曹)에 일임하도록 합시다.

둘째, 고려시대에는 당송의 제도를 따라서 문하부를 설치하고 시중 이하 참지(參知) 이상 5명에게 모든 일을 맡기고 이들을 성재(省宰)라고 하였습니다. 그리고 밀직판사(密直判事) 이하 7명에게 군정을 맡기고 평상시에는 각기 제 임무를 수행토록 하고 국가에 큰일이 생기면 이들이 모여 국사를 의논하였는데 이를 합좌(合坐)라고 하였습니다. 이 합좌가 일 년에 한번 있기도 하고, 혹은 여러 해가 지나고 한 번도 이루어지지 않은 경우도 있었습니다. 그러나 고려말에 나라에 긴

10 『정종실록』 권6 정종 2년 12월.

급한 일이 많이 발생하자 날마다 재상들이 합좌했으며, 그 인원도 대폭 늘어나 수십 명에 달하게 되었습니다. 그러니 앞으로는 성오추칠(省五樞七)을 제외한 나머지 재상들을 모두 없애십시오. 그리고 의정부를 혁파하여 [의정부 대신들은] 모두 자기가 소속된 관청에서 업무를 보게 하고, 국가에 큰일이 있으면 합좌하여 국사를 의논하게 하십시오.

근래에 의흥삼군부(義興三軍府)를 두어 군정을 일임하고, 중추원은 인원만 많고 하는 일은 없다고 하여 대신의 건의대로 이를 혁파한 다음, 그 업무를 삼군부에 귀속시켰습니다. 그러나 이러한 조처는 임시방편일 뿐이지 법도에 맞는 것은 아닙니다. 중추라는 명칭은 모두 당송의 제도를 따른 것이지만 의흥삼군부라는 명칭은 임시로 그렇게 한 것뿐이어서 중국에서는 통하지 않는 말입니다. 그러니 중추원을 다시 설치하여 삼군을 총괄하게 하고, 의흥삼군부의 명칭을 없애십시오. (『태종실록』 권1 태종 원년 6월 계유)

위와 같이 낭사의 개혁안은 정종 2년의 조치에 대해, 그리고 당시의 정치적인 현실에 대해 매우 비판적인 것이었다. 우선 아직도 인사권을 행사하는 상서사를 폐지하고, 인사권을 이조와 병조에 일임하자고 주장했다. 물론 이것을 육조(六曹)에 실질적인 정치적 기능을 위임하자는 건의라고는 결코 말할 수 없지만, 이조와 병조의 원칙적인 기능만이라도 정상화하자는 중요한 의미가 있는 것이었다. 다음으로 이 개혁안에서는 도평의사사 대신 설치된 의정부도 폐지하고, 의정부의 대신들은 모두 실무를 담당한 해당부처에서 업무를 보도록 하자는 것이다.

여기에서 특히 주목되는 것은 도평의사사가 해체된 이후에도 의정부에서는 대신들이 합좌해 권력을 행사하고 있었다는 점이다. 이조와 병조에 인사권을 일임하자는 주장은 문하부 산하 육조의 기능을 상당한 정도로 독립시키자는 것이었다. 그렇게 된다면 의정부는 구태여 존재할 필요가 없다는 결론에 이를 수가 있다. 끝으로 의흥삼군부를 폐지하고 중추원을 부활시켜 그곳에서 군통수권을 관장토록 하자는 내용이다.

이렇게 본다면 행정업무는 문하부에, 군기에 관한 업무는 중추원에 맡기고, 문제가 된 재상들의 합좌기구만 폐지하자는 것으로서 고려 초기의 제도로 돌아가자는 주장이라고 할 수 있다. 곧 재상들이 합좌에 의해 정치권력을 장악하지 못하게 하는 대신, 의흥삼군부를 통해 국왕이 병권을 장악하지 못하게 하자는 취지의 절충적인 개혁안이었다.

문하부 낭사의 이 개혁안은 채택되지 않았다. 왜냐하면 낭사의 개혁안은 오히려 고려 초기의 제도로 돌아가자는 복고적인 의미가 강한 것이었으며, 이러한 조치만 가지고는 새 왕조에 어울리는 통치체제가 확립되기는 어려웠다. 고려 초기와 조선 초기는 여러 가지 면에서 매우 다른 사회였기 때문이었다.

이러한 논의가 있었던 그 다음 달에는 하륜 등의 건의를 바탕으로 다시 관제를 개혁했다.[11] 이 개혁에서는 낭사의 건의와는 반대로 문하부를 혁파하고, 그 기능의 일부를 의정부에 이관했다. 문하부의 낭사는 사간원(司諫院)으로 독립시켜 최초로 독립된 간쟁기구(諫諍機構)의 탄생을 보게 되었다. 재정을 맡았던 삼사를 사평부(司評府)로 개칭하고, 의흥삼군부를 승추부(承樞府)로 개편했다. 태종은 즉위 직후 문하부마저 없앰으로써 도평의사사·중추원에 이어 고려 제도의 가장 핵심적인 기구들을 혁파했던 것이다. 조선왕조는 건국 10여 년을 넘기면서 본격적인 신왕조 통치체제를 구축해나가는 발판을 마련한 것이었다.

---

11 『태종실록』 권 2 태종 원년 7월 경자.

4. 육조의 정치적 기능 강화

문하부가 혁파되고 그 기능의 주요 부분이 의정부로 병합되는 것이 태종 원년 개혁의 핵심적인 내용이었다. 고려시대에 문하부 재상들은 육부의 판사직을 겸직함으로써 행정 실무까지도 총괄했다.[12] 이 점은 태조대의 문하부도 마찬가지였다. 아직 육조의 기능이 제대로 확립되지 않은 상태에서 이는 불가피한 일이었다. 이러한 상황에서 문하부를 없애면서 낭사의 기능은 사간원을 신설해 독립시켰지만, 정작 중요한 국사를 집행하는 기능은 그대로 의정부로 이관한 것이나 마찬가지였다. 이러한 제도 하에서 의정부는 국가의 가장 중요한 권력을 차지할 수 있었다.

1401년(태종 원년)의 개혁 이후에도 의정부를 위시해 사평부 · 승추부 소속의 재상들이 마치 도평의사사 체제에서와 같은 역할을 했다. 태종 2년 7월 각 사에서 시무책(時務策)을 건의했을 때도 이를 의정부 · 사평부 · 승추부에서 의논해 실행할 만한 것을 가려 왕에게 보고토록 했다는 기록이 있다.[13] 경상도의 조세를 육운(陸運)할 것인가 아니면 조운(漕運)할 것인가 하는 문제가 제기되었을 때에도, 의정부 · 사평부 · 승추부 및 기로재추(耆老宰樞)와 해당관리들이 의정부에 모여 논의했다는 기록이 있다.[14] 이것으로 당시 의정부가 매우 중요한 역할을 담당했음은 물론 구체적인 행정실무에까지 깊이 관여했다는 점을 알 수가 있다.

태종 4년 8월, 사헌부에서 올린 상소 가운데는 심지어 다음과 같은 내용이 들어 있었다.

12 변태섭, 『고려정치제도사연구』(일조각, 1971), pp. 269~277.

13 『태종실록』 권 4 태종 2년 7월 무자.

14 『태종실록』 권 5 태종 3년 6월 신해.

수령은 직접 백성을 다스리는 직책입니다. 그러므로 백성들의 이해(利害)를 잘 알고 있습니다. 그러니 앞으로는 수령들로 하여금 백성들의 이해를 살펴 매년 봄가을에 해당 감사에게 보고하게 하여 그 득실(得失)을 살피게 하십시오. 그리고 그 보고서를 하나는 왕에게 바치고, 또 하나는 도당(都堂)에 제출하며, 나머지 하나는 사헌부에 보내도록 하십시오. (『태종실록』 권 8 태종 4년 8월 을유)

지방수령의 보고서를 왕과 도당(都堂) 그리고 사헌부에 올리게 하자는 이 건의 내용에서 여전히 도당이라는 용어가 사용되고 있다는 점을 주목해야 한다. 물론 이를 문자 그대로 당시에도 도평의사사가 존재했다고 해석할 수는 없지만 역시 당시의 의정부가 도당이라고 할 만큼 국가의 유력한 재상들이 모여 있는 곳이라는 점을 암시하는 자료로 해석할 수는 있을 것이다.

1404년(태종 4년) 10월, 의정부에서는 다음과 같이 건의해 왕의 재가를 받았다.

무릇 법을 세울 때에는 반드시 먼 후대까지 전해져도 폐가 없도록 해야 합니다. [그런데] 각 관서의 관리들이 각기 자기들의 견해를 고집하여 마음대로 새 법을 만들곤 합니다. [그러므로] 해당 관리들도 [그 법을] 준수하기가 어려울 정도여서 이전의 폐단이 다시 살아난 것 같습니다. 앞으로 각 관서에서 법을 세우고자 할 때에는 반드시 의정부에 [먼저] 보고토록 하고, 의정부에서 이를 검토하여 시행할 만한 것이라 판단되는 것만을 헤아려 시행토록 하십시오. (『태종실록』 권 8 태종 4년 10월 을미)

위의 사료를 보면 각 관청에서 중요한 일을 시행하고자 할 때에는 먼저 의정부에 보고해 결재를 받아야 된다는 사실을 알 수 있다. 문하부의 혁파로 인한 정치적인 권력의 공백을 의정부가 메우고 있다는 것은 사실이었다. 이러한 현상을 도평의사사 체제의 재상들의 지위와 비교해 말할 수는 없지만, 그러한 제도에서 일거에 완전히 벗어난다는 것은 그리 간단한 일이 아니었다.

태종 원년의 개혁 이후 의정부 중심의 정치체제가 굳어지면서 이 개혁 자체에 대한 비판도 없지 않았다. 태종 2년 7월 예문관(藝文館)에서는 다음과 같이 말하면서 태종 원년의 개혁에 대해 은근한 비판을 제기했다.

> 법이란 한번 세우면 그에 따른 폐단도 생기게 마련이므로 예부터 이를 염려해 온 것입니다. 그러나 근래에는 제도의 변화가 너무나 자주 있었기 때문에 그로 인한 폐단이 많아 관리들도 이를 행하는 데 모르는 점이 많으며, 백성들도 할 바를 모르고 있습니다. 바라건대 한번 이루어진 법을 잘 지키고 쓸데없이 자꾸 바꾸지 마십시오. 그러면 인심(人心)이 안정되고, 나라가 편해질 것입니다. (『태종실록』 권 4 태종 2년 7월 을유)

예문관에서는 이 개혁으로는 이전과 크게 달라질 것이 없다고 판단한 것이었다. 의정부의 권한이 이전의 도평의사사나 문하부와 같이 된다면 이러한 개혁은 불필요하다고 생각하는 사람들이 상당수 있었을 것이다. 이러한 개혁에 대한 비판은 태종 4년 11월, 차라리 태조대의 제도로 돌아가자는 사간원의 상소에 잘 나타나 있다.

> 태상왕(太上王)께서 조선을 건국하시고 새로운 시대의 제도를 만드시면서, 세월의 흐름에 순응하고 인정에 따라야만 후세에 (德을) 끼칠 수가 있다는 이유로 [고려의] 관제를 [현실에 맞게] 개혁하셨던 것입니다. [그리하여] 문하부와 삼사는 고

려의 명칭대로 두고, 밀직(密職)은 중추원이라 개칭하고, [이들이] 도평의사사에 모여 국정을 의논하였으니, [국가의 정령이] 이를 통하지 않고 나온 것은 없습니다. 이는 곧 당나라의 중서성의 제도를 본받은 것이었습니다. 근래에 문하부와 도평의사사를 없애고 의정부에 합했으며 삼사와 중추원을 사평부와 승추부라고 바꾸었습니다. 이에 의정부와 더불어 삼부가 되었으며, 마침내 국가의 정치가 둘로 나뉘게 된 것입니다. 또한 삼군도총제부와 순금(巡禁)·호위(扈衛) 등 10사를 설치하여 그 인원을 늘려 불필요한 관리들의 수도 크게 증가했습니다. [그러니] 이것이 어찌 태조께서 원래 법을 만드신 뜻이라고 하겠으며, 전하께서 수성의 도를 이루려는 본뜻에 맞는 것이라고 하겠습니까? 원컨대 전하께서는 삼부를 예전의 제도로 환원시키시고, 중요한 국사는 도평의사사에서 의논하게 하며, 기타 다른 관청의 경우에는 그 인원을 감축하소서. [그리하여] 모두 태조가 만드신 문무관제를 준수하여 오래도록 자손들이 지켜나갈 법으로 삼으십시오. (『태종실록』 권8 태종 4년 11월 경술)

이러한 건의가 받아들여질 수는 없었다. 그러나 이러한 비판을 주의 깊게 살펴보면, 태종 원년에 시작된 의정부 체제가 결국은 태조대의 도평의사사 체제와 다른 점이 무엇이냐는 의문을 지닌 인사들이 조정 안에 존재하고 있었다는 사실을 알 수 있다. 이들은 차라리 태조대의 도평의사사 체제로 돌아가는 것이 더 좋다고 생각했던 것이다. 이러한 비판이 반드시 공정한 입장에서 제기되는 것만은 아니었다. 그러나 적어도 태종 원년의 개혁만으로는 당시 정국을 효과적으로 운영해갈 수 없다는 점을 암시하고 있었다. 이전의 제도가 명칭상으로는 모두 바뀌었지만 정치의 실질적인 운영 방식이 크게 개선되지 않는 이상 개혁의 근본 의도가 달성될 수는 없었다.

이러한 배경을 가지고 1405년(태종 5년)의 관제 개혁이 추진되었다. 태종 5년 정원의 관제 개혁의 중심 내용은 다음과 같다.

> 국초(國初)에는 고려의 제도를 따라 의정부로 하여금 모든 관청을 총괄하게 하고, 사평부는 전곡(錢穀)을, 승추부는 갑병(甲兵)을, 그리고 상서사는 인사행정을 담당하게 하였다. 그리고 좌우정승으로 하여금 육조의 판서를 겸하게 하여 육조가 정치에 참여할 수 없었다. 그러나 이제는 사평부를 혁파하고 그 기능을 호조에 일임하고, 승추부의 권한은 병조에 맡겼다. 그리고 동서반(東西班)의 인사권은 이조와 병조에 일임하였다. 의정부의 서무를 모두 육조에 이관한 것이다. (『태종실록』 권9 태종 5년 정월 임자)

개혁의 초점은 의정부가 다 장악하고 있던 행정 업무를 모두 육조로 이관한다는 것이었다. 물론 승추부나 사평부 · 상서사 등의 업무도 폐지하고 모두 해당 업무를 관장하는 육조아문(六曹衙門)으로 귀속시켰던 것이다. 앞서 태종 원년의 개혁에서 고려의 제도인 문하부를 혁파했지만, 그 기능의 대부분을 그대로 의정부에 넘겼기 때문에 의정부의 권한이 과도하게 강화되었으며, 이로 인해 태조대의 도평의사사 체제로 복귀하는 것이 더 좋다는 비판까지 나오게 되었던 것이다. 그러나 이처럼 의정부의 권한 가운데 행정 실무에 관한 것은 모두 육조로 이관되고, 아울러 재상들이 사평부 · 승추부 · 상서사를 통해 장악하고 있던 재정 · 군기 · 인사권도 마침내 육조로 귀속시켰다. 이는 태종 원년 제도 개혁의 후속 조치로서, 이로 인해 그때에 미진했던 내용들이 크게 보강되었다. 고려시대 이래 처음으로 국가의 행정 실무가 재상들의 수중에서 분리 · 독립될 수 있는 길이 열렸다는 데에 이 개혁의 역사적인 의의가 있다.[15]

15 이때의 개혁으로 육조의 직제도 정비되었다. 『태종실록』 권9 태종 5년 3월 병신삭(丙申朔).

5. 의정부 서사권의 축소

태종 5년의 개혁은 그동안 재상들의 합좌기관에 집중되어 있던 권력과 권한을 대폭 줄여 육조에 이관하려는 것이었다. 이로 인해 육조의 권한은 강화되었으며, 상대적으로 대신들의 권한은 약화되었다. 그러나 이러한 제도 개혁을 곧 왕권강화책의 하나로만 해석할 수는 없다. 대신들에 집중되었던 권력이 분산되어 이들의 권한이 약화되었다는 것은 분명 왕권이 전보다 더 강력하게 행사될 수 있는 기회를 제공했으며, 바로 이 점이 태종이 이 개혁을 통해 달성하려는 목표의 하나였다고 생각한다. 그러나 왕권 강화가 이 개혁의 유일한 목표는 아니었다. 태종 5년 3월 이 개혁이 이루어진 며칠 뒤, 사간원에서는 여러 조목의 시무책을 건의하면서 다음과 같이 재상가에 대한 분경을 금하고자 촉구했다.

> 고려말에는 정권이 권신들에 의해 좌우되었기 때문에 이들 권세가들에게 아부하는 자들이 모두 조정 내의 요직에 등용되었으며, 반면 겸손하고 능력 있는 자들은 오히려 배척을 당했습니다. [……] 결국 이로 말미암아 나라가 망하기에 이르렀습니다. (『태종실록』 권9 태종 5년 3월 신해)

오래전부터 논의되어왔던 분경 금지조치를 이때에 다시 주장했다는 것은 그것이 잘 시행되지 못했다는 것을 의미한다. 말하자면 대신들의 권한을 축소한다는 일이 쉽지 않았던 것이다.

1405년(태종 5년)의 개혁은 지금까지 중요한 국사를 논의하고, 또 결정된 정책을 실행하는 데 대신들이 독점했던 권한을 여러 독립된 기구에 분산했다는 점에서 매우 의미 있는 것이었다. 일찍이 도평의사사를 혁파했고, 중추원의 주요 기능이었던 군기에 관한 권한은 병조로 이관되었으며, 또한 왕명을 출납하던 기능도 승정원을 신설해 중추원에서 분리시켰다. 이제 중추원은 없어진 것이나 다름이 없었다. 아울러 문하부가 장악했던 행정부의 기능은 육조로 넘어가버렸다. 상서사와 삼사도 결국은 혁파되고 이들이 가졌던 권한은 이조와 병조, 그리고 호조로 옮겨졌다. 이러한 일련의 개혁과 함께 과거 도평의사사와 문하부 대신에 설치된 의정부의 실질 권한을 육조에 이관하는 조치가 취해졌던 것이다. 행정 실무의 권한이 조정대신들의 수중에서 분리 · 독립될 수 있는 제도적인 장치가 비로소 마련된 것이었다.

이때의 개혁이 제도적으로 완전한 것은 아니었다. 곧 태종 5년의 개혁으로 육조의 기능이 대폭 강화되긴 했지만, 육조와 의정부와의 관계가 명확하게 설정되지 않았던 것이다. 육조에서 국가의 행정 실무를 나누어 관장한다고 하더라도, 정부에서 누가 최종 결재를 해야 하는가. 육조에서는 제도적으로 그보다 상급 기관인 의정부에 사전 · 사후 보고를 하지 않아도 무방한 것인가. 이런 문제가 분명하게 명시되지 않고서는 이 개혁이 의도했던 바, 권력의 분산과 기능별 분화라는 목적이 달성되기는 어려웠다. 만약 육조에서 하는 모든 일에 대한 최종적인 결재권을 의정부가 행사한다면 실무 기능을 육조에 이관했다고 하더라도 실제 권력은 의정부에 집중될 수밖에 없었다. 이와 반대로 육조에 대한 의정부의 지시감독권이 완전히 박탈된다면 이제는 육조에 모든 권한이 다 집중되고 말 것이다. 이러한 현상은 왕권을 강화시키려고 꾸준히 노력했던 태종의 의도에 비추어볼 때 바람직한 것은 아니었다.

태종 5년의 개혁은 위에서 지적한 두 가지 문제를 동시에 지니고 있었다. 1406년(태종 6년) 7월의 인사이동 상황을 보면, 지의정부사(知議政府事)였던 개국공신 한상경(韓尙敬)이 사헌부의 대사헌직을 겸직하도록 되어 있었다.[16] 감찰탄핵권을 지닌 사헌부의 수장을 의정부의 대신이 겸직한다는 것은 의정부의 권한이 그만큼 강력했다는 것을 의미하는 것이다. 또한 여전히 태종은 육조와 사헌부에서 진언한 내용들을 의정부에 보내 시행 가능한 것을 가려서 보고하도록 의뢰하고 있었다.[17]

이러한 사실들은 태종 5년의 개혁 이후에도 의정부 대신들의 권한이 매우 강했다는 것을 보여준다. 또한 태종은 병권이 지난번의 개혁으로 모두 병조에 귀속되었다는 점이 대단히 불만이었다. 곧 지난 개혁으로 병조는 무관들에 대한 인사권뿐 아니라, 승추부 소관이었던 군기에 관한 권한까지도 장악해 그 지위가 더욱 강화되었던 것이다.[18] 실제 태종 5년의 개혁이 있었던 몇 달 뒤, 사간원에서는 병조판서가 삼군도총제를 겸하도록 하자고 하면서 다음과 같이 건의했다.

> 병조와 삼군부는 그 위세가 비슷하여 어디가 선임기관이어서 명령을 내려야 하는 것인지가 분명하지 않습니다. 그러니 이제부터는 병조판서가 반드시 삼군도총제를 겸하도록 하십시오. (『태종실록』 권9 태종 5년 계축)

이러한 사간원의 견해는 병조에게 무관의 인사권, 군기에 대한 권한뿐 아니라 실제 군대에 대한 통수권까지도 맡기자는 주장이었다. 이렇게 된다면 병조의 권한은 매우 지나치다고 할 정도로 강화될 것이었다. 이러한 예는 병조에 관한 것이기는 하지만 육조의 권한이 무척 강했다는 당시의 일반적인 현상을 보여주는 것이기도 하다.

---

16 『태종실록』 권 12 태종 6년 7월 신묘.
17 『태종실록』 권 12 태종 6년 7월 갑인.
18 민현구, 앞의 책, pp. 273~285.

태종의 입장에서는 이를 그대로 받아들이기가 매우 어려웠다. 태종은 건국 이후 국가 권력이 보다 분산되고, 대신들의 과도한 권력은 상대적으로 축소되어가는 현상을 더욱 발전시킴으로써 정국을 안정시키고 왕권을 강화하려고 부단히 노력해왔다. 그런데 이때에 육조의 권한이 이처럼 강화된다거나, 아니면 여전히 의정부의 지시감독권이 지나치게 강화될 염려가 있다는 것은 태종의 의도와는 정면으로 배치되는 것이었다. 태종은 지금까지의 개혁만으로는 소기의 목적을 달성할 수 없을 것이라고 분명하게 느꼈던 것 같다. 그가 갑자기 세자에게 왕위를 전위하겠다는 뜻을 밝혀 조정의 신하들을 당황하게 만들었던 것이 이러한 속사정을 잘 나타낸다.[19]

1408년(태종 8년) 정월, 또 한 차례의 제도개혁은 이러한 배경에서 이루어졌다. 곧 좌정승 성석린(成石璘)은 의정부가 세세한 일까지 관여해서는 나라에 이롭지 못하다면서 다음과 같이 지적했다.

> [의정부는 세세한 실무를] 모두 육조에 위임하고 [육조에서는] 의정부에 보고하도록 하며, 의정부에서는 [이러한 보고를] 검토하여 경중을 가린 다음 왕께 보고드릴 것은 보고하고, 하부기관에 명하여 실행에 옮기도록 할 것은 그렇게 하도록 하십시오. 육조에서 하는 일이 잘못되거나 지체되면 의정부에서 그 잘잘못과 성실하고 태만함 등을 고찰하여 시비를 가리도록 하십시오. 그러면 상급기관과 하급기관의 관계가 잘 유지될 것이며, 번거로운 일과 간단한 일이 잘 조정될 것입니다. 곧 재상은 사소한 일로 번거롭지 않을 것이며, 일반 관리들이 지나치게 큰 권한을 행사하지도 못할 것입니다. 그러면 강(綱)과 목(目)이 두루 갖추어져 나라를 다스리는 법도가 제대로 설 것입니다. (『태종실록』 권15 태종 8년 정월 임자)

19 『태종실록』 권12 태종 6년 8월 임자.

태종은 이를 윤허했다. 곧 성석린은 의정부의 권한을 대폭 육조에 이관함으로써 의정부의 권한과 실무를 크게 축소하고, 육조의 실질적인 기능을 더욱 확대하려고 했다. 동시에 육조의 권한이 지나치게 강화되는 것을 방지하기 위해 육조에서는 의정부에 업무를 보고하도록 해 육조의 활동을 감독하도록 하자는 것이 그의 주장이었다. 이러한 조처로 의정부의 육조에 대한 감독권을 강화해 서로의 균형을 유지하려는 것이 이 개혁의 핵심 내용이었다.

6. 육조직계제의 성립

1408년(태종 8년)의 개혁은 의정부와 육조 사이의 업무 분담을 명확히 함과 동시에 양자 사이의 세력 균형에 의해 권력을 안정시키려 했다는 점에서 더욱 진일보한 개혁이었다고 말할 수 있다. 그러나 이러한 태종 8년의 개혁에서 가장 소홀하게 취급된 것은 왕권의 문제였다. 지금까지는 대신들의 합좌에 의한 정치가 사대부들의 전체적인 공론을 충분히 수렴할 수 없었음은 물론 왕권을 상당한 정도로 견제해왔다. 일련의 개혁으로 이러한 대신들의 합좌기구가 폐지되고, 이들의 권한이 약화되었다는 것은 그래도 왕권의 상대적인 강화를 의미할 수도 있었다. 태종 8년의 개혁으로 의정부는 행정 실무에 관한 권한을 상실했다고는 하지만 육조의 상급기관으로서 육조에 대한 지휘감독권을 장악했다. 정부의 모든 권력은 결국 의정부 대신들에게 집중될 가능성이 매우 컸다.

더욱이 1400년(정종 2년) 사병을 혁파한 이후 병권의 관리에 특별한 관심을 표명했던 태종은 병조가 군사에 관한 모든 권한을 다 관장하게 된 현재 상황에 대해 큰 불만을 가지고 있었다. 곧 태종은 건국 초의 복잡한 정국을 헤쳐 나오면서 병권을 장악한다는 것이 자신의 권력을 공고히 하는 데 얼마나 중요한 의미가 있는지를 잘 알고 있었다. 그러나 태종 5년과 8년의 개혁으로 병조는 무관의 인사권뿐 아니라 과거 중추원이 가지고 있었던 군기에 관한 권한도 차지하고, 나아가서는 삼군부가 누렸던 군대의 지휘통솔권마저도 장악하게 되었다. 태종은 지금까지의 개혁 결과 자신의 입장이 오히려 불리하게 되었다고 판단할 수밖에 없었다.

태종은 개혁 조치를 내린 그 다음해 8월에 세자에게 왕위를 전위하겠다고 선언했다.[20] 이러한 일은 1406년(태종 6년)에도 한 번 있었지만, 이 경우에도 진심으로 전위할 생각이 있어서가 아니었다. 그는 자신의 진퇴를 무기삼아 조정에 압력을 넣으면서 자신의 의도대로 정국을 개편할 의사를 관철하려는 것이었다. 아닌 게 아니라 태종은 전위 의사를 밝히면서 곧 삼군진무소(三軍鎭撫所)를 설치했는데 당시의 사정은 다음 사료에 잘 나타나 있다.

> 삼군진무소를 설치했다. 그때 병조가 군정을 장악하고 있었다. 그러므로 왕[태종]은 세자에게 전위할 뜻을 밝힌 후 친히 군정을 관장하려고 했다. 이에 대해 왕은 "병조는 모두 유신(儒臣)만으로 충원되어 있으므로, 군사를 지휘하는 일에는 적합하지가 않다"고 하면서, 찬성사 이천우(李天祐)를 도진무도총제(都鎭撫都摠制)로, 박자청(朴子靑)을 상진무(上鎭撫)로, 풍산군 심귀령(沈龜齡)을 부진무(副鎭撫)로, 상호군 차지남(車指南) 등 27명을 진무(鎭撫)로 삼았다. (『태종실록』 군 18 태종 9년 8월 경술)

20 『태종실록』 권 18 태종 9년 8월 경술.

위의 사료로 볼 때 태종은 세자에게 전위하고 군정을 직접 장악하려는 것임을 알 수 있다. 이러한 명분을 가지고 삼군진무소가 설치되었으며, 이는 병조에 집중된 병권 가운데서 군대의 직접적인 지휘통솔권을 분리해 삼군진무소에 맡기고 이를 자신의 휘하에 두려는 것이었다. 태종은 이러한 자신의 의도를 조금도 숨기지 않고 그 며칠 뒤 경연에서 이렇게 말했다.

> 지금 삼군진무소를 설치한 것은 모두 옛 법을 따라 병권을 어느 한 곳에 집중시키지 않으려는 것이다. 태조 대에는 삼군부가 병권을 장악했으나, 제도(諸道)의 군병의 진퇴는 모두 중추원의 지휘를 따랐다. 그러므로 병권이 양분되어 [문제가 있었으므로] 이를 혁파해 승추부를 설치했던 것이다. 그런데 근래에 군무가 모두 병조에 귀속되도록 한 것은 그 법이 조금 잘못된 것 같다. 현재 삼군을 출동하려면 먼저 영삼군(領三軍)에게 보고하고, 다음으로는 삼군도총제에게 보고해야 되는데, 이는 병권이 한 곳에 집중되는 것을 막으려는 것이다. (『태종실록』 권 18 태종 9년 8월 병인)

의정부가 행정 실무를 처결할 수 있는 권한을 모두 육조에 이관했다고 하더라도 육조의 업무에 대한 최종결재권을 가졌다면 조정 내에서 여전히 최고의 권력을 실질적으로도 행사할 수 있었을 것이다. 병권이 병조에 집중되었다는 것은 물론 병조의 권한이 지나치게 강화되었다는 점에서 우려의 대상이 되는 것이지만, 동시에 병조에 관한 지휘감독권을 의정부 대신들이 발휘할 경우는 이들에게 권력이 집중되는 것을 막을 수 없었을 것이다. 그렇게 되면 지금까지의 개혁을 통해 달성하려는 가장 중요한 목적인 권력의 분산을 통한 정권의 안정과 왕권의 강화를 꾀하기가 어려울 것이었다. 이에 태종은 먼저 병조에 귀속된 병권을 분산시키고, 나아가 군대에 대한 지휘통솔권을 자신의 휘하에 두고자 했다. 자신이 전위하고서라도 군무만큼은 직접 통솔하고자 했던 것이다.

이렇게 삼군진무소를 설치하고 난 다음 달에 삼군진무소를 의흥부(義興府)로 개칭하는 조치를 취했는데, 이때에도 태종은 무관의 인사권과 그 밖의 의전적인 일들은 병조에 맡기고, 군기(軍機)·시위(侍衛)·순작(巡綽) 따위 군대의 지휘통솔권은 의흥부에 맡겨 병권을 양분했다. 그리하여 의흥부가 군사를 살피면, 병조가 이를 다시 고찰하도록 했던 것이다. 삼군진무소를 만들어 병조에 귀속된 병권의 핵심을 이곳으로 이관해 자신이 직접 관장하려고 했던 데 비해 이때에는 의흥부와 삼군진무소의 역할을 더욱 명확하게 규정했던 것이다. 의흥부 지휘관들의 권한이 지나치게 강화되는 것을 방지하기 위해 병조가 이를 감시토록 했다. 그러면서 태종은 "예부터 병권에 관해 과인처럼 깊이 생각한 사람은 없었다"고까지 단언했다.[21]

이후에도 몇 차례에 걸쳐 군령통수 체계에 대한 개편 조치가 반복적으로 이루어졌으나 항상 그 근본 이유는 태종이 조정 내의 병권이 한 곳에 집중되는 것을 방지하고, 그러한 바탕 위에서 병권에 관한 자신의 영향력을 확대하려는 것이었다. 1408년(태종 8년)의 개혁으로 병조에 병권이 집중되었으며, 의정부가 육조의 업무에 대한 지휘감독권을 실질적으로 발휘하게 된다면 병권뿐 아니라 조정 내의 모든 권력은 다시금 원로대신들에게 집중될 우려가 있었다. 그러나 태종은 병권에 관한 자신의 영향력을 강화함으로써 일단 조정의 권력구조 내에서의 왕권의 위치를 분명히 했다.

이러한 병조의 병권 분산이라는 조처만으로 태종 8년의 개혁이 지니는

21 『태종실록』 권 18 태종 9년 8월 정묘.

문제점을 다 해결할 수는 없었다. 곧 조정의 가장 중요한 실질적인 업무가 모두 육조에 귀속되었는데, 이 육조 업무에 대한 결재권을 의정부가 갖게 됨으로써 언제라도 의정부 대신들의 영향력이 확대될 수가 있었기 때문이다. 이는 병권의 분산만으로는 다 해결할 수 없는 문제였다. 국초 이래 대신들의 합좌 기관에 집중된 권력을 분산하고, 정치의 운영에서 사대부들의 여론을 더욱 광범하게 반영하며, 나아가 왕권도 강화시킨다는 일관된 정치개혁의 목표에도 어긋나는 일이었다. 지금까지의 모든 개혁은 조정의 실무처결권을 육조에 이관해 대신들의 권력을 약화시킨다는 점에 초점을 두어온 것이었다.

그러나 이처럼 정부의 권력을 두 기구에 양분하는 것으로는 둘 중 어느 한 곳으로 권력이 치우치는 것을 막을 수가 없었다. 특히 의정부는 법제적으로 상급기관이었음은 물론 의정부 대신들은 연령으로나 경험으로나 정부 내의 원로들이었기 때문에 자연히 이곳으로 권력이 집중되게 마련이었다. 그리하여 태종은 왕이 정부 운영에 상징적으로만이 아니라 실제적으로도 직접 관여할 수 있는 제도를 강구하게 되었다. 1414년(태종 14년)의 육조직계제(六曹直啓制)는 이러한 배경 하에서 이루어진 것이었다. 태종은 다음과 같이 말했다.

> 내가 송동에 있을 때 의정부를 혁파하자는 의논이 있었지만, 아직껏 [그럴 만한] 여유가 없었다. 지난겨울 자그마한 과실을 범했다고 하여 대간에서 의정부 대신을 해임하자는 건의가 있었으나 이를 윤허하지 않았다. 지금 좌정승[하륜]이 말하기를 "명나라에도 승상부가 없으니 마땅히 [우리나라의] 의정부도 없애야 합니다"라고 했다. [이렇게 되면 국가의] 모든 일을 내가 직접 처결해야 되는데, 이는 너무나 어려운 일이 아닐 수 없다. 그러나 이미 한 나라의 임금이 되었으니 어찌 내 몸이 고달프다고 하여 마다할 수가 있겠는가. (『태종실록』 권 27 태종 14년 4월

경신)

이 말은 곧 의정부 자체를 없애려는 뜻임을 알 수 있다. 승상부 없이 황제가 직접 국가의 일을 관장하는 명나라처럼 조선에서도 의정부를 없애고 왕이 직접 모든 일을 처결하도록 하자는 것이었으며, 태종은 이를 기꺼이 수락하겠다는 의지를 표명한 것이었다.

육조직계제란 왕이 직접 육조의 업무를 결재하겠다는 것이었다. 이렇게 된다면 의정부는 없어도 될 것이다. 그러나 명나라에서처럼 조선의 왕권이 절대화된 적은 없었으며, 위의 사표대로 의정부가 없어지지도 않았다. 그러나 1414년(태종 14년) 육조직계제(六曹直啓制)로의 개혁은 의정부와 육조로 양분된 조정의 권력 구조를 왕을 중심으로 한 삼극 체제로 전환하면서, 의정부 대신들의 권한을 약화시키고 육조의 실무 권한을 강화했다. 강화된 육조의 실무 권한에 대해 왕이 직접 이들을 감독 처결하도록 했던 것이다.

그러나 이것으로 지금까지의 개혁이 완성된 것은 아니었다. 이로부터 불과 20여 년 뒤에 의정부의 서사권(署事權)이 다시 부활된 것이 이를 단적으로 증명해준다. 고려시대 이래 소수의 대신들에게 집중되었던 정치 권력이 더욱 넓게 분산되고, 이를 바탕으로 왕권이 상대적으로 안정되었던 육조직계제의 이념은 사라지지 않고 『경국대전』에 그대로 반영되었다. 이후로는 사대부 계층의 공통된 이념을 추구하고 이들의 여론을 수렴하는 대간과 홍문관의 기능이 강화되면서 조선왕조의 정치는 더욱 다극화되기에 이르렀다. 그 같은 정치제도는 소수의 대신들에게 권력이 집중되는 제도보다 훨씬 더 사대부 세력 전체의 이상에 충실할 수 있었다. 여기에 조선 초기 정치제도 발전의 역사적인 의미가 있는 것이다.

7. 성종대의 유교적 통치체제 확립

1) 세조의 집권과 훈구대신에 의한 권력 집중

태종대에 골격이 잡힌 조선왕조의 통치체제는 세종대에 이르러 더욱 큰 발전을 보게 되었다. 1436년(세종 18년)에 의정부의 서사권이 다시 부활되기도 했지만, 국초의 재상합좌와 같은 것으로 되돌아가지는 않았다. 육조를 중심으로 한 정부의 기본 조직은 그대로 보존되었으며, 집현전과 같은 기관을 중심으로 유교문화가 크게 발전하면서 조선왕조의 정치운영 방식은 더욱 원숙한 단계로 들어서게 되었다. 그러나 세조가 조카인 단종을 폐위하고 왕위에 오르면서 조선의 정치사는 전혀 새로운 국면을 맞게 되었다.

세종을 이은 문종은 병약해 단명했으며, 단종은 너무 어려서 의정부 대신들의 정치적인 권한이 확대될 수 있는 소지가 있었다. 세조는 먼저 김종서(金宗瑞) · 황보인(皇甫仁) 등 의정부 대신들을 숙청하고 왕권을 강화하는 일련의 조치를 취했다. 그는 즉위 초에 의정부 서사권을 폐지하고 육조직계제를 다시 시행했다.

그는 국초부터 항상 문제시되어왔던 군사제도의 개혁에 착수해 오위체제를 확립했으며, 이를 바탕으로 조선의 군사력은 크게 강화되었다. 또한 과전법을 폐지하고 직전법을 실시했으며, 횡간(橫看)의 제정으로 국가의 재정 문제를 획기적으로 개선했다. 『국조실감』, 『팔도지리지』, 『동국통감』을 편찬했으며, 간경도감(刊經都監)을 두어 많은 불경을 훈민정음으로 번역했을 뿐 아니라 『경국대전』 편찬에 착수해 조선의 문물제도를 정비하는 일에 나섰다. 세조의 다방면에 걸친 업적은 이 시대를 매우 긍정적으로 평가하는 중요한 이유가 되었다. 그러나 세조의 집권을 계기로 드러났던 많은 사회적인 병폐가 늘 이러한 업적에 가려져 있었기 때문에, 국초부터 계속되던 정치적 · 사회적인 발전이 세조대에 이르러 크게 저해되었다는 사실에 대해서는 관심을 두지 않았던 것이다.

세조의 집권은 도덕적으로 결코 정당화될 수 없었다. 단종이 어렸다고는 하지만, 33년에 걸친 세종의 뛰어난 치적을 바탕으로 조선왕조는 건국 이후 가장 안정된 시대를 맞고 있었다. 세조가 단종을 폐위하고 즉위해야 할 정당한 이유는 전혀 없었다. 따라서 즉위 직후부터 세조는 그 집권의 정통성에 대한 강력한 도전에 직면하지 않을 수 없었다. 그의 집권은 충신불사이군(忠臣不事二君)이라는 유교적인 이념에 정면으로 배치되는 것이기 때문이었다.

그는 자신의 집권에 반대하는 많은 유학자들을 숙청했다. 사육신(死六臣)이라든가 생육신(生六臣)이라는 일단의 인사들이 사대부들의 세계에서 숭상되었다는 것이 이러한 사정을 잘 말해준다. 세조는 유교적인 소양을 기본 바탕으로 삼고 있는 사대부 세력의 절대적인 충성을 기대할 수 없는 형편이었다. 그는 자신의 집권을 지지해주는 소수의 인사들을 중심으로 정국을 이끌어갔다.

세조가 김종서 등을 제거하고 정권을 장악했던 단종 원년에 그는 43명의 정난공신(靖難功臣)을 책봉했으며, 즉위 직후에는 46명의 좌익공신(佐翼功臣)을 책봉하고, 말년에 이시애란(李施愛亂)을 평정한 다음에는 45명의 적개공신(敵愾功臣)을 책봉했다. 세조의 사후 예종대에 39명의 익대공신(翊戴功臣)이, 그리고 성종 2년 75명의 좌리공신(佐理功臣)이 책봉되었지만, 이들은 대부분 세조대에 공신이었던 사람이거나 혹은 그의 가족 및 인척들이었다. 이들이 세조대 이래 정권을 독점하고, 사회경제적인 특권을 향유한 흔히 훈구파(勳舊派)라고 불리던 세력이었다.

세조는 왕권을 강화하기 위해 세종대에 일시 부활되었던 의정부서사법을 폐지하고 육조직계제를 다시 부활했다. 훈구대신들에 대한 의존도가 매우 컸다는 사실은 조정의 권력이 합리적으로 분산되지 못했다는 것을 의미한다.

세조－성종 연간 정부의 중요한 관직에는 거의 예외 없이 이들 훈구파 인사들이 독점적으로 임명되었다. 앞서 언급한 다섯 차례에 걸친 공신책봉에서도 세조의 집권을 지지한 핵심인물들, 예컨대 한명회(韓明澮)·정인지(鄭麟趾)·신숙주(申叔舟)·구치관(具致寬)·최항(崔沆)·조석문(曺錫文)·정창손(鄭昌孫)·홍윤성(洪允成) 등은 모두 여러 차례에 걸쳐 공신에 책봉되었다. 많은 특권이 부여되는 공신책봉에서 소수의 인사들이 거듭 그 특권을 향유했던 것이다. 단종 원년에서 성종 2년까지의 약 20년 남짓 동안에 다섯 번의 공신이 책봉되어야 할 급박한 사정이 있는 것도 아니었다.

이들에게 이러한 특권이 이처럼 자주 베풀어졌다는 것은 이들에 대한 세조의 의존도가 매우 컸다는 것을 의미한다. 세조의 말년에 이르러서는 조정의 정치운영 방식에 편의적인 요소가 많아지기 시작했다. 1467년(세조 13년) 명나라에서 사신이 왔을 때는 번거로운 일을 처리한다는 것을 이유로 한명회·신숙주·구치관 따위 훈구파의 핵심 인물들을 승정원에 나오게 해 정무를 보게 했다. 그것은 임시적인 것이었으나 명의 사신들이 귀국한 이후에도 재상들의 승정원 출입은 폐지되지 않고 이후 1476년(성종 7년)까지 지속되었다. 이들을 원상(院相)이라고 했으며, 이들 원상들이 세조 사후에까지도 최고의 정치권력을 장악했다. 이는 그들 자신이 착수했던 『경국대전』 체제에도 정면으로 어긋나는 것이었다.

조정의 정치권력을 적절히 분산해 일부 대신들에 의한 권력의 독점을 방지하고, 그러한 바탕 위에서 보다 광범위하게 사대부들의 공론(公論)을 정치에 반영하고자 했던 국초 이래의 시도는 여기서 뒤틀리게 되었다. 세조가 왕권을 강화하기 위해 쿠데타를 감행했다고 하지만, 정작 그의 사후 이들 훈구대신들의 존재는 도리어 왕권을 크게 제약하는 것이 되고 말았다. 세조의 집권으로 인해 야기된 권력구조의 변화는 조선왕조의 지배층인 사대부 전체의 이상에도 어긋나는 것이었으며, 나아가 안정된 왕권의 확립이라는 왕실 자체의 희망에도 벗어나는 것이었다. 이러한 권력구조로는 당시의 사회적인 대세를 반영해 정치의 발전을 기할 수는 없는 것이었다. 세조 당시는 말할 것도 없고, 그의 사후에는 더욱 적극적으로 세조대의 정치 및 그의 지지 세력으로서 많은 특권을 향유했던 훈구파 인사들에 대한 맹렬한 비판이 제기될 수밖에 없었다.[22]

2) 유교적 정치이념의 확대와 사림정치의 시작

조선왕조는 건국 당시부터 유교이념을 표방했다. 그 뒤 태종, 특히 세종대를 거치면서 조선의 유교문화는 크게 발전했다. 집현전을 중심으로 등용되었던 많은 유학자들은 세종의 적극적인 지지를 바탕으로 유교적인 고제(古制)의 연구에 몰두해 많은 성과를 올렸다. 태종대의 정치 개혁이 성공을 거둘 수 있었던 것은 조선사회의 구석구석에 존재했던 사대부들의 공론이 상당히 집약될 수 있도록 체제가 정비되어졌기 때문이었다. 이러한 분위기는 세종대를 거치면서 더욱 확대되어갔다.

세조의 쿠데타는 이러한 분위기가 성숙되어가던 길목에서 일어났다. 유학자들의 반발이 있을 것은 당연한 일이었다. 세조는 대간의 활동을 극도로 위축시키는 등 강권적인 통치로 유교적인 이념으로 무장된 사대부

22 이상 세조대 이래의 공신 집단과 당시의 정치에 대하여는 정두희, 앞의 책 제4장, 「세조－성종대의 공신집단의 정치적 성격」을 참조. 또한 세조대 왕권과 유교이념의 대립 문제에 대하여는 정두희, 「대간의 활동을 통해 본 세조대의 왕권과 유교이념의 대립」, 『역사학보』 130(1991)을 참조.

들의 반발을 억압했다.

그러나 세조의 사후 성종이 즉위하면서부터 상황은 크게 변하기 시작했다. 이미 15세기 후반부터 향촌사회를 바탕으로 유교적인 가르침을 일상생활에서도 적극 실천하고자 노력하는 사림세력들이 크게 성장하고 있었다. 이들은 과거의 사대부 출신 관료들보다 훨씬 도덕적으로 무장된 사람들이었다. 이들은 국가의 정치에서도 성현들의 가르침이 적극 구현되어야 한다고 확신했다. 이들에게 세조의 집권은 성현의 가르침에 결정적으로 위배되는 왕위 찬탈에 지나지 않았다. 이들은 세조의 집권과 그의 집권에 동조했던 인물들에 대해 신랄한 비판을 가하기 시작했다.

성종대 이후 대간의 활동이 활발해지면서 이러한 분위기는 더욱 고조되었다. 당시의 대간은 관료들을 감찰할 때 무엇보다도 그 관료의 인간됨을 문제시했다. 유교적인 가르침을 깊이 체득하고 이를 몸소 실천하기 위해 노력하지 않는 사람은 결코 '다스리는 사람'이 될 수 없다고 이들은 확신했다. 세조의 왕위 찬탈을 묵인하고 나아가 이를 도왔던 인물들은 이들이 보기에는 다스리는 사람으로서의 자격이 없을 뿐 아니라 한 인간으로서도 결코 용납될 수 없는 존재들이었다.

대간을 중심으로 한 사림의 훈구에 대한 공격은 매우 극렬하게 전개되었다. 권력 투쟁은 이제 이념적인 성격을 강하게 띨 수밖에 없었다. 요컨대 대간은 세조대의 정치 그 자체를 공격 대상으로 삼았던 것이다. 세조의 즉위 자체가 유교적인 윤리관으로는 용납될 수 없는 것이었다면, 그를 지지했던 세조의 훈신들은 충신불사이군(忠臣不事二君)이라는 신하의 도리를 저버린 인물들이었다. 학문적인 지식이 얼마이든, 현실정치를 운용해 가는 능력이 어떠하든, 이들은 이미 성현의 법을 지켜야 하는 사대부로서의 자격을 상실했다는 것이 대간의 주장이었던 것이다.

훈구대신들은 자신들의 권력을 가지고 이러한 비판자들에 대해 대응하기도 했지만 궁극적으로는 성공할 수가 없었다. 보다 더 유교적인 윤리관에 철저한 사대부들의 성장은 이미 사회적인 대세를 이루고 있었기 때문이었다. 세조대 이후 변형된 권력구조는 이러한 도전에 의해 무너지기 시작했다. 정치도덕적인 감시자로 자처하는 대간(臺諫)과 홍문관(弘文館) 등 삼사의 권한이 크게 확대되면서 조선왕조는 사림정치(士林政治)의 시대로 진입했고, 나아가 16세기 조선왕조의 정치사회적인 발전의 한 토대가 되었다. 태종대에 성립되었던 육조직계제의 바탕 위에 삼사의 권한이 대폭 강화되면서 조선의 통치구조는 사대부 세력들의 공론을 더욱 적극적으로 반영할 수 있도록 개편되었던 것이다.[23]

23 성종대 유교적인 이념의 확대와 사림의 성장을 배경으로 대간의 권한이 확대되었으며, 이들이 세조대의 정치 및 세조의 훈신들에 대한 신랄한 비판을 계속했다는 것은 정두희, 『조선 성종대의 대간연구』(한국연구원, 1989)를 참조.

제4장

통치 영역의 확정과 그 지배권의 천명: 조선 초기 지리지 편찬의 역사적 의미

조선왕조의 창건 이후 몇 개의 지리지(地理志)가 편찬되었다. 이를테면 『세종실록지리지』(世宗實錄地理志), 『팔도지리지』(八道地理志), 『동국여지승람』(東國輿地勝覽), 『경상도지리지』(慶尙道地理志), 『경상도속찬지리지』(慶尙道續撰地理志) 등이 그것이다. 이 지리지들은 모두 관찬이었고 세종대에서 성종대에 이르는 약 60여 년 사이에 집중적으로 편찬되었다. 이 시기는 왕조의 통치체제가 완비되어가면서 유교문화도 크게 발전하던 때였다. 그러므로 이러한 시대적인 배경을 갖고 많은 지리지가 편찬되었던 것이다. 물론 지리지에 대해서는 기왕에 적지 않은 연구가 있었다.[1] 그러나 그 대부분이 편찬 과정이나 그 내용을 간단히 소개하는 정도의 것이었

1 이들 조선 초기의 지리지에 대한 기왕의 연구 논문을 발표된 연대순으로 열거해보면 다음과 같다: 今西龍, 「東國輿地勝覽に就いて」, 『朝鮮學報』 第一卷 第一號, 1930, 高麗及李朝史研究, 1974, 11. 末松保和, 「新增東國輿地勝覽とその索引」, 『新增東國輿地勝覽索引』, 朝鮮總督府中樞院, 1937. 葛城末治, 「校訂慶尙道地理志, 慶尙道續撰地理志解說」, 『校訂慶尙道地理志 · 慶尙道續撰地理志』, 朝鮮總督府中樞院, 1938. 全相運, 「朝鮮初期의 地理學과 地圖」, 『古文化』 4, 韓國大學博物館協會, 1966. 5. 李燦, 「韓國地理學史」, 『韓國文化史大系』 III, 1968. 12. 金田培, 「世宗實錄地理志解題」, 『文化財』 7, 1973. 12 등.

다. 더욱이 이를 통해 밝혀진 사실들도 반드시 정확한 것이라고도 할 수 없었다. 사실 이 때문에 지금까지 잘못 인식되어온 점들이 적지 않았던 것 같다.

여기서는 조선 초기에 편찬된 지리지 중에서 『세종실록지리지』, 『팔도지리지』, 『동국여지승람』을 중심으로 그 내용을 분석해 그의 실체를 밝힘과 아울러 이들 상호간의 차이점을 밝혀볼까 한다. 그리고 이 지리지들은 모두 관찬이었으므로 이를 통해 조선 초기 지배층의 지리지에 대한 관념의 변화 과정도 살펴보고자 한다. 결국 이것은 조선 초기 사회의 발전 과정을 파악하려는 작업의 하나라고도 할 수 있다.

건국 이후 조선왕조가 당면한 시급한 문제 가운데 하나는 영토의 범위를 안정적으로 확정하고 그 영토 안에 살고 있는 인적 · 물적 자원의 실태를 정확하게 판단하는 일이었다. 이것은 국가를 통치하는 데 필요한 가장 기초적인 자료가 될 것이며, 이러한 정확한 자료를 바탕으로 이루어지는 통치 행위를 통해 국가의 재정과 국방을 튼튼히 하고 민생을 안정시킬 수 있을 것이기 때문이다. 『세종실록지리지』는 바로 이러한 목적으로 편찬된 지리지였다. 그러나 조선왕조가 초기의 국가 건설과정을 마쳐감에 따라 지리지 편찬의 목적도 변했다. 사회와 경제의 실태를 파악한다는 현실적 목적에서 시작된 지리지의 편찬은 점차 국가의 역사문화적 자산을 총정리하는 새로운 지리지의 편찬사업으로 전환되어갔다. 더 나아가 한 왕조가 통치 영역의 지도를 작성하고 그 내부의 자원과 역사문화적 자산을 모두 파악해 한권의 지리서로 편찬한다는 것은 새 왕조의 건국의 정통성과 그 지배의 품격을 내외에 드러내려는 것이기도 했다. 『동국여지승람』은 이러한 목적에 맞게 편찬된 지리지였다.

『세종실록지리지』에서 『동국여지승람』이 편찬되던 이 시기는 건국 과정이 완성되어가는 때이기도 했지만, 건국의 이념으로 제시한 유교이념이 크게 발달해나간 때이기도 했다. 그러므로 이에 대한 검토를 통해 조선왕조의 유교문화가 발전해가는 그 과정을 잘 살펴볼 수도 있다고 생각한다.[2]

1. 『세종실록지리지』의 편찬

『세종실록지리지』는 특정한 책의 제목이 아니라 『세종실록』에 부록으로 들어 있는 지리지를 일컫는 말이다. 이렇게 실록에 지리지가 부록되어 있다는 사실은 세종대에 있어서의 지리지 편찬 과정에 대한 이해에 혼란을 불러일으켰다. 즉 지리지의 편찬을 『세종실록』의 편찬과 관계 지움으로써 『세종실록지리지』를 『세종실록』이 완성된 단종 2년에 만들어진 것으로 간주해왔던 것이다.[3] 그래서 『세종실록지리지』는 세종 14년 맹사성(孟思誠) · 윤회(尹淮) 등에 의해 편찬되었던 지리지와는 별개의 것으로 인식되어왔다.

그러나 이 두 지리지는 서로 다른 것이 아니라 하나로서 세종 14년에 편찬된 지리지가 곧 『세종실록』의 권말에 실리게 된 것이다. 이 점은 『세종실록지리지』의 맨 앞에 있는 짤막한 서문에 "[왕이] 윤회(尹淮), 신장(申檣) 등에게 주군(州郡)의 연혁을 살펴 이 책을 편찬하게 명하여, 임자년, 즉

2 이 부분은 「조선초기 지리지의 편찬」란 제목으로 『역사학보』 69집(1976. 3)과 『역사학보』 70집(1976. 6)에 연속으로 발표된 논문을 기초로 하였다. 당시에는 조선 초기 지리지들의 내용상 차이점에만 주목했을 뿐, 이의 건국사적 의미까지는 파악하지 못했다. 이런 반성을 기초로 많은 수정 · 보완을 가하여 여기에 올렸다.

3 전상운은 앞의 논문에서 "이 지리지가 언제 완성되었는지는 명백하지 않지만 세종실록이 완성된 단종 2년 전후라고 생각할 수 있다"고 주장했으며(p. 11 참조), 김전배도 같은 견해를 피력했다(앞의 논문 p. 159 참조).

세종 14년에 책이 완성되었다"[4]라고 명백히 밝혀져 있다.

그럼에도 불구하고 세종 14년에 완성된 지리지가 그대로 『세종실록』에 실리게 되었다는 위의 서문의 기록은 액면 그대로 받아들여지지 못했다. 아마 세종 14년에 완성되었다는 지리지의 원본이 전해지지 않아서 두 지리지의 구체적인 내용을 비교, 확인해볼 수 없었기 때문이었을 것이다. 따라서 두 지리지의 관계를 명확히 하기 위해서는 『세종실록지리지』의 실제 내용에 바탕을 둔 또 다른 논증이 필요하다고 생각된다.

지리지의 내용 가운데 연대가 분명히 밝혀져 있는 것은 연혁뿐이다. 연혁은 해당 지역의 행정의 역사를 간단하게 역사적으로 정리한 것이어서, 그 내용에 변화가 있을 때는 반드시 연대를 밝혀놓았기 때문이다. [표 1]은 『세종실록지리지』의 연혁이 어떤 시기를 기준으로 서술되었는가에 착안해 주군(州郡) 연혁에 나타난 최하한(最下限) 연대를 조사한 것이다.

이에 의하면 신설된 주군을 제외한 전국 324개의 주군 가운데 고려말 이래 그 연혁에 변동이 없는 곳이 93개 처, 태조 · 태종대에 최종 변동이 있었던 곳이 각 25개 처와 179개 처로 나타나 있다. 그 나머지는 모두 세종대에 연혁 상의 변동이 있었는데 이것을 다시 연혁 순으로 배열해보면 세종 12년에 최종 변동이 있었던 곳이 하나 있음을 알 수 있다. 이러한 사실은 곧 『세종실록지리지』의 주군 연혁이 적어도 세종 12년 이후의 사실은 기록하고 있지 않다는 점을 입증하는 것이며, 따라서 연혁 서술의 기준이 되는 해는 곧 세종 12년이었음을 말해준다고 하겠다.

『세종실록지리지』의 연혁에 세종 12년 이후의 일이 기록되어 있지 않다는 사실은 그 이후 『세종실록』이 편찬되기까지 연혁의 변경이 없었기

4 東國地志 略在三國史 他無可稽 我世宗大王 命尹淮 · 申檣等 考州郡沿革 乃撰是書 歲壬子 書成(世宗實錄 148, 地理志 序).

[표 1] 『세종실록지리지』 주군(州郡)의 연혁 서술에 나타난 최하한 연대 조사표

구분	충청	경기	황해	강원	평안	함길	경상	전라	계
려말(麗末) 이래 연혁 변동이 없는 주군(州郡)	10	6	4	14	12	1	27	19	93
태조대 연혁 변동이 없는 주군(州郡)	1	4	1	1	4	3	5	6	25
태종대 연혁 변동이 없는 주군(州郡)	43	28	14	9	25	9	26	25	179
세종 원년 연혁 변동이 없는 주군(州郡)	1	2							3
세종 3년 연혁 변동이 없는 주군(州郡)							1		1
세종 4년 연혁 변동이 없는 주군(州郡)						1	2		3
세종 5년 연혁 변동이 없는 주군(州郡)			3		1		3	4	11
세종 6년 연혁 변동이 없는 주군(州郡)		1	1						2
세종 8년 연혁 변동이 없는 주군(州郡)						1	1		2
세종10년 연혁 변동이 없는 주군(州郡)			1				1		2
세종11년 연혁 변동이 없는 주군(州郡)					1			1	2
세종12년 연혁 변동이 없는 주군(州郡)								1	1
계	**55**	**41**	**24**	**24**	**43**	**15**	**66**	**56**	**324**

때문은 결코 아니다. 오히려 세종 12년 이후에도 연혁의 변경이 적지 않게 있었음은 『세종실록지리지』의 다음에 편찬되어 현존하는 『경상도속찬지리지』를 통해 경상도 산하 주군의 연혁을 조사해보면 알 수 있다. [표

2]는 그러한 조사 결과 세종 12년 이후 단종 2년까지에 변경 사실이 있는 주군의 연혁을 도표화한 것이다.

[표 2] 세종 12년 이후 단종 2년 사이에 연혁이 변경된 경상도 주군 조사

지방별	경상도속찬지리지 연혁
울산군	세종 19년 도호부로 승격했다
동래현	세종 22년 임내 동평현으로 진을 옮겼다
풍기군	세종 21년 기천현에 은풍과 서촌현을 포함시켜 군으로 승격했다
상주목	세종 30년 경상감사가 상주목사를 겸하도록 했다

이에 따르면 울산군이 세종 19년에, 동래현이 세종 22년에, 풍기군 · 상주목이 각각 세종 21, 30년에 그 연혁 상의 변경이 있었음을 알 수 있다. 특히 풍기군의 경우는 원래는 기천현으로서, 그 명칭과 행정단위가 모두 바뀌었음에도 불구하고 『세종실록지리지』에는 이런 사실이 전혀 반영되어 있지 않다. 이것은 곧 『세종실록지리지』가 세종 14년에 완성되어 그 연혁에 세종 12년 이후의 일은 서술되지 않았기 때문이라는 점을 말해주는 것으로 믿어진다.[5] 그러면 어떤 이유로 지리지가 『세종실록』에 실리

5 지리지가 『세종실록』에 편입될 때에 다소 손질이 가해지긴 했다. 즉 『세종실록지리지』의 서를 보면 "厥後 離合不一 特擧兩界新設州鎭 續附于其道之末云"이라 하여 북방 경략 결과 새로 양계에 설치된 주진(州鎭)의 지지(地志)를 그 도의 말에 속부(續附)했음을 밝히고 있다. 그러나 신설된 주진의 지지를 속부했다 해도 지리지의 원문에는 아무런 손상이 없었다. 다음의 사료를 보면 이 점은 명백했질 것이다: "慶源府地理 已載于前志 今以沿革附著之 則已成之書 不可以續錄 又嫌其重出而不書 則本府於新設州郡 最爲巨鎭 不可不詳志其建置之由 故兩存之 以備後考"(世宗實錄 卷155, 地理志 咸吉道 慶源都護府). 이 사료는 함길도에 신설된 경원부의 지지를 첨가한 다음에 쓴 후기이다. 경원부의 지지가 이미 전지(前志)에 실려 있는데 지금 이를 이미 만들어진 책에 속록(續錄)할 수 없으며, 또한 경원부는 신설된 주진 중 가장 큰 진으로서 그 건치(建置)의 유래를 밝히지 않을 수도 없어서 양자를 그대로 둔다는 것이다. 여기서 "前志", "已成之書"라 함은 세종 14년에 편찬된 지리지를 말하는 것으로서 그것의 원문을 손상치 않으려는 『세종실록』 수찬자들의 배려를 이 사료는 말해주고 있다. 따라서 신설된 주진에

게 되었을까?

『세종실록』의 끝에는 비단 지리지뿐 아니라 악보(樂譜) · 오례(五禮) · 칠정산내편(七政算內篇) 등 여러 내용의 지가 부록으로 들어가 있다. 문종 2년 『세종실록』을 편찬할 때에 지리지를 포함한 위의 내용들을 별도로 『세종실록』의 끝에 부록으로 넣자는 견해가 제기되었다. 물론 실록은 그날그날의 일을 상세하게 편년체로 나누어 기록해야 한다는 주장도 있었지만, 당시 실록 편찬의 중심 역할을 한 정인지의 주장에 따라 실록에 별도의 부록을 만들어 세종대의 특별한 업적을 남겨놓자는 견해가 최종적으로 채택되었던 것이다.[6]

이렇게 해서 세종 14년에 편찬되었던 지리지는 독립된 책으로 인쇄되지 않고 국가의 중요 문서처럼 남아 있다가 이의 중요성을 다시 인식하게 된 실록 편찬 담당자들에 의해 『세종실록』의 끝에 부록의 형태로 남게 되었다. 부록에는 그냥 "지리지"라고 되어 있는데, 우리가 편의상 『세종실록지리지』라고 부르는 이유가 여기에 있는 것이다.

이상에서 우리는 『세종실록지리지』가 세종 14년에 편찬되었다는 사실과 그것이 『세종실록』에 수록되게 된 경위를 살펴보았다. 그러나 세종대

관한 지지 이외에는 모두가 세종 14년에 완성된 책과 똑같은 것이라고 하겠다.

6 "金宗瑞啓 今撰世宗實錄 鄭麟趾 · 許詡曰 世宗 立經陳紀 制禮作樂之事 甚多 如儀注 當別爲志 以便考閱 則實錄不至煩冗矣 金銚 · 朴仲林 · 李季甸 · 鄭昌孫曰 凡制禮作樂之事 宜於實錄逐日以錄 臣亦未知可否 上曰 於實錄詳記爲可 宗瑞曰 臣意亦以爲然 但鄭麟趾 掌文翰者 乃曰 當別作志 臣敢不違"(文宗實錄 卷13 2年 壬申 5月 甲午條). 잘 알려져 있듯이 조선왕조 건국 이래 『고려사』의 편찬을 서두르면서 몇 차례 수정이 가해졌는데, 이때에는 모두 편년체로 편찬되었던 것이었다. 그것이 세종 31년 정월 정인지 · 김종서 등이 다시 담당하게 되면서 기왕의 편년체를 기전체로 바꾸어, 드디어 문종 원년에 간행을 보게 되었다. 정인지 등은 역사 서술에 있어서 기전체를 강력히 주장해 그것이 반영되어 편찬을 보게 되었던 것이다. 『고려사』가 완성된 지 불과 1년 후에 이들이 다시 지리지를 위시한 여러 지를 『세종실록』에 부록할 것을 적극 주장했던 것은 사서의 편찬에 있어서 기전체에 대한 관심이 높았다는 사실과 관련이 있는 것으로 생각된다.

에는 『세종실록지리지』보다 앞서 지리지가 편찬된 적이 있었다. 오늘날 그것이 모두 전해지지는 않지만 세종 7년 12월에 완성되어 현존하는 『경상도지리지』가 그의 일부로 생각되는 것이다. 이 『경상도지리지』가 완성된 지 7년 후에 다시 『세종실록지리지』가 편찬되었던 근본 이유는 어디에 있을까 하는 점은 당시의 지리지 편찬을 이해하기 위한 중요한 전제가 아닐 수 없다. 이 문제의 해명을 위해 『경상도지리지』에 잠시 주목해보기로 하자.

『경상도지리지』가 비록 경상감영(慶尙監營)에서 만들어진 것이고, 그 범위가 경상 일도에 국한된 것이긴 하지만 여기에는 지리지를 편찬하고자 하는 조선왕조 지배층의 의지가 충분히 반영되어 있다. 『경상도지리지』의 서문을 보면 이 지리지가 일정한 규칙과 형식을 바탕으로 작성되었음을 잘 알 수 있다. 전국의 여러 지방행정 단위별로 중앙에서 일정한 작성 방침을 내려 보내 지리지의 전체적인 통일성을 꾀하려 한 것이다. 경상도에서 도내의 지리지를 만들 때에도 그런 원칙에 입각해 만든 것임을 그 서문은 잘 알려주고 있다.[7] 그러므로 『경상도지리지』의 편찬을 이해하는 데 있어서는 이 규식의 내용에 대한 이해가 중요한 전제가 될 것이다.

『경상도지리지』 첫머리에는 규식이 실려 있다. '부록 1: [표 3]'에 제시되어 있는 규식은 총론과 일반군현의 경우에 따라 각기 13개 항목으로 되어 있다. 『경상도지리지』의 서술 체제가 총론과 일반군현으로 나뉘어져 있는 것은 바로 이것을 따른 것이다. 그러므로 서술의 내용은 규식의 지시 내용에서 벗어나는 것이 거의 없다. 즉 규식은 조사 대상과 서술 양식을 상세하게 규정하고 있어서 지방에서 지리지를 작성할 때 임의로 내용

7 "洪熙元年乙巳夏六日旁死魄庚子 禮曹受敎 各道府州郡縣 歷代官號 邑名沿革離合更令右道 將所上規式 推覈移文"(慶尙道地理志 序).

상의 가감을 할 수는 없을 것이며, 그럼으로써 각 도에서 만들어진 지리지들이 전체적으로 어느 정도의 통일성을 유지할 수 있었을 것으로 생각된다. 예를 들어 규식의 1항을 보면 행정단위 명칭의 변천 사실을 기록할 것을 명하고 있다. 특히 일반군현의 경우에는 그 지방의 명호가 삼국시대에는 어떠했으며 고려와 조선에 와서는 어떠한가의 사실을 서술하도록 하는 등 상세하게 지시하고 있는 것이다. 그러므로 『경상도지리지』는 통일된 전국의 지리지를 만들고자 하는 조선왕조의 의도에 따라 편찬된 것이며, 지금은 전해지지 않는 각 도의 지리지도 이와 마찬가지로 편찬되었을 것이다. 그렇다면 이후 다시 『세종실록지리지』를 만들고자 했던 이유는 무엇이며, 이 두 지리지는 어떻게 다른 것일까.

『경상도지리지』와 『세종실록지리지』의 내용을 편목을 중심으로 행정 · 경제 · 군사 · 사회 · 예속 · 자연환경의 여섯으로 구분 정리해 [표 4]를 만들어보았다.

여기에 의하면 서술 체계상 그 내용을 총론에 넣느냐 혹은 일반군현에 넣느냐의 차이는 있지만 서술하려는 내용은 대체로 같다고 할 수 있다. 다만 자연환경조의 수천심천(水泉深淺)이 『경상도지리지』에만 있고 반면에 경제조의 토산(土産) · 재종약재(栽種藥材) · 어량(漁梁) 등의 내용은 『세종실록지리지』에만 있다는 부분적인 예외를 제외하면 전체적인 내용은 서로 합치한다고 할 수 있다. 즉 『경상도지리지』와 『세종실록지리지』는 그 내용이나 성격이 같다고 할 수 있다. 따라서 지리지를 편찬하려는 동기도 서로 같다고 할 수 있는 것이다. 그렇다면 『경상도지리지』 같은 팔도의 지리지를 가지고 있으면서도 그것과 성격이 동일하다고 할 수 있는 『세종실록지리지』를 다시 만들게 된 이유는 어디에 있을까?

이 점을 설명해주는 직접적인 사료는 없지만 대체로 다음의 몇 가지 이유를 생각해볼 수 있지 않을까 한다.

[표 4] 『경상도지리지』, 『세종실록지리지』 편목 비교표 (1)

분류		행정																	
내용(편목)		연혁								소영(所營)		사경(四境)						공물	
				他官離合															
		명칭변천	군현이합(郡縣移合)	속현(屬縣)	향	소	부곡	역(驛)	연혁	소속군현	소영	사방계역(四方界域)	사경	월경처(越境處)	해도(海島)	부세(賦稅)	공부(貢賦)	도복상공물(道卜常貢物)	궐공(厥貢)
총론	『경상도지리지』	○	○							○		○			○			○	
	『세종실록지리지』								○		○		○			○			○
일반군현	『경상도지리지』			○	○	○	○	○				○		○			○		
	『세종실록지리지』								○		○		○	○	○				

분류		경제																	
내용(편목)		토공(土貢)				토의(土宜)			염소(鹽所)							조세수납			
									염부(鹽釜)										
		토산공물	토공	약재	재종약재(栽種藥材)	토의경종(土宜耕種)	토의	토산	내공염부(內貢鹽釜)	사염부(私鹽釜)	염소	어량(漁梁)	제언(堤堰)	자기소(磁器所)	도기소(陶器所)	창고	조운(漕運)	육전(陸轉)	조세수납
총론	『경상도지리지』																		
	『세종실록지리지』			○	○														
일반군현	『경상도지리지』	○		○		○			○	○				○		○	○	○	
	『세종실록지리지』		○	○			○	○			○	○	○	○	○				○

[표 4] 『경상도지리지』, 『세종실록지리지』 편목 비교표 (2)

분류		경제									군사							
내용(편목)		간전(墾田)		호(戶)			구(口)											
								인구										
		수전(水田)	내한전(內旱田)	도내시거(道內時居)	인호(人戶)	호	인정(人丁)	내남(內男)	여	구	성곽	험조(險阻)	관방(關防)	요해(要害)	목책(木柵)	목장(牧場)	역	봉화
총론	『경상도지리지』	○	○	○			○				○	○	○	○	○	○		
	『세종실록지리지』	○	○			○				○							○	
일반군현	『경상도지리지』				○			○	○								○	○
	『세종실록지리지』	○	○			○				○	○	○	○	○	○	○	○	○

분류		군사												사회							
내용(편목)		수영			진		군정							성씨							
		선군(船軍)	병선(兵船)	만호(萬戶)	군관(軍官)	수성군(守成軍)	내별패(內別牌)	시위군(侍衛軍)	영진군(營鎭軍)	선군	수성군	잡색(雜色)	봉족(奉足)	토성(土姓)	천강성(天降姓)	내성(來姓)	사성(賜姓)	속성(續姓)	촌성(村姓)	투화성(投化姓)	외성(外姓)
총론	『경상도지리지』	○	○	○	○	○	○	○	○	○	○	○	○								
	『세종실록지리지』	○	○	○	○	○		○	○	○											
일반군현	『경상도지리지』													○	○	○			○		
	『세종실록지리지』							○	○	○				○	○	○	○	○	○	○	○

[표 4] 『경상도지리지』, 『세종실록지리지』 편목 비교표 (3)

분류		사회														예속				
내용(편목)		성씨														능묘(陵墓)				
		망성(亡姓)	망차성(亡次姓)	망입성(亡入姓)	가속성(加屬姓)	외촌성(外村姓)	망래성(亡來姓)	망접성(來接姓)	입진성(入鎭姓)	부곡성(部曲姓)	향성(鄕姓)	소성(所姓)	인리성(人吏姓)	백성성(百姓姓)	차성(次姓)	본조능침(本朝陵寢)	전조태조묘(前朝太祖廟)	명현지묘名(賢之墓)	기자능(箕子陵)	능묘(陵墓)
총론	『경상도지리지』															○	○	○	○	○
	『세종실록지리지』																			
일반군현	『경상도지리지』					○		○		○	○	○								
	『세종실록지리지』	○	○	○	○	○	○	○	○	○	○	○	○	○	○					○

분류		사회								자연환경							
내용(편목)		불우(佛宇)			행제소(行祭所)												
		불우불혁(佛宇不革)	불우	사묘(祠廟)	국행제소(國行祭所)	수령행제소(守令行祭所)	민속소상(民俗所尙)	영이(靈異)	인물	명산	대천	온천	빙혈(氷穴)	풍혈(風穴)	토지비척(土地肥脊)	풍기(風氣)	수천심천(水泉深淺)
총론	『경상도지리지』						○			○	○	○	○	○	○	○	○
	『세종실록지리지』									○	○						
일반군현	『경상도지리지』	○		○	○	○		○	○	○	○						
	『세종실록지리지』		○	○			○	○	○	○	○	○	○	○	○	○	

첫째는 규식이 아무리 상세하다고 할지라도 실제 집필자가 각 도마다 다르기 때문에 지리지의 전체적인 통일성을 꾀하는 데는 상당한 무리가 있었으리라고 생각된다. 즉 규식의 해석이 도마다 다를 가능성이 크다는 점이다.

예를 들어 '부록 1: [표 3]' 일반군현의 6항에는 그 지방의 인물을 조사할 것을 지시하고 있지만, 그 인물의 기준은 매우 애매하게 되어 있다. 그래서 지방에 따라서는 인물의 선정 기준에 차이가 날 가능성은 얼마든지 있을 수 있다. 『경상도지리지』의 경주부 인물에는 최치원(崔致遠) · 김유신(金庾信) · 옥보고(玉寶高) · 설총(薛聰) 등 신라시대인 4명과 김부식(金富軾) · 이제현(李齊賢) · 최해(崔瀣) · 이달충(李達衷) · 이성림(李成林) 등 5명의 고려시대인이 기록되어 있다. 그러나 『세종실록지리지』에서는 이 중에서 옥보고 · 최해 · 이달충 · 이성림 등 4명이 누락되어 있다. 조사된 9명의 인물 중 4명이 빠졌다는 것은 『경상도지리지』의 찬자들이 선정한 인물들이 『세종실록지리지』 찬자들의 기준에는 합당치 못한 경우가 매우 많다는 점을 뜻하는 것으로 생각된다. 이러한 점으로 미루어보면 『경상도지리지』와 타도 지리지 사이에도 인물 선정의 기준은 상당히 달라질 가능성이 크다고 하겠다.

둘째는 중앙에서 지시한 내용대로 지방에서 서술한다고 할지라도 그것이 중앙에서 원래 의도했던 것에는 미치지 못했으리라는 점이다. 예를 들면 『경상도지리지』에서는 그 연혁을 삼국시대로부터 시작하고 있는데 반해 『세종실록지리지』에서는 "삼한시대에는 진한이라고 했으며, 삼국시대에 이르러 신라라고 했다"라고 하여, 그 연혁을 삼한시대로부터 시작하고 있다. 이와 같은 역사 인식상의 차이 이외에도 『경상도지리지』의 내용은 매우 미흡한 점이 많았을 것이다. 경상도의 성씨만 하더라도 『세종실록지리지』에서는 속성(續姓) · 사성(賜姓) · 망성(亡姓) 등이 추가로 더 조사되어 있는 것이 그 예이다. 『세종실록지리지』에 이용된 많은 자료들, 예컨대 『삼국사기』, 『삼국유사』, 『동국문헌』, 『안동고기』(安東古記), 『문헌비고』, 『금경록』(金鏡錄) 등의 서적과 도관(道關) 등의 문서들은 이러한 『경상도지리지』의 미흡한 점을 수정 · 보충하기 위한 것이라고 생각되는 것이다.[8]

셋째로는 『경상도지리지』가 편찬된 이래 시대 사정에 달라진 일이 있었으리라는 점이다. 『세종실록지리지』의 연혁만 하더라도 『경상도지리지』 편찬 이후에 변경된 주군이 7개소가 됨은 [표 1]에서도 알 수 있는 것이다. 뿐만 아니라 경상도 산하의 속현 · 향 · 소 · 부곡이 각기 47, 9, 12, 55개로 파악되어 있는데, 『세종실록지리지』에는 이들이 49, 7, 6, 40개소로 되어 있어 그간에 상당한 변화가 있었음을 보여주고 있다. 경상도의 인구만 하더라도 전자의 경우 191,719명이었던 것이 후자에서는 173,759명으로 되어 있다. 따라서 『세종실록지리지』는 이러한 시대 사정의 변동도 추가로 반영하기 위해 만들어진 것이라고도 하겠다.

이상의 검토를 종합해 보건대 『경상도지리지』와 『세종실록지리지』는 세종대 지리지 편찬의 한 과정을 말해주는 것으로 생각된다. 즉 앞서 설명한 바와 같이 두 지리지는 결국 하나의 의도로서 편찬된 것이며 나아가 『세종실록지리지』는 『경상도지리지』의 발전적 완결이라고 믿어진다. 따라서 『세종실록지리지』의 내용을 정확하게 이해한다는 것은 세종대에 있었던 지리지 편찬의 진정한 의도를 헤아리는 데 있어서도 매우 중요한 일이라고 생각된다.

---

8 지리지의 경상도 양근군(陽根郡) 성씨조를 보면 속성 함씨(咸氏) 협주에 "右咸氏 古籍所無 今據本道關 續錄 後凡言續姓者 倣此"라 하여 속성의 기록은 도관에 의거한 것임을 밝히고 있다. 『경상도지리지』에는 속성 기록이 없는 것으로 보아 이의 편찬자들은 도관을 보지 못했던 것 같다.

한편 『세종실록지리지』의 내용을 체계적으로 정리하기 위해 [표 4]의 분류 예에 따라 차례로 살펴보기로 한다.

[표 4]를 보면 행정조에는 연혁 · 소영(所營) · 월경처(越境處) 등의 내용이 있지만 이 중에서도 연혁 서술이 가장 중심적인 내용이라고 하겠다. 연혁은 그 지방의 행정사라고도 할 수 있다. 그 지방 각호의 변천, 행정단위의 변경, 소속 군현의 상태 등이 여기에 서술되어 있다. 따라서 지리지의 연혁에는 당시 군현제도의 실정이 잘 나타나 있다고 하겠다. 여기서는 특히 경상도 상주목(尙州牧)의 경우를 중심으로 『세종실록지리지』의 연혁의 내용을 고찰해보기로 한다.

설명의 편의를 위해 『경상도지리지』와 『세종실록지리지』의 상주목 연혁을 정리해 [표 5]를 만들었다. [표 5]에 의하면 『경상도지리지』가 편찬된 후 『세종실록지리지』가 만들어지기까지 상주목의 연혁에 커다란 변경이 있었음을 알 수 있다.

[표 5] 『경상도지리지』와 『세종실록지리지』 연혁 기록의 비교

<table>
<tr><th>구분</th><th>소속</th><th colspan="2">『경상도지리지』</th><th>『세종실록지리지』</th></tr>
<tr><td rowspan="3">본관</td><td>속현</td><td colspan="2">7. 青里 · 功城 · 中牟 · 化寧 · 永順 · 山陽 · 丹密</td><td>(좌동)</td></tr>
<tr><td>소</td><td colspan="2">2. 銀尺 · 亐爾谷</td><td>(좌동)</td></tr>
<tr><td>부곡</td><td colspan="2">12. 長川 · 連山 · 茂林 · 柄谷 · 高谷 · 綃村 · 山川 · 赤村 · 白元 · 加也 · 保陽 · 懷寧</td><td>3. 長川 · 連山 · 茂林平安</td></tr>
<tr><td rowspan="7">임내
(任內)</td><td>중의(中矣)</td><td>소 2</td><td>阿多 · 海上</td><td></td></tr>
<tr><td>청리(青里)</td><td></td><td></td><td></td></tr>
<tr><td>단밀(丹密)</td><td>부곡 3</td><td>主善 · 丹谷 · 生勿</td><td></td></tr>
<tr><td>산양(山陽)</td><td>부곡 1</td><td>良保</td><td></td></tr>
<tr><td>공성(功城)</td><td>부곡 2</td><td>平安 · 安山</td><td></td></tr>
<tr><td>화영(化寧)</td><td>부곡 1</td><td>觀濟</td><td></td></tr>
<tr><td>영순(永順)</td><td></td><td></td><td></td></tr>
</table>

『경상도지리지』의 경우 부곡이 12개나 되던 것이 『세종실록지리지』에서는 겨우 3개밖에 되지 않으며 속현 소속의 소나 부곡이 후자에서는 거의 기록되어 있지 않는 점이 그것이다.[9] 또한 그 서술 체계를 보더라도 전자에서는 본관의 연혁과 임내의 그것이 독립되어 있는 데 반해 후자에서는 임내의 연혁이 본관의 연혁에 포함되어 있다. 따라서 [표 5]로만 본다면 『세종실록지리지』에 나타난 속현은 그 독자성이 크게 사라지고, 부곡은 그 수가 크게 감소했음을 알 수 있다.

이러한 현상은 비단 상주목의 경우에만 있었던 것은 아니다. 『세종실록지리지』와 『경상도지리지』에 기록된 속현 및 향 · 소 · 부곡의 수를 도별로 정리해 [표 6]을 만들었다.[10]

[표 6] 도별 속현 · 향 · 소 · 부곡 통계

구분	속현	향	소	부곡	장(莊)	처(處)
경기도	13	3	0	12	3	5
충청도	15	5	10	13	0	0
경상도	49(47)	7(9)	6(12)	40(55)	0	0
전라도	52	52	100	52	0	1
황해도	1	0	0	0	0	0
강원도	16	1	2	0	0	0
평안도	4	0	0	0	0	0
함길도	14	0	0	0	0	0
계	**164**	**78**	**118**	**127**	**3**	**6**

※ 경상도조의 ( )는 『경상도지리지』에 기록된 향 · 소 · 부곡의 수임.

여기서 우선 경상도의 경우를 보면 『경상도지리지』에선 55개나 되던 부곡이 40개로 줄었으며 향 · 소도 각기 2개, 6개가 감소했다.[11] 경상도에 있어서 이들 향 · 소 · 부곡 수의 감소 경향은 전국적인 경우에도 마찬가지였다고 생각된다. 조선 초기의 군현제도 정비 과정에서 향 · 소 · 부곡의 수가 감소해가는 것은 일반적인 경향이었지만, 이것이 결정적으로 진행되기 시작한 것은 태종대부터였다. 지리지 전라도 전주부의 연혁을 보면

> 태종 9년 도관찰사 윤향(尹向)은, "도내 현에 소속된 향(鄕) · 소(所) · 부곡(部曲) 모두를 본관에 합하고, 단 거기에 '고속'(古屬)이라 적어 훗날 [원 모습을] 참고할 수 있도록 하십시오"라고 건의하였다.

라고 하여 전라도 내의 향 · 소 · 부곡이나 속현은 이미 태종 9년에 도관찰사 윤향(尹向)의 진언에 따라 본관에 직속되었던 것이다.[12]

---

9 [표 5]의 『세종실록지리지』의 상주목 부곡을 보면 평안부곡이 있는데 이것은 『경상도지리지』를 보면 임내 공성현 소속의 부곡이었음을 알 수 있다. 그러나 『세종실록지리지』에서는 이를 부곡의 숫자에 포함시키지 않고 있다.

10 『경상도지리지』의 속현 · 향 · 소 · 부곡의 수는 각기 45, 8, 6, 55개이다. 그러나 여기서는 칠원(漆原) · 산음(山陰) · 삼가(三嘉) · 의녕(宜寧) · 진해현(鎭海縣) 내부의 지지가 낙질(落秩)되어 있다. 따라서 이 숫자는 정확한 것이라고 할 수 없다. 낙질된 이를 6개현 소속의 속현 · 향 · 소 · 부곡의 수를 『세종실록지리지』에 조사된 숫자로 대체하여 위의 숫자에 합해보면, 『경상도지리지』 편찬 당시의 속현 · 향 · 소 · 부곡의 수를 어느 정도 추측해볼 수는 있을 것이다. [표 6]의 ( ) 안의 숫자는 이렇게 해서 얻어진 것이다.

11 다만 속현의 경우는 『경상도지리지』가 47개인 데 비해 『세종실록지리지』는 49개로 되어 있어서 향 · 소 · 부곡의 경우와는 반대로 되어 있다. 그러나 앞에서 설명한 바와 같은 이유로 미루어보면 『경상도지리지』의 속현의 숫자가 실제는 [표 6]의 47개보다 많았으며, 적어도 『세종실록지리지』보다 적을 수는 없었다고 생각된다. 이 속현의 수가 감소해가는 것은 향 · 소 · 부곡의 경우와 마찬가지 경향이었다. 武田幸男의 연구에 의하면 『고려사』 지리지의 경상도 속현이 115개였으며 『세종실록지리지』에서는 49개로 줄었던 것이다. 이러한 속현의 감소 현상은 경상도뿐 아니고 전국적인 경향이었다(「高麗 · 李朝時代の屬縣」, 史學雜誌 72~78, 1963. 8, p. 32 도표 참조).

12 이 점은 이우성도 지적하고 있으며, 한 도 전체의 향 · 소 · 부곡이 행정적으로 일괄 정리된

지리지의 전라도 내의 향 · 소 · 부곡은 모두 '고속'(古屬)이라고 하여 조사된 것으로서 과거에 있었던 것을 기록한 것이다. [표 6]에서 전라도의 경우 가장 많은 수치가 나타나 있는 것은 바로 이러한 이유에서이며 실제로는 하나도 남아 있지 않는 것이었다. 따라서 [표 5]의 상주목의 경우도 이러한 향 · 소 · 부곡이 본관에 직속화하는 조선 초기의 경향이 적극 반영된 것이라고 하겠다.

그런데 향 · 소 · 부곡이 본관에 직속되는 경우 이것은 지방을 직접 지배하려는 조선왕조의 의도가 관철된 것으로 생각되지만[13] 전체적으로는 또한 합리적인 행정구획의 재정비 작업이 여기에 수반되는 것이었다. 경기도 수원 도호부와 전라도 남평현의 예를 살펴보기로 하자.

> (1) 속현 5, 향 3, 부곡 4, 처 5, 장 3 (이들은 처음 양성현에 속했으나, 태조 7년 다른 군현의 영내로 깊이 들어가 있다 하여 이들 향, 부곡, 처, 장은 모두 옛 이름만을 남겨두고 모두 수원도호부로 예속시켜 직촌으로 삼았다.) (경기도 수원도호부 조)
>
> (2) 속현 1 철야, 소 1 운곡, 부곡 1 도민 (철야 속현, 운곡소, 도민부곡은 처음 능성현의 속현이었으나, 태종 15년에 이들을 모두 남평현에 귀속시켰다.) (전라도 남평현 조)

수원부의 속현 · 향 · 소 · 부곡 및 장 · 처는 원래는 양성(陽城)에 속했던 것인데 태조 7년에 이들이 수원부에 월경되어 있다고 하여 이에 속하게

것은 전라도가 처음이었음을 밝히고 있다. 그의 「高麗末期 羅州牧 居平部曲에 對하여」, 『震檀學報』 29 · 30合輯, 1966. 12, p. 67의 주 4 참조.

13 武田은 앞의 논문에서 속현의 폐합은 왕조가 민중을 직접 파악하는 데 필요한 방법이었음을 지적하고 있다(pp. 40~41 참조). 향 · 소 · 부곡의 경우도 속현과 마찬가지의 이유에서 적극 폐합되어갔던 것이 아닐까 한다. 이 점은 이우성의 앞의 논문에서도 암시되어 있다(p. 67 주 2 참조).

했다가 직촌(直村)을 삼았다는 것이다. 남평현의 철야(鐵冶)·운야(雲冶)·도민(道民) 등도 원래는 능성(綾城)의 속현이던 것을 태종 15년 을미에 이들을 남평현에 내속시켰다는 것이다. 위의 두 경우에서 속현 및 향·소·부곡 등의 본관에의 직속화는 곧 직촌이 된다는 것이며, 이러한 직촌화 과정에서 이들 향·소·부곡 모두가 그 원래의 소속 본관에 직속되었다기보다는 그 행정구획상의 위치에 따라 재조정되었음을 알 수 있다.[14]

속현이나 향·소·부곡 등의 본관과의 관계에서 원래는 이러한 지리적 요건이 무시된 경우가 많지 않았나 생각된다. 위의 수원부나 남평현의 경우를 제하고서라도 이들 속현·향·소·부곡은 이웃 군현에 월입(越入)해 있거나 심한 경우는 도계(道界)를 넘어서는 예도 있었던 것 같다. 그 예를 들어보면 다음과 같다.

(3) 경주관내의 북안곡부곡(北安谷部曲)은 영천군의 동남촌(東南村)에 들어가 있다. (慶尙道 永川郡)

(4) 경상도 진주관내의 화개의 땅(花開之地越)은 곤남(昆南)、하동(河東)、악양(岳陽) 등 150여 리를 지나 전라도의 구례현 동쪽에 들어가 있다. (全羅道 求禮縣)

이처럼 어느 군현 소속의 땅이 소속된 관의 경계를 넘어 다른 군현의 경계 내로 들어가 있는 것을 지리지에서는 월입(越入)이라고 했는데, 이 월입의 예는 지리지의 월경처(越境處)라는 기록에 잘 나타나 있다. 이를 정리하면 [표 7]과 같다.

14 속현의 이속은 조선왕조가 합리적인 행정 경계의 정비 작업을 적극 추진해가는 과정 속에서 행해졌다는 것은 이미 武田이 지적한 바 있다(전게논문 pp. 36~37 참조).

[표 7] 도별 월경처 수

도	월경처
경기	0
충청	14
경상	12
전라	17
황해	0
강원	2
평안	1
함길	0
계	**46**

여기에 따라 전국 46처의 월경처 가운데 3개소를 제외한 나머지 43개소가 충청 · 경상 · 전라도에 집중되어 있다. 이를 [표 6]과 비교해보면 이들 3개 도에는 향 · 소 · 부곡 및 속향의 수도 다른 도에 비해 훨씬 많음을 알 수 있겠다. 이러한 점으로 미루어볼 때 향 · 소 · 부곡이 많은 도에서는 월경처도 많다는 점을 알 수 있으며, 이들을 본관의 직촌으로 직속시킬 때 이러한 행정구획상의 모순도 아울러 제거하려고 하지 않았을까 한다.

『세종실록지리지』의 두 번째 내용인 경제조를 보면 각 지방의 토산물 및 어량 · 염소(鹽所) · 도자기소(陶磁器所) 등의 실태를 알 수가 있다.[15] 그러나 당시의 경제는 거의 토지 경제가 중심이었으며 이와 아울러 역역(力役) 동원의 근본이 되는 호구의 파악이 국가의 중요한 정책이었음을 감안하면 이 경제조의 기록 중에서는 이들 토지 · 호 · 구의 세 가지 기록이 매우 중요하다고 할 수 있다.

『세종실록지리지』에는 전국적인 호구 및 토지의 면적이 도별 군현별로 매우 자세하게 조사되어 당시의 형편을 쉽게 알 수 있다. 이러한 호구 조사가 구체적으로 세종 몇 년에 실시된 것인지는 기록에 나와 있지 않다.

그러나 이것이 지리지가 완성된 세종 14년 이전의 일인 것만은 틀림없는 사실이다. 『경상도지리지』에서는 이 호구 및 토지의 면적이 조사되어 있고 또 숫자가 『세종실록지리지』의 그것과 같지 않은 점으로 보아서 『경상도지리지』가 완성된 세종 7년 12월 이후 세종 14년 사이에 호구 조사가 있었으리라고 생각된다.[16] 지리지 소재 기록 중 연대가 분명한 연혁의 경우에서 그것이 세종 12년을 기준으로 한 것임은 이미 [표 1]에서 밝혀진 바이다. 그렇다고 보면 이 호구 조사도 대체로는 세종 12년을 전후해 행해지지 않았을까. 좀 더 여유 있게 추정해본다면 적어도 세종 10년경에는 호구 조사가 전국적으로 시행되었던 것으로 생각된다.[17]

---

15 제언(堤堰) · 어양 · 염소 · 염분(鹽盆) · 도기소 · 자기소의 도별 분포를 정리해보면 [표 8]과 같다.

[표 8]

구분	제언	어양	염소	염분	도기소	자기소
경기	–	31	40	–	2	14
충청	9	117	44	29	38	23
경상	20	7	22	–	34	37
전라	4	50	57	–	39	31
황해	1	50	26	–	17	12
강원	–	118	–	46	10	4
평안	–	–	–	25	12	13
함길	–	–	5	121	15	5
계	**34**	**324**	**194**	**221**	**185**	**139**

16 『경상도지리지』의 호구와 『세종실록지리지』의 경상도 호구를 비교해보면 전자의 호구는 각기 41,320호, 191,719구인 데 반해 후자의 경우는 42,227호, 173,759구로 서로 다르다. 그러나 양자의 군현별 호구를 보면 거의 일치하고 있음이 밝혀졌다(이찬, 앞의 논문, pp. 198~199 도표 참조). 이렇게 보면 『세종실록지리지』 편찬 당시의 호구 조사가 어느 정도 철저하게 되었는지 불확실한 점이 있다. 즉 군현별로 그 조사가 철저하게 되지는 못했던 것이 아닌가 생각된다.

17 『경국대전』에 의하면 호구 조사는 매 3년마다, 양전(量田)은 매 20년마다 시행하기로 되어

『세종실록지리지』에 조사된 전결 수 및 호구 수를 도별로 정리해 태종 4년 의정부에서 조사한 각 도 전답호구 수와 비교해 다음의 [표 9]를 만들었다.[18]

[표 9] 도별 호 · 구 · 전결 통계

구분	태종 4년 의정부에서 조사한 각 도 전답호구의 수				『세종실록지리지』의 도별 통계			
	전	호	구	호당 구의 수	전	호	구	호당 구의 수
경기	(131,755)				200,347	20,882	50,352	2.4
충청	223,090	19,561	44,476	2.3	236,300	24,170	100,790	4.2
경상	224,625	48,992	98,915	2.0	301,147	42,227	173,759	4.1
전라	173,990	15,703	39,151	2.5	277,588	24,073	94,248	3.9
황해	90,922	14,170	29,441	2.1	104,772	23,511	71,897	3.6
강원	59,989	15,879	29,238	1.8	65,916	11,084	29,009	2.6
평안	6,648	27,788	52,872	1.9	308,751	41,167	105,444	2.6
함길	3,271	11,311	28,693	2.5	130,413	14,739	66,978	4.5
계	**782,543**	**153,404**	**322,786**	**2.1**	**1,625,234**	**201,853**	**692,477**	**3.4**

여기에 의하면 태종 4년 이후 약 25년간에 전국의 전 및 호구 수에는 상당한 차이가 있음을 알 수 있다. 태종 4년에는 경기도의 호구가 조사되어 있지 않은데 이 경기도를 제하고서라도 전은 642,352결이 증가해 그

있다(經國大典 卷2, 戶典 戶籍條, 量田條). 따라서 『경상도지리지』가 만들어진 세종 7년에 호구 조사가 있었다면 3년 후인 세종 10년경에 재차 호구 조사가 행해졌을 것이다. 반면 두 지리지의 경우 경상도 전결이 301,147결로 같은 것은 양전이 매 20년마다 시행되는 것으로써 『세종실록지리지』 편찬 시에 새로운 전결 조사를 할 필요가 없었기 때문일 것이다.

18 한성부와 구도개성유후사(舊都開城留後司)의 호구 수는 [표 9]에 포함시키지 않았다. 여기에 그 수를 적어보면 한성부는 18,794호가 있으나 구는 조사되어 있지 않으며, 개성유후사의 경우는 호가 5,663개, 구가 10,393개이다.

증가폭이 거의 배에 이르고 있다.[19] 뿐만 아니라 호와 구도 각기 27,607호, 319,339구가 증가했다. 이것을 도별로 보면 전의 경우는 평안도가 302,103결로 무려 전체 증가폭의 47%를 차지하고 있으며, 다음으로는 함길도가 127,142결이 증가해 전체 증가폭의 19%를 점하고 있다. 이를 합하면 평안 · 함길도에서 전체 증가폭의 66%를 차지하고 있는 셈이다. 한편 호의 수를 보면 경상도 · 강원도의 경우는 다소 줄어들고 있는 반면에 타도에서는 전체적으로 증가되어 있다. 특히 평안도는 전체 증가된 호의 수 중 48%인 13,379호가 늘어나 최고의 증가율을 보이고 있다. 인구의 수를 보면 강원도가 다소 줄어들었으나 그 외의 지역에선 매우 크게 증가하였다. 배 이상 증가한 도만 하더라도 황해도의 144%를 선두로 전라도 141%, 함길도 133%, 청충도 127%이며 다음으로 평안도가 99%, 경상도가 76% 증가했다. 1호당 인구의 수를 조사해보면 태종 4년의 경우 2.1명이던 것이 『세종실록지리지』에서 3.4명으로 크게 늘어났다. 경기도를 제외한 전국적인 전 · 호 · 구의 증가율을 계산해보면 전이 82%, 호가 18%, 구가 99% 증가했다.

이와 같은 전 · 호 · 구의 증가는 토지의 개간, 인구의 자연 증가의 영향도 있겠지만, 불과 25년 만에 거의 배에 달하는 토지의 개간과 호구의 자

19 태종 4년 의정부가 조사한 각도 전답 호구 수에서 왜 경기도가 빠져 있는지 그 이유를 알 수 없다. 그런데 『高麗史』 卷78, 食貨 1, 科田法條에 보면 공양왕 3년 5월 도평의사사에서 조사한 경기도 및 육도 전결이 조사되어 있다. [표 9]의 경기도 전결 수는 이때의 것을 적은 것이다. 이것을 지리지의 그것과 비교해보면 지리지의 경우가 약 70,000여 결이 증가된 것임을 알 수 있다. 경기도의 호구도 타도와 마찬가지로 태종 4년경보다는 지리지 편찬 시의 것이 훨씬 증가되었을 것으로 추측된다. 한편 공양왕 3년에 조사된 육도 전결은 실전(實田) 491,342결과 황원전(荒遠田) 166,643결을 합하여 태종 4년의 그것과 비교해보면 태종 4년의 경우가 무려 124,558결이 증가되어 있는 것임을 알 수 있다. 이로써 본다면 고려말 이래 세종대에 이르기까지 호구, 전결은 계속 증가해갔음을 알 수 있다.

연 증가가 가능했다고는 믿어지지 않는다. 이것은 곧 국가가 직접 지배하는 토지의 증가 · 호구의 증가로 보아야 하지 않을까 한다. 그것은 호가 전국적으로 18%밖에 증가하지 않은 데도 불구하고 인구는 무려 99%가 증가하고, 호구의 수도 1.3명이나 불어났다는 것으로서도 알 수 있는 일이라고 생각된다. 즉 이러한 증가는 자연 증가라기보다는 조선왕조의 건국 이후 추진되었던 집권적 통치체제가 확립되어가는 과정에서 국가의 수세지(收稅地)와 역역 동원의 대상자를 적극적으로 파악했던 결과일 것이다. 이 점은 다음의 사료로서도 입증될 수 있는 것이다.

> 우리나라에서 인구를 조사하는 법이 명확하지 못해서 [전체 인구 가운데] 기록된 자가 겨우 10분의 1, 2에 지나지 않는다. 나라에서 매번 이러한 폐단을 바로잡으려 하다가는 민심을 잃을 것을 더 걱정하여 [손을 대지 못하고] 지금에 이르렀다. 그러므로 전국의 모든 도와 모든 군현의 인구 수가 겨우 이 정도에 지나지 않게 된 것이다. (『세종실록』 권 148 地理志 京畿都觀察 戶口條)

위의 사료에 의하면 『세종실록지리지』에 조사된 인구 수조차도 왕조의 입장에서는 제대로 파악하지 못하고 불만족스러운 것이라는 점을 강조하고 있음을 알 수 있다. 여기서도 보면 태종 4년에 비해 인구 및 전지의 증가는 자연적인 것이 아니요 국가가 어느 정도로 강력하게 그것을 파악하느냐에 달린 것이라고 하겠다.

특히 세종 10년대는 북방의 개척에 본격적으로 착수한 시기였다. 따라서 군수물자의 조달과 재정의 안정이 어느 때보다도 절실히 요구되는 시기였다. 북방 개척에 본격적으로 개입하기 직전에 지리지 편찬을 통해 적극적인 호구 조사를 감행했던 것은 그 필요한 물적 · 인적 자원의 조달을 위한 것은 아니었을까.[20] [표 9]에서 설명한 바와 같이 평안도 · 함길도의

[표 10] 도별 주요 군사시설에 관한 통계

구분	역	참(站)	관(館)	봉화	읍성	산성	험조	요해	목장
경기	69			21	1	5			12
충청	61			48	14	28			3
경상	151			133	32	27	6		2
전라	50			58	22	13		9	10
황해	24	10		31	5	3		3	
강원	57			47	7	12		1	
평안			13	102	18	6	3	33	1
함길	45	11		90	11	10	3	20	2
계	**457**	**21**	**13**	**530**	**110**	**104**	**12**	**66**	**30**

전 · 호 증가폭이 크게 눈에 띄는 것도 이러한 조선왕조의 입장을 반영해 주는 것이라고 생각된다.

셋째로 군사조의 내용을 보면 전국의 군사시설 및 군정과 지방군의 실태를 알 수 있다. [표 10]은 전국의 군사시설의 수를 도별 · 종류별로 정리한 것이다. 이 [표 10]을 보면 특히 역과 봉화의 수가 압도적인 것을 볼 수 있는데, 이것은 단순한 군사시설일 뿐만 아니라 당시의 중요한 통신 수단이었다는 점에서 전국적으로 이의 설치가 확대되었던 까닭이라고 하겠다.

한편 방어시설을 보면 성이 그 주축을 이룬다고 하겠다. 산성 · 읍성을

20 세종대의 북방 경략이 본격적으로 수행되었던 것은 김종서를 함길도도관찰사에 임명하여 북방 계획의 임무를 맡긴 세종 15년경이 아니었을까 추측된다. 또한 서북면으로는 세종 15년의 자성군(慈城郡)을 설치한 이후 4군이 적극 개척되었던 점으로도 보아 지리지가 편찬된 직후에 대북방 정책이 활발히 추진되었음을 본다. 혹시 지리지의 편찬이 이러한 데 대비하기 위한 수단으로서 강구되었던 것은 아닐까.

합하면 전국적으로 성은 214개소에 달하는 것이며 그 외 험조(險阻)·요해(要害)는 합해서 겨우 88개소밖에 되지 않는다. 이를 지방별로 보면 성은 경상·전라·평안도가 많고 봉화는 경상도·평안도가 타도보다 훨씬 많다. 이것은 역시 남쪽으로 왜구에 대비해야 하며 북으로는 야인에 대한 방비가 중요했기 때문일 것이다.

전국 각 지방의 군인을 정리해보면 [표 11]과 같다. [표 11]을 보면 군인의 종류가 매우 많지만 중심적인 것은 선군(船軍)과 삼익군(三翼軍)이 아닌가 한다. 타군 수가 전국적으로 많으면 2~3천 명에서 적게는 수천 명에 지나지 않지만 선군은 49,596명, 삼익군은 14,053명으로 되어 있어 그 수에서도 압도적인 것이다. 그것을 도별로 보면 수군은 경상도가 15,624명, 전라도가 10,608명으로 가장 많고 삼익군 14,053명은 모두 평안도에 모여 있다.[21]

[표 11] 지방군의 군종별·도별 통계

구분	병선	선군	장번수군(長番水軍)	수성군	군관	정군(正軍)	삼익군(三翼軍)	수어군(守禦軍)
충청	85	5,174	718					
경기	142	8,300			500			
경상	295	16,624		767	2,100			
전라	165	10,608		51		1,698		
황해	41	3,239		320				
강원	17	1,102						
평안	41	3,480					14,053	
함길	41	1,069						4,273
계	**827**	**49,596**	**718**	**1,138**	**2,600**	**1,698**	**14,053**	**4,273**

구분	유방군(留防軍)	패속군(牌屬軍)	진속군(鎭屬軍)	방패군(防牌軍)	신백정(新白丁)	조역군(助役軍)	장인(匠人)	선직(船直)
충청								
경기	124	300	300		245			114
경상								
전라						167	141	
황해	1,362			228				
강원								
평안								
함길								
계	**1,486**	**300**	**300**	**228**	**245**	**167**	**141**	**114**

한편 전국의 군정을 종별 · 도별로 정리하면 다음의 [표 12]와 같다. 이 [표 12]를 보면 조사된 군정은 시위군(侍衛軍) · 영진군(營鎭軍) · 익군(翼軍) · 수성군(守城軍) · 선군의 5개 종류로 구분되어 있으며 잡색군은 포함되어 있지 않다.[22] 이것은 군정이 주된 관심의 대상이었음을 말해준다고 하겠다. 이 군정을 도별로 보면 선군은 경상도 · 전라도가 가장 많고 익군

21 閔賢九, 「近世朝鮮時期 軍事制度의 成立」(韓國軍制史: 近世朝鮮前期篇, 1968. 12)의 제3절 「鎭營體制의 確立과 地方軍制의 成立」에는 『세종실록지리지』의 지방군 및 군정에 관한 통계가 정리되어 있다. 여기에 의하면 또한 선군이 전라 · 경상도에 가장 많고 익군이 평안도에 많은 것은 남으로는 왜구, 북으로는 북방 민족에 대한 방어의 필요성이 컸기 때문임을 설명하고 있다(p. 142).

22 『경상도지리지』에는 각색군정 및 봉족 · 잡색군 수가 조사되어 있다. 그런데 『세종실록지리지』의 경기도 광주목의 군정조를 보면 "雜色軍 盖拍土丁爲兵 故不并錄 餘州倣此"라 하여 잡색군은 모두 토정을 뽑아 병으로 삼음으로써 지리지에 기록하지 않는다고 했다. 따라서 잡색군에 대하여는 구태여 조사할 필요성이 없는 것으로 인정되고 있다고 하겠다. 그러나 『경상도지리지』에서는 자세하게 기록되어 있는 것이 여기서는 조사되어 있지 않은 이유를 이것만으로는 알 수 없다. 즉 잡색군 편성 자체에 양자의 경우 어떠한 차이가 있는 것인지 혹은 『경상도지리지』와 같기 때문에 구태여 조사할 필요가 없는 것이었는지는 모르겠다.

[표 12] 군정의 종별 · 도별 통계

구분	시위군 (侍衛軍)	영진군 (營鎭軍)	익군 (翼軍)	수성군 (守城軍)	선군
충청	1,713				3,892
경기	1,974	2,014			7,858
경상	2,631	3,876			15,934
전라	1,167	2,424			11,793
황해	2,294	2,736			3,997
강원	2,276	36			1,384
평안	2,878		14,053	789	3,490
함길			4,988		969
계	**14,933**	**11,086**	**19,041**	**789**	**49,317**

은 평안도에 집중되어 있어서 [표 11]의 예와도 일치한다. 반면 시위군은 전국적으로 고르게 배정되어 있으며 영진군은 충청 · 경상 · 전라 · 황해 등 4도에 집중되어 있으나 그 수는 많지 않다. 따라서 군정 중에서도 지방군 편성에 중요한 선군과 익군이 중심을 이루고 있다고 하겠다. 그런데 [표 11]의 평안도 익군 수가 14,053명인데 [표 12] 역시 평안도 군정 중 익군이 14,053명으로 같고, 전체 선군의 수도 전자가 49,596명인데 후자가 49,317명으로 대체로 비슷하다. 이것을 도별로 보더라도 [표 11], [표 12]에서 보는 바와 같이 그 숫자는 대체로 서로 비슷하다. 이로써 본다면 지방군 편성에 소요되는 인원은 그 지방에서 군종별로 충당했던 것이 아닌가 생각된다.

또한 군정의 인구비를 검토해보면 평안도가 21%로 가장 높고 함길도의 1%가 가장 낮다. 그러나 다른 도는 대체로 비슷해서 전국적인 인구비를 보면 군정이 전체 남정의 14%를 점하고 있으며, 이를 당시의 호구 수

692,477에 비하면 대략 7.3구당 군정 1인이 선발되었다고 하겠다.

넷째로 성씨에 대해 살펴보자. 속현과 향·부곡에 관한 기록이 비교적 자세하게 되어 있는 밀양도호부를 예로 들어 『경상도지리지』와 『세종실록지리지』의 성씨 기록을 정리해보면 [표 13]과 같다.

[표 13] 『경상도지리지』와 『세종실록지리지』의 밀양도호부 성씨 기록 비교표

<table>
<tr><th rowspan="2">구분</th><th colspan="2">『경상도지리지』</th><th colspan="3">『세종실록지리지』</th></tr>
<tr><th>성</th><th>성씨</th><th>성씨</th><th>성</th><th>지역</th></tr>
<tr><td rowspan="3">본부
(本府)</td><td>土姓</td><td>孫·朴·卞·金·趙·邊·楊</td><td>孫·朴·卞·金·趙·邊·楊</td><td>土姓</td><td rowspan="3">(本府)</td></tr>
<tr><td>來接姓</td><td>尹·李·崔·曺</td><td>尹·李·崔·曺</td><td>來姓</td></tr>
<tr><td></td><td></td><td>唐</td><td>賜姓</td></tr>
<tr><td rowspan="2">수산현
(守山縣)</td><td>土姓</td><td>徐</td><td>徐</td><td>守山姓</td><td rowspan="2">(守山)</td></tr>
<tr><td>來姓</td><td>孫(全州來)·朴·卞(密城來)</td><td>朴·卞(本府來)·孫(全州來)</td><td>來姓</td></tr>
<tr><td rowspan="3">풍각현
(豊角縣)</td><td>土姓</td><td>魯·田·劉·斧·莒</td><td>魯(今爲鄕吏)</td><td>豊角姓</td><td rowspan="3">(豊角)</td></tr>
<tr><td></td><td></td><td>田·劉·斧·苔</td><td>亡姓</td></tr>
<tr><td>來姓</td><td>金</td><td>金(淸道來 今爲鄕吏)</td><td>續姓</td></tr>
<tr><td>내진향
(來進鄕)</td><td>來進鄕姓</td><td>卞·朴</td><td>卞·朴</td><td>來進鄕姓</td><td>(來進鄕)</td></tr>
<tr><td rowspan="2">두야보부곡
(豆也保部曲)</td><td>豆也保部曲姓</td><td>白·朴</td><td>白·魯</td><td>豆也保亡姓</td><td rowspan="2">豆也保部曲</td></tr>
<tr><td></td><td></td><td>朴(今爲鄕吏)</td><td>續姓</td></tr>
<tr><td>금물어부곡
(今勿於部曲)</td><td>今勿於部曲姓</td><td>諸</td><td>濟</td><td>今音勿姓</td><td></td></tr>
<tr><td rowspan="2">이동음부곡
(伊冬音部曲)</td><td>伊冬音部曲姓</td><td>諸·孫·尹</td><td>諸</td><td>伊冬音姓</td><td rowspan="2"></td></tr>
<tr><td></td><td></td><td>孫(本府來)·尹(漆原來今爲鄕吏)</td><td>續姓</td></tr>
</table>

여기에 의하면 두 지리지 간의 성씨 기록에는 상당한 차이가 있음을 알 수 있다. 우선 『경상도지리지』의 경우를 보면 본부와 속현이 비교적 분리되어 있어서 토성(土姓)이 본부뿐 아니라 속현인 수성(守城)·풍각(豊角)에도 있다. 그러나 『세종실록지리지』에 의하면 속현의 토성은 그대로 속현성으로 불리고 단지 본부의 토성만이 토성으로 불린다. 또한 전자에서의 본부의 내접성(來接城)이 후자에서는 내성(來姓)으로 되어 있으며 전자에는 사성(賜姓)인 당(唐)씨가 없다. 수산래성(守山來姓)의 경우 박(朴)·변(卞)씨를 전자에서는 '밀성래'(密城來)라고 한 것을 후자에서는 '본부래'(本府來)로 했다.

풍각성의 경우 전자에는 5개의 성씨가 이에 포함되어 있으나 후자에서는 그중 노(魯)씨만이 남아 있고 나머지 넷은 망성(亡姓)으로 되어 있다. 그리고 풍각성인 노(魯)씨는 후자에서는 '금위향리'(今爲鄕吏)라고 하여 그 성씨 집단이 향리로 되었음을 말해주고 있다. 또한 풍각의 내성 김(金)씨가 후자에서는 속성(續姓)으로 변경되어 있고 향리로 되었음을 알 수 있다. 그밖에 전자의 두야보부곡성(豆也保部曲姓) 백(白), 박(朴)이 후자에서는 두야보망성에 백(白)·노(魯)로 되어 있다. 박씨는 속성으로 되어 있으며 향리로 표시되었다. 이동음부곡성(伊冬音部曲姓)인 제(諸)·손(孫)·윤(尹)이 후자에서는 손(孫)·윤(尹)은 속성으로 변해 향리가 되었다. 이상의 검토를 정리해보면 다음과 같은 몇 가지 특징을 추출해낼 수 있을 것 같다.

(1) 향·소·부곡 및 속현이 직촌화되어가는 경향이 강해짐에 따라 토성이라고 불리던 것은 오직 본부의 토성뿐이었음을 알 수 있다. 속현의 토성과 본부의 토성 집단 간에 신분의 차이가 있었느냐 하는 것은 확실하지 않지만 토성 명현(名賢)만을 상대로 한 지리지의 인물조를 보면 모두 본관의 토성 출신일 뿐 속현의 토성 출신은 하나도 없다.[23]

이것을 보면 중앙관로에 높이 올라가고 국가에 유공(有功)하거나 학문과 덕예가 뛰어난 인물에 열거될 수 있은 것은 오직 본관토성 출신만이 가능했으리라는 결론을 내릴 수 있지 않을까 한다.[24] 따라서 속현의 토성이 그나마 토성으로 불리지도 못하고 본부의 토성과 구분되어 있는 점으로 보아 속현의 토성 집단이 어느 정도 본관토성 집단과 그 신분상에 격차가 있었던 것이 아닐까 추측해볼 수 있다고 생각한다.

(2) [표 13]에 의거해보면 성씨의 구분은 그 지역에 따라서 본부일 경우에는 토성으로, 그밖에는 속현성 · 부곡성 · 향성으로 구분되어 있고 그 밑으로는 다시 내성 · 망성 · 속성 등의 구분이 이루어져 있다. 그런데 이 당시 성씨를 보유하고 있는 신분층이 어느 정도인지를 알 수 없기 때문에 본부의 토성이라고 할지라도 모두가 같은 신분으로 되어 있는지 혹은 여러 신분이 이에 포함되어 있는지는 알 수 없다.[25]

---

23 『경상도지리지』의 규식, 즉 '부록 1: [표 3]' 일반군현 부분의 제6항을 보면, "土姓 · 從仕 · 德藝 · 功業出衆者 某代某人"이라 하여 인물 조사의 선정 기준을 토성 · 종사 · 덕예 · 공업에 출중한 자에 두고 있음을 알 수 있다. 그런데 실제 조사된 인물을 검토해보면 『경상도지리지』의 경주부의 경우 옥보고와 김유신이 그곳의 토성이 아닌데도 기록되어 있음이 예외일 뿐 모두 토성명현이 조사되어 있다.

지리지 소재의 토성에 관한 연구가 있어서 관심을 모으기도 했었다. 李樹健, 「土姓研究(其一)」, 『東洋文化』 16(영남대학교 동양문화연구소, 1975. 10)이 그것이다. 그는 토성의 개념을 지연적 촌락 공동체로서의 '土'와 혈연적 씨족집단으로서의 '姓'으로 구성된 것으로 보았다. 그리고 토성의 용례를 '禹貢' 석토성(錫土姓)의 기사에서 시작된 것으로 보았다(p. 23). 따라서 『세종실록지리지』의 토성은 그 지방의 구획 당초부터 이의 편찬 당시까지 그 지방에 토착하면서 그곳 지명을 본관으로 하는 지배적인 성씨 집단을 지칭한다고 그 개념을 규정하고 있다(p. 25). 그러나 그는 속현의 토성과 본관의 토성 사이에 어떠한 신분상의 차이가 있는지의 여부에 대하여는 명확한 해명을 하지 않고 있다.

24 『세종실록지리지』에서 모든 토성의 기록이 본관의 경우에만 적용되고 있는 것은 물론 아니다. 예를 들면 경기도 남양도호부의 속현인 재양현(載陽縣)에는 토성인 孫 · 尹 · 辛 · 祐 등이 있음을 알 수 있다. 그러나 지리지 전체적으로 볼 때는 속현의 경우는 토성이란 용어를 사용치 않는 것이 일반적이었다고 볼 수 있다. 경상도의 경우만 하더라도 그러한 경향에는 예외가 발견되지 않는다.

25 토성의 신분 구성은 주로 인리(人吏)와 백성으로 되어 있는 것으로 생각되어온 것 같다. 이수

(3) 『경상도지리지』에서는 기록되어 있지 않는 향리성이 『세종실록지리지』에서는 속성과 더불어 표시되어 있는 점이 눈에 띈다. 이것은 『세종실록지리지』 편찬 당시에 이처럼 향리성임을 특별히 밝힌 것은 향리 신분에 관한 당시의 관심이 컸음을 말해주는 것이라고 하겠다.

『세종실록지리지』에 나타난 모든 속성 기록 중에서 그것이 향리성으로 명기되어 있는 것과 그렇지 않은 것, 그리고 속성 중 일부만이 향리성인 것을 조사해 [표 14]를 만들어보았다.

이에 의하면 전체 167개 군에 나타난 속성 중 127개 군현의 경우가 향리성으로 되어서 전체의 76%를 차지하고 있다. 이것으로 본다면, 『세종실록지리지』에 처음 나타나는 속성은 그 대부분이 조선 초기의 향리성이었음을 말해주기도 하지만[26] 속성 중 향리성이란 주가 없는 것의 신분은

건은 앞의 논문에서 군현을 지배하던 족단(族團)이 백성성이었다고 주장했다(p. 54). 그러나 토성의 신분 구성에 관한 위와 같은 견해에는 다소 무리가 있지 않을까 염려스럽다. 『세종실록지리지』에서 토성을 인리성 · 백성성으로 구분해 서술하거나, 적어도 둘 중의 어느 한 기록을 남기고 있는 예는 극히 적은 예외에 속하고 있다(이에 대한 조사는 李成茂의 「朝鮮初期의 鄕吏」 韓國史硏究 5, 1970. 3, p. 74 참조) 이 중 경상도 상주목의 속현의 하나인 단밀(丹密)의 성인 나(羅)씨가 인리성으로 되어 있다. 그러나 상주본관의 토성이나, 이외 6개나 되는 속현성 중 어느 것에도 이런 신분을 나타내주는 표기가 되어 있는 곳은 없다. 그렇다면 단밀성 나씨 이외의 이들 성씨의 신분은 무엇일까. 그러므로 『세종실록지리지』 성씨 기록의 경우 이러한 소수의 예를 전체적으로 확대 해석하는 데에는 역시 무리가 있을 수 있다고 생각한다. 따라서 인리성 · 백성성 문제는 논란의 여지가 많지만, 인리성 · 백성성은 고려의 유제(遺制)이고, 지리지에 이의 기록이 남아 있는 몇 개의 지역은 고려적인 인리 · 백성의 유대가 강하게 잔존하고 있는 지역이라고 확정한 이성무의 설명이 보다 설득력 있는 것으로 생각된다. 그렇다 하더라도 그가 주장하는 대로 여말선초의 신분 분화 과정에서 토족으로 상승한 일부 인리성 · 백성성 집단이 조선시대의 토성을 이루게 된 것이라는 점에 대하여는(이상 앞의 논문 p. 75 참조) 좀 더 재론의 여지가 있다고 본다. 즉 토성은 어느 한 신분층으로 이루어져 있기보다는 여러 개의 신분층으로 되어 있을 가능성도 크기 때문이다. 따라서 토성과 신분, 나아가 성씨와 신분과의 관계는 좀 더 깊이 연구해보아야 할 필요가 있으며, 당시 성씨를 소유하고 있는 신분층이 어느 정도였느냐 하는 문제가 선결되어야 할 것으로 생각된다.

[표 14] 속성 기록 조사표

구분	경기	충청	경상	전라	황해	강원	평안	함길	계	비율
모두 향리인 경우	2	52	28	25	12	8			127	76%
아무런 기록이 없는 경우	12	2	1	7	5	5			32	19%
일부가 향리인 경우	0	1	1	2	0	4			8	5%
계	**14**	**55**	**30**	**34**	**17**	**17**			**167**	**100%**

어떠하며 그것과 향리인 속성과는 어떠한 차이가 있는지는 알 수 없다.[27]

다섯째 [표 14]의 예속조를 보면 인물 · 사묘(祠廟) · 영이(靈異) · 불우(佛宇) · 능묘 · 풍속 등의 편목이 들어 있다. 여기에 먼저 조사된 인물을 정리해보면 [표 15]와 같다.

[표 15]를 보면 삼국시대인은 경상도에 겨우 3명이 조사되어 있을 뿐이며, 고려시대인이 59명으로 가장 많은 수를 점하고 있다. 이에 반해 조선시대인은 10명도 넘지 못하고 있다. 사묘의 내역을 보면 여기에는 단군사(檀君祠)를 비롯해 기자사(箕子祠), 삼국시조사(三國始祖祠) 및 사위사(四位祠)와 문묘가 조사되어 있다. 이 중 문묘를 제외하면 모두 시조사만이 조사되어 있음이 특이하다. 이것은 세종대에 있었던 민족 시조인 단군사묘를

26 이성무는 앞의 논문에서 속성은 조선 초기에 새로 성립된 향리성이라고 했다(p. 75). 그러나 지리지의 속성의 용례가 다르다는 사실에 대하여는 아무런 설명을 하지 않고 있다. 예를 들어 강원도 고성군의 속성을 보면 劉 · 吾 · 崔 · 鄭 · 金의 다섯이 있는데, 그 설명에는 "崔鄭金三姓 皆爲鄕吏"라고 씌어 있어서 이들 중 劉 · 吾는 향리가 아니라는 점을 알 수 있다. 따라서 속성의 신분이 어떠한지는 좀 더 연구해봐야 할 것이다. 『동국여지승람』의 강원도 고성군의 성씨조를 보면 상기한 다섯 성은 다만 내성으로 되어 있을 뿐 속성이라는 표시는 되어 있지 않는 사실로 보아 속성이 이때에 새로 성립한 향리성이라는 주장은 다소 무리가 있지 않을까 생각된다.

27 이상에서 성씨 기록을 정리해보았지만 이것은 매우 피상적인 것에 지나지 않고 그나마 추측으로 일관된 것임을 인정치 않을 수 없다. 따라서 이 성씨와 신분간의 문제는 후일의 연구로 미루지 않을 수 없다.

[표 15] 지리지에 조사된 인물에 관한 통계

구분	삼국	고려	조선	계
경기	–	13	1	14
충청	–	4	2	6
경상	3	14	5	22
전라	–	15	–	15
황해	–	7	–	7
강원	–	3	–	3
평안	–	2	1	3
함길	–	1	1	3
계	**3**	**59**	**10**	**72**

특별히 건립하고 아울러 역대 시조의 사묘를 건립하려는 의도가 반영된 것으로 생각된다.[28] 그리고 영이조의 기록에는 주로 각 지방의 설화가 기록되어 있는데, 이 중 관심을 끄는 것은 단군과 동명왕의 건국설화이다. 이외에 신라 · 백제 시조의 건국설화가 영이조로서 취급되고 있지는 않지만, 경주부의 성씨조, 경기도 인천군의 연혁에 실려 있어서 역대 시조사

28 단군의 독립주사(獨立主祠)에 관한 논의는 국초부터 있어왔다(金泰永, 「朝鮮初期祀典의 成立에 對하여」, 『歷史學報』 58, 1973. 6, pp. 130~134 참조). 그러나 이러한 노력이 결실을 본 것은 세종 11년이었던 것 같다. 지리지 평양부의 단군사를 보면 "今上十一年己酉 始置與高麗始祖東明王合祠 檀君在西 東明在東 皆南向 每春秋 降香祝致祭"라고 하여 세종 11년에 비로소 단군사가 건립되고 동명왕이 더불어 합사(合祠)되게 되었음을 말해주고 있다. 그런데 충청도 직산현(稷山縣), 경상도 경주부를 보면 각기 백제 · 신라 시조사가 건립되고 있으며, 이 또한 세종 11년에 완성된 것임을 알 수 있다. 그런데 『세종실록』을 보면, "上曾命禮曹 立三國始祖祠 至是 判書申商啓曰 周末七國爭雄 未有定紀 吾東方未統合之前 三國雲擾無乃有類於七國之時乎 上曰 不然 若稽於古 吾東方三國始祖之前 十二韓 · 九韓 疆域紛如也 然則三國始祖稍合之功 誠不細矣 宜立義祠 以報其功"(世宗實錄 卷34, 8年 丙午 11月 甲午條)라고 하여 삼국시조사는 세종이 이들 삼시조의 역사적 공헌을 기리기 위해 건립한 것임을 알 수 있다. 지리지의 사묘 기록은 이러한 세종대의 관심이 적극 표현된 것이라고 생각된다.

의 건립과 더불어 그들의 건국설화가 지리지에 수록되었다는 것은 상당히 흥미 있는 일이라고 하겠다.[29]

불교에 대한 조사는 조선 초기 혁파되지 않았던 사원에 국한되었던 것 같다. 이것은 세종 6년 전국의 사찰을 36사로 정리하자는 예조의 상소 내용과 비교해보면 분명해질 것이다. [표 16]은 이 목적으로 만들어진 것이다.

[표 16]에 의하면 예조의 상서에는 교종에 속한 사찰이 17개, 선종에 속한 사찰이 18개, 그리고 이들에 지급할 토지가 7,450결로 되어 있으나 실제 확정된 것을 지리지를 통해 보면, 교종에 속한 것이 14개, 선종에 속한 것이 15개로 줄었으며 이들에 지급된 출지도 6,070결로, 예조의 제안보다도 줄어 있음을 알 수 있다. 그러나 전체적으로 예조의 주장은 받아들여졌다고 볼 수 있는 것이다.

마지막으로 자연환경조를 보면 풍기(風氣)나 토질 같은 것은 그 지방의 자연환경을 말해주는 것으로 생각되지만, 그 외의 것은 사실 자연환경이라고까지 할 수는 없다. 온천 · 빙혈(氷穴) · 풍혈(風穴) 등이 그러하며 명산 · 대천의 경우만 해도 그 지방의 산세나 지형 · 대천의 흐름을 말해주

29 『세종실록지리지』의 영이조에 수록된 설화를 정리해보면 다음 표와 같다. 이 표에 의하면 겨우 9편의 설화가 조사되어 있음을 알 수 있다.

지방별기재	설화 내용
구도개성류후사(舊都開城留後司)	작제건설화(作帝建說話)
전라도 영암군	도선(道詵)과 왕건 탄생설화
전라도 장성현	효자서간설화(孝子徐幹說話)
전라도 담양도호부	효영릉(孝靈稜)과 소년암(少年岩) 설화
전라도 무진군	무등산(無等山) 바위에 관한 설화
전라도 제주목	화산(火山)에 관한 이야기
황해도 우봉현	박연(朴淵)폭포에 관한 설화
황해도 우봉현	인달암설화(因達岩說話)
평안도 평양부	단군과 동명왕 설화

[표 16] 『세종실록지리지』에 조사된 사찰의 수

구분	군현	세종 6년 예조상소 예			『세종실록지리지』			
		교종	선종	토지 면적	교종	선종	기타	토지 면적
경도		興德寺		250	興德寺			250
(京都)			興天寺	250		興天寺		250
개성류후사					壯義寺			250
(開城留後司)			崇孝寺	200				
			演福寺	200			演福寺	165
		廣明寺		200	廣明寺			200
		神岩寺		150	神岩寺		雲岩寺	150
			觀音屈	150		觀音屈		250
		甘露寺		200	甘露寺			200
	楊州		僧伽寺	150		僧伽寺		145
			開慶寺	400				
			檜岩寺	500		檜岩寺		500
			津寬寺	150			神勒寺	
						重興寺		200
						眞觀寺		250
경기	海豊	衍慶寺		300				
	松林	靈通寺		200				
		逍遙寺		150	逍遙寺			150
		藏義寺		250				
	高陽		大慈庵	250		大慈庵		250
	臨江				雲通寺			200
	公州		鷄龍寺	150		鷄龍甲寺		130
	報恩	俗離寺		150	俗離寺			120
충청	忠州				寶蓮寺			150
	恩津						灌足寺	
	連山						開泰寺	
	晋州		斷俗寺	200		斷俗寺		150
							雙溪寺	
	慶州		祇林寺	150		祇林寺		130
경상							靈妙寺	
							奉德寺	
	巨濟	見岩寺		150	見岩寺			150
							嚴光寺	

구분	군현	세종 6년 예조상소 예			『세종실록지리지』			
		교종	선종	토지 면적	교종	선종	기타	토지 면적
경상	密陽						瑩原寺	
	陜川	海印寺		200	海印寺			200
전라	求禮		華嚴寺	150				
	泰仁		興龍寺	150				
	南原						萬福寺	
	順天					松廣寺		130
	昌平	瑞峰寺		150				
	全州	景福寺		150				
황해	殷栗		亭谷寺	150				
	文化	月精寺		200	月精寺			200
	海州	神光寺		250				
	文化						四王寺	
강원	高城		楡岾寺	300				
	原州		覺林寺	300		覺林寺		300
	淮陽	表訓寺		300	表訓寺			300
					正陽寺			150
						長安寺		300
							興法寺	
평안	平壤	永明寺		150				
	殷山						天聖寺	
	龍川						龍虎寺	
함길	安邊		釋王寺	250		釋王寺		250
계		**17**	**18**	**7,450**	**14**	**15**	**14**	**6,070**

는 기록은 아니다. 이것은 오히려 명산·대천에 관한 자연신앙과 깊은 관련이 있다고 생각된다. 지리지의 명산·대천의 기록을 보면 이것이 중사(中祀)·소사(小祀)에 속했다거나 혹은 소재관으로 하여금 제를 지내도록 했다는 기록이 많다. 이것을 정리해 [표 17]을 만들었다.

[표 17] 명산 · 대천의 도별 통계 및 행제소에 관한 조사표

구분	명산				대천	
	조사 총수	명산	진산	행제소	조사 총수	행제소
경기	21	17	4	5	7	2
충청	14	10	4	5	11	5
경상	48	30	18	10	14	2
전라	20	8	12	6	8	3
황해	12	7	5	3	7	3
강원	22	10	12	7	12	1
평안	27	6	21	1	16	5
함길	29	16	13	1	19	1
계	**193**	**104**	**89**	**38**	**94**	**22**

[표 17]에 의하면 전국적으로 조사한 명산은 193개, 대천은 94개소인데 명산 중 104개는 명산, 나머지 89개는 진산(鎭山)으로 되어 있다. 이 진산이라는 말은 풍수지리와 관계가 깊은 것인데, 그 중 38개가 국가의 행제소로 되어 있다. 대천 94개소 중에서도 22개소가 행제소이다. 이렇게 보면 명산 · 대천의 조사는 그 관심이 이러한 자연신앙과의 관련성에서 비롯된 것이 아닌가 한다.[30]

이상에서 『세종실록지리지』의 내용을 살펴보았다. 여기에는 여러 가지 내용이 기록되어 있지만 특히 행정 · 경제 · 군사 · 성씨 관계의 내용이 매

30 조선 초기, 특히 태종 · 세종대에는 정치행정적인 통제와 병행해 그 신민의 각자가 관행해온 전통적 · 임의적인 자연신앙을 제도적 사회적인 왕토신앙으로 일원화시켜가는 과정에서 조선왕조의 발상(發祥)에 관련된 성황(城隍)이나 혹은 진산 · 명산 등의 자연신을 각각 분봉(分封)했다고 한다(金泰永, 앞의 논문, pp. 121~122 참조). 이러한 관심이 지리지에 명산 · 대천의 기록을 하게 한 것은 아닐까 한다.

우 중요시되고 있었던 것 같다. 이에 반해 예속이나 자연환경에 관한 내용은 빈약한 것이라고 하겠다. 즉 『세종실록지리지』를 통해서는 전국의 지방제도의 실태나 당시 조선왕조의 경제 실태와 군사시설의 형편 및 군정의 동원, 지방군의 실정을 자세하게 알 수 있는 것이다. 결국 『세종실록지리지』는 한 국가를 통치하는 데 절실히 요구되는 정치 · 경제 · 군사 등 군사적인 현실을 파악하기 위해 편찬된 것이라고 생각된다.[31] 특히 세종대에는 조선왕조 초기의 지배질서가 크게 자리잡혀가는 때로서 대내적으로는 제반 문물제도의 정비, 대외적으로는 영토의 확정 등 정치 · 경제 · 군사 등에 관한 자료의 전국적인 실태 파악이 더욱 절실히 요구되는 시기였다. 따라서 이때에 만들어진 『세종실록지리지』는 무엇보다도 이러한 왕조 초기의 통치 질서의 확립이라는 시대적인 욕구를 만족시켜주는 것이었어야 했다고 생각되는 것이다.

2. 『팔도지리지』의 편찬

『세종실록지리지』가 만들어진 지 45여 년이 지난 성종 8년 12월에 『팔

31 이러한 『세종실록지리지』의 편찬 의도는 다음의 사료로서도 명백해질 것으로 생각된다. "蕭何入秦先收圖籍 光武披圖 始知得一版籍之有補於國家尙矣 今我聖上發於宸衷特降綸音 纂記本朝之地理 其爲萬世慮至矣"(慶尙道地理志 序). 위의 사료는 지리지가 국가에 절실히 필요한 것임을 말해주고 있다. 소하(蕭何)는 한제국 창건 당시에 활약했던 중요한 인물이며, 광무제는 한제국 중흥의 군주였다. 이들이 모두 도적(圖籍)을 중요시했다는 것은 국가의 창건이나 중흥에는 지리지가 매우 긴요한 것이었음을 의미하는 것이다. 세종의 지리지 편찬의 의도를 소하와 광무제의 그것에 비유한 『경상도지리지』의 찬자의 견해는 그의 개인적인 견해인 것만은 아니라고 생각된다. 조선이 건국한 지 불과 30여 년이 지난 세종 6년에 처음으로 지리지 편찬에 착수했다는 것은 이때에 이의 중요성과 필요성을 느꼈기 때문일 것이다.

도지리지』의 편찬이 완료되었다. 그러나 새로운 지리지를 만들려는 조선 왕조의 노력은 일찍부터 시작되었다. 즉 세조가 실권을 장악한 단종대부터 그는 지리지 편찬에 착수했고 이러한 노력이 예종을 거쳐 성종대에 완결을 보게 된 것이다. 이러한 『팔도지리지』의 편찬 경위는 무엇보다도 편찬자인 양성지(梁誠之) 자신의 글에 잘 나타나 있다. 이것을 다음의 네 문단으로 나누어서 그 편찬 경위를 살펴보기로 하자.

(1) 단종 원년[1453] 계유년 10월 세조대왕께서 나라의 적들을 제거하는 의거를 일으키신 다음 신에게 명하여 지리지를 만드는 일에 착수토록 하셨다. 그 이듬해에는 신에게 경기지리지를 만들도록 명하셨으며, 또 그 이듬해에는 평안도 지리지를 만들도록 명하셨다.

(2) 예종즉위년[1468] 11월 예종께서 팔도지리지를 만들기로 하고, 중외에 명하여 지리지에 담을 내용을 정리하여 보고하라고 명하셨습니다.

(3) [예종즉위년] 12월 [왕께서] 세조대왕실록을 편찬하도록 명하셨기에, 이후 신은 고령부원군 신숙주(高靈府院君 申叔舟), 상당부원군 한명회(上黨府院君 韓明澮), 영성부원군 최항(寧城府院君 崔恒)과 함께 실록을 편찬할 사국을 열었습니다. 기축년[예종 원년, 1469] 11월 전하[성종]께서 즉위하시고 곧 예종실록을 편찬하라 명하셨으며, 계사년 가을에는 세조실록과 예종실록이 편찬되었습니다.

(4) 신은 이때로부터 전교서 교리 김윤겸(典校署 校理 金允謙)을 데리고 지리지를 만들기 시작했습니다. 이듬해인 갑오년 여름 김윤겸이 군자감(軍資監)으로 옮겨가자, 신은 스스로 고금의 문서들을 검토하는 등 온 마음을 다하였습니다. 정유년[성종 8년, 1477] 12월에 이르러 지리지가 비로소 완성되었는데, 이 책은 각 도를 한 권으로 묶어 모두 8책으로 완성되었습니다. (이상 양성지의 『訥齋集』 권4, '새롭게 편찬된 지리지를 올리는 글'에 실려 있음)

우선 위의 사료 (1)을 보면 단종 원년 계유정란으로 실권을 장악한 세조가 양성지에게 지리지 편찬을 명해 단종 원년에는 『경기지리지』를, 그 다음 해에는 『평안도지리지』를 찬했음을 알 수 있다. 이후 세조 재위 연간에는 이렇다 할 진전이 없었고 경기나 『평안도지리지』에 이어 타도의 지리지도 계속 만들어지지는 못했던 것 같다.[32]

그러다가 예종이 즉위하자 곧 『팔도지리지』를 편찬할 것을 명해 마침내 전국에 지리지 편입 사실을 뽑아 보고토록 하도록 했다. 따라서 본격적인 『팔도지리지』의 편찬은 예종대에 시작되었다. 그러나 『팔도지리지』의 편찬 작업은 예종이 양성지에게 『세조실록』의 편찬을 명함으로써 중단되었다가, 이어서 예종이 승하하고 성종이 즉위하면서 다시 『예종실록』의 편찬마저 명해 지리지 편찬 작업은 계속 지연되었다. 성종 4년에 『세조실록』과 『예종실록』이 완성되자 이때부터 양성지는 지리지 편찬에 본격적으로 착수해 성종 8년 12월에 그 완성을 보게 되었던 것이다.[33]

『팔도지리지』는 이처럼 세조가 즉위 전부터 시도했던 지리지 편찬 사업의 결과였던 것이다. 그러나 이 『팔도지리지』는 오늘날 전해지지 않음으로써 그 내용을 자세히 알 수가 없다. 다만 예종 원년에 편찬된 『경상도속찬지리지』가 남아 있어서, 이를 통해 『팔도지리지』의 내용을 어느 정도

32 이때에 무슨 목적으로 『경기지리지』와 『평안지리지』를 만들었는지는 이들이 전해지지 않기 때문에 알 수가 없다.

33 이러한 『팔도지리지』의 편찬 경위는 무엇보다도 『팔도지리지』의 편찬자인 양성지(梁誠之)의 글에 잘 나타나 있다. 그것을 인용하면 다음과 같다. "景泰四年癸酉冬十月 恭惟我世祖大王擧義靖難 命臣以圖籍之事 明年 使臣撰京畿地理志 又明年 撰平安道地理志 歲戊子十一月 睿宗明考定八道地理志 遂令中外 抄地理志編入事實以啓 越十二越 明修世祖大王實錄 是後 臣與高靈府院君臣叔舟·上黨府院君臣明會·寧城府院君臣恒 開局編修 己丑十一月殿下卽位又命修睿宗實錄 至癸巳年秋畢撰兩朝實錄 臣自是率典校署校理臣允謙 據地理文書起藁 明年甲午夏允謙移軍資監 臣手閱古今圖書 盡心商度 至丁酉十二月始克書成 道各一卷 凡八册(以上 訥齊集 卷4 進新撰地理志箚子 茂戌正月初六日 以工曹判書 上箚子).

짐작할 수 있을 뿐이다.

『경상도속찬지리지』는 세종대의 『경상도지리지』와는 달리 처음부터 도지리지의 편찬을 위해 만들어졌다. 즉 『경상도속찬지리지』와 같은 도(道) 단위의 지리지를 모아 전국적 지리지를 만들려는 것이 아니라 『팔도지리지』 편찬을 위한 지방 자료의 수집을 위해 만들어진 것이다. 이러한 해석은 다음과 같은 몇 가지 이유를 근거로 하고 있다.

첫째, 『경상도속찬지리지』는 예종 원년 정월 왕명에 의해 그 편찬이 시작되어 동 3월에 완성되었다. 이의 편찬 기간은 양성지의 글에 나타난 바와 같이 예종이 『팔도지리지』의 교정을 명하고, 이어서 전국에 명해 지리지 편입 사실을 뽑아 보고토록 한 예종 즉위년 11월로부터 불과 2개월이 지난 후의 일이다. 동일한 시기에 『팔도지리지』와 『경상도속찬지리지』의 편찬을 별도로 지시했다고는 생각되지 않는다. 그러므로 『경상도속찬지리지』는 『팔도지리지』 편찬을 위한 지방의 지리지 편입 사실을 모은 것으로 생각된다.

둘째, 『경상도속찬지리지』는 그 서문을 통해서 문종이 즉위한 다음 해 정월에 "특별히 각 도에 윤음을 내려 '전지'(前志)를 속찬해 빠지고 누락된 부분을 보충하라"[34]는 조처가 내려졌음을 알 수 있다. 여기서 '전지'라고 함은 곧 『세종실록지리지』를 가리킨다. 『경상도속찬지리지』의 지리지 속찬사목(地理志續撰事目) 제1항에 각 지역에서는 경술년, 즉 세종 12년 이후의 변경 사실만을 기록하라고 명확하게 지시하고 있다.[35] 세종 12년은 앞에서 살펴본 바와 같이 『세종실록지리지』 연혁 서술의 기준 연도였던

34 "今我主上殿下踐祚 明年己丑春正月上澣 特降綸音於諸道 續撰前志 以補闕略"(慶尙道地理志序).

35 이 제1항의 원문을 제시하면 다음과 같다. "各州鎭 庚戌年以後 設立革罷升號降號等事."

것이다.

이처럼 『세종실록지리지』를 속찬하라는 지시에 따라 편찬된 『경상도속찬지리지』는 이러한 속찬 지시를 충실히 이행했던 것 같다. 경주부의 연혁을 예로 들면 "세조즉위년에 중익군을 설치하였으나 세조 3년에 이를 파하였다. 세조 4년에 [경주부에] 주진을 설치하였다"고 하여 지시한 바대로 세종 12년 이후의 변경 사실만을 기록했던 것이다. 만약 『경상도속찬지리지』와 같은 도 단위의 지리지를 모아 전국적 지리지를 만들려고 했다면 이런 식의 연혁 서술만으로는 불충분할 것이다. 『경상도속찬지리지』는 처음부터 중앙에 보고하는 자료집의 성격을 띤 것이며, 그 연혁도 다시 이를 손질해야 한다는 전제 아래서 서술된 것이라고 생각된다. 말하자면 『경상도속찬지리지』는 곧 『팔도지리지』 편찬에 필요한 지방 자료의 모음이었던 것이다.

셋째, 『경상도속찬지리지』의 내용은 모두가 중앙의 지시에 따라서 만들어진 것이다. 『경상도속찬지리지』의 편찬을 위해 중앙에서는 소위 '지리지속찬사목'을 작성, 이를 각 도에 보내어 이에 의거해 지리지를 속찬할 것을 지시했다. 따라서 지금은 전해지고 있지 않지만 경상도 이외의 각 도에서도 이러한 속찬 지리지는 만들어졌을 것으로 생각된다. 뒤의 '부록 2: [표 18]'은 이 지리지 속찬 사목을 정리해 만든 것이다. '부록 2'를 보면 속찬 사목은 모두 29항목으로 되어 있으며 모든 항목은 속찬 지리지에 수록할 내용과 서술 양식을 지시한 것들이다. 예컨대 [표 18]의 제6항을 보면 제언(堤堰)과 지택(池澤)이 어디에 있으며 그로 인한 전지(田地)의 관개(灌漑)는 몇 결인가를 조사토록 지시하고 있는 것이다. 이러한 점에서 볼 때 『경상도속찬지리지』는 『팔도지리지』를 속찬하려는 당시의 주된 관심이 충분히 반영될 여지가 있다고 생각된다.

이상의 몇 가지 이유에 의하면 『경상도속찬지리지』의 분석을 통해 『팔

[표 19] 『세종실록지리지』와 『경상도속찬지리지』의 편목 비교표

분류		행정												경제									
내용(편목)		연혁	관원	소령所領	향소부곡	유명영현有名嶺峴	도진渡津	교량橋梁	정도程度	원우院宇	해도海島	사경四境	월경처越境處	공세貢稅	제언堤堰	염분鹽盆	종량약재種養藥材	어양漁梁	도기소陶器所	자기소磁器所	세공歲貢	적세賊稅	공물貢物
『세종실록 지리지』	총론	○		○							○	○					○					○	○
	일반군현	○	○	○	○						○	○	○	○	○			○	○	○			
『경상도속찬지리지』		○	○	○	○	○	○	○	○	○	○			○	○	○	○	○	○	○	○		

분류		경제								군사													
내용(편목)																진				수영			
		약재藥材	토의土宜	토산土産	염소鹽所	간전墾田	호戶	구口	관개전결灌漑田結	주진主鎭	봉화	참역	강무장講武場	목장	성곽	군관	수성군	기병	보병	선호	병선	목책	협조요해
『세종실록 지리지』	총론	○				○	○	○				○				○	○			○	○		
	일반군현	○	○	○	○	○	○	○			○	○			○			○				○	○
『경상도속찬지리지』									○	○	○	○	○	○	○			○	○	○	○		○

분류		군사				사회	예속											자연환경						
내용(편목)		긴관緊關	야인소거野人所居	양계본영兩界本營	군정	성씨	토성명현土姓名賢	수령명현守令名賢	정표문려旌表門閭	능묘陵墓	사우祠宇	누대樓臺	제영題詠	승사僧寺	행제소行祭所	민속民俗	영이靈異	명산	대천大川	온천	빙혈氷穴	풍혈風穴	토질	풍기風氣
『세종실록 지리지』	총론				○																			
	일반군현				○	○	○			○	○				○	○	○	○	○	○	○	○	○	○
『경상도속찬지리지』		○	○	○			○	○	○	○	○	○	○	○										

도지리지』의 내용을 어느 정도는 짐작할 수 있다고 믿어진다. 이에 그 편목과 내용을 전지와 비교하면서 검토해보기로 하자.

『경상도속찬지리지』가 『세종실록지리지』를 속찬하기 위한 것이라는 점은 그 서문에서도 밝히고 있지만 실제 그 내용을 비교해보면 이 두 지리지는 다른 점이 상당히 많다. 우선 그 편목을 중심으로 두 지리지를 비교해보면 그러한 점은 잘 드러날 것이다. [표 4]의 예에 따라 그 편목을 6개 범주로 분류해 [표 19]를 만들었다.

[표 19]에 의하면 우선 두 지리지의 서술 체제가 다름을 알 수 있다. 『세종실록지리지』가 총론과 일반군현으로 구분 서술되어 있는 데 반해 『경상도속찬지리지』는 이러한 구분이 없이 서술되었다.

또한 그 편목에도 내용상의 출입이 상당히 많다고 하겠다. 이러한 편목의 출입을 정리해보면 [표 20]과 같다.

[표 20] 『세종실록지리지』와 『경상도속찬지리지』의 편목 수 비교

구분	실록지리지	속찬지리지	편목의 증감 수
행정	7	10	+3
경제	15	9	−6
군사	11	14	+3
사회	2	0	−2
예속	5	8	+3
자연환경	7	0	−7

[표 20]에 의하면 행정조는 『세종실록지리지』에 비해 전체적으로 5개 편목이 추가되고 대신 3개가 취소되었다. 경제조는 3개가 추가되고 9개가 취소되었으며, 군사조는 5개가 추가되고 2개가 취소되었다. 예속조는 6개가 추가되고 3개가 취소되었으며, 자연환경조는 하나의 편목도 들어

있지 않았다. 이것을 전체적으로 보면 19개의 편목이 새로 추가되고 25개 편목이 취소되었다. 이렇게 보면 『경상도속찬지리지』는 그 내용이 『세종실록지리지』보다 간략하게 되어 있으며, 다만 행정조 · 군사조 · 예속조의 내용이 전지보다 다소 그 편목이 늘어난 것에 지나지 않는다. 이제 그 구체적인 내용을 [표 19]의 예에 따라 하나씩 검토해보기로 하자.

첫째, 행정조를 보면 유명 영현(嶺峴) · 도진(渡津) · 교량(橋梁) · 원우(院宇)의 다섯 편목이 추가되고 사경(四境) · 월경처(越境處)의 둘은 취소되었다. 여기서 추가된 편목의 내용을 보면, 도진과 교량은 육로 교통의 소통과 관계가 있는 것 같다. 예를 들어 밀양도호부의 도진기록 중의 하나를 보면, "[밀양] 부내의 갑방탄은, 물이 넘치면 배를 이용하여 건너고 겨울철이 되어 [물이 줄면] 다리로 건넌다"라고 한 것만 보아도 잘 알 수 있다. 이것은 나루터나 다리와 같이 강이나 개울 등 육로 교통상의 장애를 해결하는 수단을 조사해둔 것으로 생각된다. 또한 정도(程途)는 서울에서 지방까지의 거리를 표시한 것이다. 밀양도호부의 경우는 '自至京都六百二十七里五十步'라고 하여 밀양에서 경도까지의 거리를 기록하고 있다. 유명 영현에 관한 기록은 무엇을 의도한 것인지를 말해주는 사료는 없다. 그러나 도진 · 교량이 주로 강이나 개천의 통과 수단을 강구하는 것이라면 영현은 또한 교통의 험한 고갯길을 말하는 것이 아닐까 한다. 『세종실록지리지』의 행정조가 주로는 속현 및 월경처의 정비 등 군현제도의 확립에 관한 내용이 많았다면 여기서는 중앙의 지방 통치를 위한 교통망(交通網)의 확보가 주된 관심이 아니었을까 한다. [표 21]은 이들의 조사 실태를 정리한 것이다. 이에 의하면 교량은 3, 유명 영현이 119, 도진 59, 원우가 425소가 된다.

[표 21]에는 또한 속현 · 향 · 소 · 부곡이 각기 3, 10, 12, 50개소로 조사되어 있다.

[표 21] 『세종실록지리지』와 『경상도속찬지리지』의 행정조 기록의 비교

구분	『속찬지리지』	『실록지리지』
속현	3	49
향	10	7
소	12	6
부곡	50	40
교량	3	–
유명 영현	79	–
도진	59	–
원우	525	–

이를 『세종실록지리지』의 경상도 부분의 것과 비교해보면 속현은 49개소에서 3개소로 줄어 있고, 나머지 향 · 소 · 부곡은 그 수가 모두 증가되어 있다. 속현이 겨우 3개밖에 조사되어 있지 않은 것은 모두 속현이 소멸되었음을 의미하는 것이라 생각한다. 그러나 향 · 소 · 부곡의 수가 더 많은 것은 본관이 직촌화되어가는 조선 초기의 일반적인 현상과 모순되는 것인데 이 점은 어떻게 설명되어야 할 것인가?

이는 다름이 아니라 세조 2년의 소위 사육신 모반사건과 밀접한 관련이 있는 것이다. 사육신 사건 다음해 세조의 동생이기도 했던 금성대군이 유배되어 있던 경상도 순흥에서 모반사건이 있었다는 것을 이유로 순흥부를 혁파하고, 이 순흥부에 소속된 땅을 이웃한 영주군 · 풍기군 · 봉화군 그리고 충주의 가흥창에 나누어 배속시켰기 때문에 발생한 현상이었다.[36] 따라서 이 세 속현은 새로 생겨난 것들이다. 『팔도지리지』 이후에

36 속현의 경우에는 여기에 조사된 세 개가 모두 밀접한 관련이 있다. 이제 그 세 속현의 기록을 제시하면 다음과 같다. "(榮州郡) 屬縣: 古順興府地馬兒峴嶺流下水以東 納于忠州可興倉 浮

편찬된 『동국여지승람』의 경상도 부분의 속현조를 보면 당시까지에 존재해 있는 속현이 43개소나 되는 것으로 보아 『경상도속찬지리지』의 편찬시에도 이 세 속현 이외에도 많은 수가 존재했을 것이다. 그러나 위의 속현이 추가되었다고 하더라도 속현이 없어져가는 대세는 변함이 없었다고 생각된다.

향 · 소 · 부곡의 수가 오히려 더 증가한 것이 무엇을 뜻하는가를 설명해주는 기록은 없다. 그러나 『경상도속찬지리지』에 기록된 이들 향 · 소 · 부곡이 모두 직촌화되기 이전의 실존하는 것들은 아니었다고 생각된다. 즉 현존하는 향 · 소 · 부곡이거나, 혹은 소멸된 것이거나 거기서는 모두 조사 수록된 것이 아닐까 한다. 이러한 사실을 설명해주는 직접적인 사료를 『경상도속찬지리지』에서 발견할 수는 없지만 『팔도지리지』 편찬 후에 만들어진 『동국여지승람』에 나오는 다음의 사료는 매우 시사적이라고 생각된다.

> [鄕 · 所 · 部曲 · 莊 · 處] 여러 소(所)에는 모두 이민(吏民)의 성씨가 다 있었는데, 김부식이 편찬한 『삼국사기』 지리지에 기록되지 못했으며, 정인지 등이 편찬한 『고려사』에도 기록되지 못했다. 지금 이미 드러난 성씨는 그 성씨가 본래 있었던 곳에 기록해두지 않을 수 없다. (『東國輿地勝覽』 卷 7, 驪州牧 古跡條)

石里 · 水息里 · 郡川里 · 破文丹里等處 景泰丁丑割于榮川 (豊基郡) 屬縣: 順興府 本朝世祖代 景泰丁丑 以後瑜謀亂革罷 馬兒兄山流以西屬豊基 (奉化郡) 古順興府文殊山流下水以東 景泰丁丑 屬于奉化."

경태 3년, 즉 세조 3년의 모반사건에 대해서는 『세조실록』에 다음과 같이 기록되어 있다. "順興府使李甫欽馳啓 瑜謀逆 上命大司憲金淳判禮賓寺事金修 往鞫之 上追念瑜不已 將修京家 備什器藏 獲欲召還瑜性 强狠輕率 潛通府吏重才謀"(世祖實錄 卷8, 3年 丁丑 7月 甲子條).

즉 위의 사료에 의하면 『동국여지승람』에서는 고적조에 이미 소멸된 향·소·부곡 등을 기록해주었는데 그것은 성씨의 소본지지(所本之地)를 밝히지 않을 수 없기 때문이라는 것이다. 이렇게 보면 『경상도속찬지리지』의 향·소·부곡의 조사된 수가 『세종실록지리지』보다도 많은 것은 소멸된 것과 현존하는 것을 함께 기록해두었던 때문이었다고 생각한다.[37] 다만 이때까지 남아 있는 부곡이 정확히 몇 개였는지는 알 수 없다.

둘째로 경제 관계의 주요 내용을 정리하면 [표 22]와 같다. 그 내용을 보면 염분(鹽盆)이 96개[38] 어량(漁梁)이 61개로, 어량은 전지보다 54개소가 증가되어 있다.

도기소는 전지보다 2개가 줄어든 32개소, 자기소는 8개가 줄어든 25개소이다. 그러나 제언은 전지의 20개에 비하면 무려 687개가 늘어난 707개소나 된다. 이와 아울러 이 제언으로 인한 관개전이 19,977결이나 된다. 세공정철(歲貢正鐵)은 19,703근에 달하고 있다.

이상에서 경제 관계 내용을 살펴보았지만 여기엔 『세종실록지리지』의

37 『세종실록지리지』의 경상도 상주목 소속 부곡은 장천(長川)·연산(連山)·무림(茂林)의 셋이다. 그런데 『경상도속찬지리지』의 상주목에는 이들 세 부곡 이외에도 병곡(柄谷)·소촌(綃村)·산천(山川)·백원(白元)·가야(加也)·보양(保陽)·회령(懷寧)·고곡(高谷) 등 8개 부곡이 더 조사되어 실제로는 11개 부곡이 조사되어 있다. 이미 『세종실록지리지』 편찬 당시에는 소멸해버렸던 부곡까지 기록되어 있는 것이다. 그런데 『경상도지리지』의 상주목 부곡을 보면 『경상도속찬지리지』의 그것보다 적촌(赤村)부곡 하나가 더 있을 뿐 나머지는 명칭까지 일치하고 있다. 이런 점으로 미루어보아 여기서는 없어진 부곡까지도 조사되어 있음이 틀림없다고 생각된다. 그러나 이처럼 소멸된 부곡의 조사 이유가 어디 있는지는 분명치 않지만, 후술하는 바와 같이 『팔도지리지』가 『동국여지승람』에 크게 이용되었음을 감안하면 그와 마찬가지 이유, 즉 성씨의 所本之地를 밝히기 위한 것은 아니었을까 한다.

38 각주 15의 [표 8]을 보면 『세종실록지리지』에는 염소(鹽所)가 조사되어 있는데 여기서는 염분만으로 되어 있다. 그런데 『세종실록지리지』의 충청도·함길도는 염소와 염분이 함께 조사되어 있으며, 강원·평안은 염소가 없다. 이런 점으로 보아 『경상도속찬지리지』 편찬 시에는 염소가 없어진 것이 아닐까 한다.

[표 22] 『세종실록지리지』와 『경상도속찬지리지』의 경제조 기록의 비교

구분	『속찬지리지』	『실록지리지』
제언	707	20
관개전	19,977결	–
염분	96	(염소 22)
어량	61	7
도기소	32	34
자기소	25	37
세공정철(歲貢正鐵)	19,703근	–

주요 내용이었던 호구나 토지결수의 조사는 되어 있지 않으며, 편목도 전지에 비해 6개나 줄어들어, 경제 관계 기록이 전지에 미치지 못하고 있다.

셋째로 군사 관계 내용을 정리하면 [표 23]과 같다.

[표 23] 『세종실록지리지』와 『경상도속찬지리지』의 군사 관계 기록 비교

구분	『속찬지리지』	『실록지리지』
봉화	123	133
참역	146	151
목장	18	2
성곽	63	59
병선	293	295
선군	17,718	16,624
수성군	–	767
군관	–	2,100
진군	736	–
보병	1,333	–
기병	880	–
험조요해	13	6
야인소거(野人所居)	2	–

이에 의하면 봉화 · 역참도 전지보다 다소 줄어 각기 123개, 146개가 된다. 목장은 2개에서 대폭 늘어 18개소가 된다. 성곽도 4개가 증가한 63개소이며 험조요해처(險阻要害處)는 7개가 늘어난 13개소이다.

지방군의 실태를 보면 경상도는 세종대와 마찬가지로 선군이 주가 되어 있다. [표 23]을 보면 병선은 2척이 줄어 293척이며, 선군은 오히려 1,094명이 증가한 17,718명이다. 육군의 경우는 그 수가 선군에 미치지 못하고 있지만, 그 내용은 전과 상당히 다른 것 같다. 『세종실록지리지』에는 수성군과 군관이 각기 767,2,100명이었던 것이 진군(鎭軍)이 736명, 보병이 1,333명, 기병이 880명으로 되어 그 전체 수는 비슷하나 『경상도속찬지리지』에서는 보병과 기병이 육군의 중심으로 되어 있는 것이 새롭다. 이 시기에 육군의 편제가 어떻게 달라졌는지는 모르겠으나 혹시 크게는 보병과 기병의 이원 체제가 되었던 것은 아닐까 생각된다. 앞서 목장의 수가 크게 늘어난 것은 이 기병의 존재와 어떠한 관련이 있는 것은 아닐까 한다.

이밖에 야인소거지(野人所居地)가 2개소로서 각기 울산과 동래에 소재하고 있다. 여기서는 특히 왜인소거지를 야인소거라고 하여 밝히고 있는데 실제 찬자들의 의도는 북방의 야인에 대한 실태를 알고자 했던 것 같다.[39]

군사조의 내용은 대체로 『세종실록지리지』와 비슷하다고 하겠으나 군정의 실태가 조사되지 않았으며, 반면 북방의 야인에 대한 관심이 표현되었다는 데 특징이 있는 것 같다. 특히 세조대에는 북방야인에 대한 관심

---

39 '부록 2: [표 18]' 경상도지리지속찬사목의 제29항을 보면, "兩界沿江各鎭 野人所居地名及遠近某某部落多少 并記"라고 하여 양계지방의 야인소거지에 대한 조사를 하려 했던 것이다.

이 컸었다. 세조 13년의 야인정벌 등으로 나타난 이들에 대한 조선왕조의 적극적인 정책수행을 위해서도 이에 대한 조사는 중요한 문제가 아니었을까 한다.

넷째, 즉 『세종실록지리지』의 성씨 기록이 여기서는 전혀 되어 있지 않다.

다섯째, 예속조를 정리하면 [표 24]와 같다.

[표 24] 『세종실록지리지』와 『경상도속찬지리지』의 예속조 기록 비교

구분	『속찬지리지』	『실록지리지』
능묘	26	3
누대	48	–
제영	94	–
승사	66	9
토성명현	36	22
수령명현	42	–
정표문려	52	–

[표 24]를 보면 능묘는 『세종실록지리지』의 경상도에 신라시조 · 김수로왕 · 김유신릉 등 셋뿐이었으나 여기서는 무려 26개가 조사되어 있다. 경주부만 하더라도 신라시조릉을 위시해 미추왕릉 · 법흥왕릉 · 진흥왕릉 · 선덕왕릉 · 효소왕릉 · 성덕왕릉 · 헌덕왕릉 · 흥덕왕릉 등이 조사되어 있다. 『세종실록지리지』가 주로 역대 시조릉에 대해서만 조사한 것에 비해 그 관심이 훨씬 커졌음을 뜻한다고 하겠다.

『경상도속찬지리지』에선 인물에 대한 조사가 자세하게 되어 있다. [표 24]를 보면 토성명현만 하더라도 『세종실록지리지』의 22명에서 36명으로 되어 있으며,[40] 『세종실록지리지』에서는 없는 수령명현(守令名賢)도 42

명이 조사되어 있고 효자 · 열녀도 52명이나 파악되고 있다. 이처럼 능묘나 인물에 대한 관심이 『세종실록지리지』보다 크게 나타나 있는 것은 어느 정도 당시의 역사적 상황과 관련성이 있는 것은 아닐까 한다. 세조대에 이르면 국가에 유공했던 군왕과 그 장신(將臣)들에 대한 관심이 컸었으며, 이와 관련해 능묘의 보호에도 적극적인 시책을 취했다.[41]

이밖에 누대가 48개, 제영(題詠)이 94개가 조사되어 있다. 그리고 승사(僧寺)가 66개소로 조사되어 있는데, 『세종실록지리지』의 9개소에 비하면 57개소가 늘어났다. 『세종실록지리지』의 경우, 주로 당시의 대불교 정책

---

40 『경상도속찬지리지』의 토성명현의 조사는 수적으로는 전지보다 14명이 더 많은 것으로 되어 있다. 그러나 그 조사 내역을 보면 토성명현은 연혁의 경우와 마찬가지로 전자의 것을 보충하는 것에 그치지 않았나 생각된다. 경주부의 토성명현을 보면 김진양(金震楊) · 김시용(金時用) 두 사람이 열거되어 있을 뿐 전지의 김부식 · 이제현 등은 기록되어 있지 않다. 이렇게 보면 실제 토성명현은 여기서 36명이 추가로 더 조사되었던 것으로 생각된다.

41 이에 대해서는 세조대에 크게 활약했던 양성지는 세조 2년 3월 상소를 올려 예전의 군왕과 재상을 위한 제사를 바쳐야 하며, 그들의 능묘를 잘 보전해야 함을 역설했다. 이 상소는 매우 긴 것이지만 위의 내용이 있는 부분을 발췌해 인용하면 다음과 같다. "[……] 乞每春秋 於東郊 合祭前朝鮮王檀君 後朝鮮王箕子 新羅始祖 · 太宗王 · 文武王(二王統合三韓) 高句麗始祖 · 嬰陽王(大敗隋兵) 百濟始祖高麗太祖 · 成宗 · 顯宗 · 忠烈王 以上十二位 以新羅金庾信 · 金仁問 高句麗乙支文德 百濟黑齒常之 近日所定前朝配享十六臣 [……] 今訓鍊觀 卽宋朝武學也 乞并纛所于訓鍊觀 而立武成廟 祭禮配食 略依文廟制度 又以新羅之金庾信 · 高句麗之乙支文德 · 高麗之庾黔弼 · 姜邯贊 · 楊規 · 尹瓘 · 趙冲 · 金就礪 · 金慶孫 · 朴犀 · 金方慶 · 安祐 · 金得培 · 李方實 · 崔瑩 · 鄭地 · 本朝之河敬復 · 崔閏德配享 [……] (7) 護前代陵墓(中略) 然臣竊惟歷代君主 雖未能皆有功德於斯民 亦皆一國人民所共主也 其不省所在者則已矣 其陵墓如古 而使狐狸穴於傍 樵採行於上 豈不可悶也哉 [……]"(世祖實錄 卷 3, 2年 丙子 丁酉條 集賢殿直提學 梁誠之 上疏文 가운데서 인용함). 이 사료에서 볼 수 있듯이 세조대에는 역대의 인물에 대한 관심이 널리 표현되고 있었던 것이다. 『경상도속찬지리지』의 인물 조사가 『세종실록지리지』보다 광범위하게 되어 있는 것은 바로 이러한 역사적 인물에 대한 관심이 커졌기 때문은 아닐까. 한편 위 사료 끝부분을 보면 역대 군왕의 능묘를 보호하자는 내용이다. 『경상도속찬지리지』의 경주부의 능묘가 전지에 비해 다양해진 것은 또한 이 영향이 아니었을까 한다. 더욱이 위의 사료가 『팔도지리지』의 찬자인 양성지의 상소였던 점을 생각해보면 『팔도지리지』에서는 이들에 관한 조사가 매우 자세하게 되었을 것이라고 추측된다.

과 관련해 혁파되지 않은 불우(佛宇)만이 조사되었던 것과는 큰 차이가 있는 것이다.

끝으로 『경상도속찬지리지』에는 자연환경에 관한 내용은 하나도 없다. 『세종실록지리지』에서도 자연환경을 알 수 있는 내용은 거의 없었는데 여기서도 이 점은 마찬가지이다.

이상에서 『경상도속찬지리지』의 내용을 검토해보았다. 이것을 정리해 보면 첫째, 『경상도속찬지리지』의 기본적인 성격은 『세종실록지리지』와 비슷하다는 것이다. 이 책에서는 『세종실록지리지』에 있는 호구 · 전결 · 생산물 · 군정 · 성씨 등에 관한 기록이 없지만, 그렇다고 하더라도 전체적으로는 경제나 군사 관계의 내용이 더 중요시되었던 것 같다. [표 20]을 보면 『경상도속찬지리지』의 전체 편목 41개 중에서 행정 · 경제 · 군사 관계의 편목이 33개나 차지하고 있는 사실로서도 짐작이 가는 일이라고 하겠다. 이 속찬 지리지를 바탕으로 만들어졌다고 생각되는 『팔도지리지』의 편찬자인 양성지는 무술년, 성종 9년 정월에 『팔도지리지』를 인쇄해 관청에 보관하면 그것은 나라를 위해 크게 다행스러운 일이라고 건의했다.[42] 즉 『팔도지리지』는 널리 민간에서 읽히는 책이 아니라 국가의 통치를 이롭게 하는 데 크게 필요한 것이라는 그의 주장에서 『경상도속찬지리지』 또한 국가의 통치에 더욱 절실히 요구되는 책이라는 결론을 내릴 수 있지 않을까 한다.

둘째로는 위에서 설명한 바와 같이 정치 · 경제 · 군사 등의 내용이 중심이 되어 있다고는 하지만, 『세종실록지리지』에 비해 그 비중은 덜한 것

42 "臣於世宗朝 撰高麗史地理誌 世祖朝又受地圖地誌之事 睿宗卽位 申命畢撰 戊子冬始撰 至戊戌正月 書成以獻 乞命印出 藏之官府 軍國幸甚"(『成宗實錄』 卷138, 13年 壬寅 2月 壬子條 南原君梁誠之 上疏)

이라고 하겠다. 이에 반해 예속조의 내용을 보면 이것이 『경상도속찬지리지』의 중심 내용은 아니라 하더라도 그 편목의 수가 증가하고 조사한 내용이 충실해졌음을 알 수 있었다. 이의 비중이 커졌음을 뜻하는 것이다. 특히 제영이라고 하여 시문이 첨가되어 있다거나 승사 · 능묘의 광범위한 조사 그리고 명환(名宦) · 인물 · 효자 · 열녀 등에 관한 내용은 다음에 편찬될 『동국여지승람』에 그대로 반영되는 것이다. 이러한 점에서 볼 때 『경상도속찬지리지』는 조선 초기 지리지 편찬의 역사에서 볼 때 『세종실록지리지』에서 『동국여지승람』으로 넘어가는 중간 단계라고도 할 수 있을 것으로 생각된다. 이러한 내용상의 특징은 바로 『경상도속찬지리지』에 나오는 예속조에 잘 나타나 있다고 생각한다.

『경상도속찬지리지』가 편찬되었던 예종 원년은 『세종실록지리지』가 편찬된 세종 14년부터 약 37년이 지난 후이다. 이 기간 동안 조선왕조는 세조대를 거치면서 더욱 통치 기반을 확고히 해갔으며, 또한 유교문화도 점차 정착해갔다. 따라서 지리지를 편찬하려는 의도가 전과 같을 수는 없었을 것이다. 정치 · 경제 · 군사 등 국가의 통치에 직접적으로 요구되는 내용만을 주로 실었던 『세종실록지리지』에 비해 국가나 역사 · 문화 등에 관한 문화적인 내용의 비중이 훨씬 커졌던 『팔도지리지』의 편찬은 이러한 역사적 상황을 반영하는 것으로 생각되는 것이다.

3. 『동국여지승람』의 편찬

『동국여지승람』은 그 이전에 편찬된 다른 지리지와는 전혀 다른 편찬 경로를 밟았다. 『동국여지승람』의 편찬이 계획된 것은 『팔도지리지』가 완성되기 1년 전부터였던 것 같다. 즉 성종은 노사신(盧思愼) · 서거정(徐居正)

등이 『삼국사절요』를 완성한 성종 7년 12월에 우리나라 문인들의 시문을 모아 양성지가 만든 지리지, 즉 『팔도지리지』에 추가할 것을 명했던 것이다.[43] 이렇게 하여 『동국여지승람』 50권이 완성된 것은 성종 12년 4월이었다.

그러나 곧 그 내용을 수정 · 증보할 필요성을 느끼게 되자 그 체제도 다시 편성하게 되었다. 성종은 16년 3월에 김종직 등에게 『동국여지승람』의 내용을 수정 · 보충하되 그 체제는 『대명일통지』(大明一統志)의 예에 따를 것을 지시한 것이다. 『동국여지승람』이 만들어진 지 불과 4년 후에 중국 송(宋)나라 축목(祝穆)이 만든 『방여승람』(方與勝覽)의 체제를 참고했던 것[44]에서 다시 『대명일통지』 체제로 바꾸려 했던 것이 이러한 개정 작업의 목적이었을 것이다.[45] 『방여승람』은 가희(嘉熙) 3년, 즉 고려 고종 26년에 편찬된 남송시대의 대표적인 지리지이며 『대명일통지』는 천순(天順) 7년, 즉 세조 9년에 편찬된 명의 대표적인 지리지였다. 따라서 조선왕조의 입장으로서는 가장 최근의 중국 지리지인 『대명일통지』를 따르려는 것이 자연스러운 일이라고 하겠다. 이후 『동국여지승람』은 연산군 5년 임사홍(任士洪) 등에 의해 다시 교정되었고 중종 26년 6월에는 이행(李荇) 등에 의해 거듭 증보되었지만[46] 성종 16년 김종직 등에 의해 만들어진 『동국여지

---

43 末松保和, 앞의 논문, pp. 5~6 참조.

44 현재 『방여승람』이 전해지지 않기 때문에 그 내용이나 체제를 알 수는 없다. 따라서 『동국여지승람』 편찬 당시에 『방여승람』의 어떤 점을 참고하려고 했는지는 알 수 없다.

45 이러한 내용은 김종직이 쓴 『동국여지승람』의 다음과 같은 발문에 잘 나타나 있다. "成化二十年三月日 上命承政院 召今平安道觀察使臣成俔 忠淸道觀察使臣蔡壽泊 臣宗直 出示宣城府院君臣盧思愼等所進東國輿地勝覽五十卷 仮傳曰 是書 據祝穆之編 提其事要 兼采詩文 博求而廣記之 於國家文獻 誠有所益 然其間 山川及古實恐或脫略 而諸人之作 荒穴殽雜者 頗有之爾等宣更讐校檃括 期至於精 當其凡例 一以大明一統志爲法"(東國輿地勝覽 金宗直 拔).

46 『동국여지승람』의 간행 경위에 대하여는 末松의 앞의 논문, pp. 6~8 참고.

승람』의 체제는 변경됨이 없었던 것이다.

『동국여지승람』이 『대명일통지』의 체제를 참고했다는 것은 특히 그 편목의 설치에 있어서 두드러지게 나타나고 있다고 생각된다. [표 25]는 『대명일통지』와 『동국여지승람』의 편목을 비교해 만든 것이다.[47]

[표 25] 『동국여지승람』과 『대명일통지』 편목 비교

구분	건치연혁建置沿革	속현	진관鎭管	관원官員	토관土官	군명郡名	원우院宇	토성土産	창고	성곽	관량(關梁)			봉수烽燧	역	성씨	풍속	궁실宮室
											관방關防	교량	관량					
『동국여지승람』	○	○	○	○	○	○	○	○	○	○	○	○		○	○	○	○	○
『대명일통지』	○					○		○					○				○	○

구분	누정樓亭	제영題詠	학교學校	서원書院	불우(佛宇)		사묘祠廟	능묘	고적古跡	명환名宦	인물	유우流寓	효자	열녀	선석仙釋	산천	형승形勝
					불우	사관寺觀											
『동국여지승람』	○	○	○		○		○	○	○	○	○	○	○	○		○	○
『대명일통지』			○	○		○	○	○	○	○	○	○		○	○	○	○

[표 25]에 의하면, 『동국여지승람』의 전체 편목이 31개이고 『대명일통지』가 19개인데, 이 중 두 지리지에 공통되는 편목이 16개나 되며 그 편

47 『대명일통지』와의 편목 비교는 末松도 시도한 바 있다(앞의 논문, pp. 24~25). 그러나 그에 대한 자세한 분석을 하지는 않고 있다.

목의 명칭도 동일하다. 『대명일통지』 편목의 대부분이 그대로 『동국여지승람』에서도 설치되어 있다고 하겠다. 또한 경도한성부의 지리지도 『대명일통지』의 경사순천부(京師順天府)의 그것을 따랐다. [표 26]은 이를 정리한 것인데 [표 26]에 의하면 『대명일통지』에서 경사와 순천부를 구분한 예는 그대로 여기에 반영되어 경도와 한성부가 구분되어 있다.

[표 26] 『동국여지승람』과 『대명일통지』의 경도 · 경사 지지 편목 비교

구분			연혁	성곽		궁궐	단묘 (壇廟)	원유 (苑囿)	산릉 (山陵)	문직 공서 (文職公署)	무직 공서 (武職公署)
				성곽	성지 (城池)						
『대명일통지』	경사순천부		○		○	○	○	○	○	○	○
『동국여지승람』	경도	상	○	○		○	○	○			
		하								○	○
	한성부										

* 한성부와 순천부의 경우는 [표 25]와 동일하므로 여기서는 기재를 생략했다.

그리고 경사와 경도의 편목을 보더라도 『대명일통지』에서는 성지(城池)라고 한 것을 『동국여지승람』에서는 성곽이라고 한 것과 전자의 산릉(山陵)이 후자에는 없다는 점을 제외하면 나머지 편목은 그 수나 명칭이 모두 일치한다. 이렇게 볼 때 『동국여지승람』은 『대명일통지』의 체제를 많이 참고했다는 것이 사실로서 입증된다.

그렇지만 『동국여지승람』이 『대명일통지』의 단순한 모방에 그치는 것은 결코 아니다. 『동국여지승람』의 편찬자들은 『대명일통지』의 체제를 어느 정도 참고했지만 어디까지나 그것은 자신들의 입장을 정당화하기 위한 하나의 방편에 불과한 것이었다. 이러한 점은 [표 25]에서도 잘 나타나 있다. 즉 『동국여지승람』의 총 편목 수가 『대명일통지』보다도 12개나 더 많다는 것도 하나의 예라고 할 수 있을 것이다. 뿐만 아니라 『대명일통지』에선 도교와 불교 사찰을 총칭해 사관(寺觀)이라고 한 것을 불교에 국한시켜 불사라고 한다든지 혹은 서원과 같이 조선 초기에는 없었던 것은 그것을 제외했으며 고승들을 조사·기록한 불석(佛釋)은 승려 탄압의 정책을 적극 추진했던 조선의 입장에 맞지 않는 것이었기 때문에 제외된 것이 아닌가 한다. 여기에 『세종실록지리지』 이래 우리나라 지리지의 특징이라고 할 성씨라든가 혹은 역원·봉수(烽燧) 등의 편목이 『동국여지승람』에만 설치되어 있는 것 등은 이의 편찬자들이 『대명일통지』의 체제를 단순히 따르려고만 했던 것은 아니었음을 말해준다고 하겠다.[48]

『팔도지리지』의 편찬이 완료되기에 앞서 그 편찬이 계획되고 그것이 또한 중국의 지리지인 『대명일통지』의 영향을 받아서 만들어진 『동국여지승람』은 이전의 두 지리지, 즉 『세종실록지리지』나 『팔도지리지』와는 그 성격이나 내용이 크게 달랐다. 이것은 이들 세 지리지의 편목을 비교해봄으로써도 알 수 있다. [표 27]은 앞의 [표 4], [표 19]의 예에 따라 분류해 그 내용을 서로 비교해본 것이다.

여기에 따르면 행정조의 경우 연혁·속현·토관·군명·원우·교량 등 8개 편목이 들어가 있다. 『경상도속찬지리지』 중의 유명영현·도진·정도 등의 편목은 여기서는 없어졌다. 경제조의 경우는 이전 지리지의 다양한 내용과 비교하면 너무나 간략해 토산·창고의 두 편목만이 있을 뿐이다. 군사조도 마찬가지여서 『세종실록지리지』의 11개 편목, 『경상도속찬지리지』의 15개와는 비교도 되지 않는 성곽·관방·봉수·역 등의 네 편목만이 있을 뿐이다. 한편 『세종실록지리지』의 주요 내용이었다가 『경

48 『대명일통지』의 체제를 따르면서도 『동국여지승람』의 찬자들의 독립적인 입장이 고려되었다는 점에 대하여는 末松도 지적했다. 그는 특히 성씨의 기록과 선석의 기록이 보여주는 두 지리지 사이의 차이를 들어 이 점을 설명하고 있는 것이다(앞의 논문, pp. 25~26).

[표 27] 『세종실록지리지』, 『경상도속찬지리지』, 『동국여지승람』의 편목 비교

분류		행정																	경제					
내용(편목)		연혁	건치연혁	속현	향소부곡	진관	소령	관원	토관	군명	원우	교량	유명영현	도진	정도	해도	사경	월경처	토산	창고	공세	제언	고분	종양약재
『세종실록지리지』	총론	○					○										○							○
	일반군현	○			○		○	○								○	○	○	○		○	○		
『경상도속찬지리지』		○			○		○	○			○	○	○	○	○	○	○				○	○	○	○
『동국여지승람』			○	○		○		○	○	○	○	○							○	○				

분류		경제														군사								
내용(편목)		어량	도기소	자기소	세공	부세	공물	약재	토의	염소	염분	간전	호	구	관개전결	성곽	관방	봉수	봉화	역	주진	강무장	목장	관방
『세종실록지리지』	총론					○	○	○				○	○	○										
	일반군현	○	○	○				○	○	○		○	○	○		○			○	○			○	
『경상도속찬지리지』		○	○	○	○						○				○	○			○	○	○	○	○	
『동국여지승람』																○	○	○		○				○

분류		군사												사회	예속									
내용(편목)		진				수영		목책	험조요해	긴관	야인소거	양계본영	군정	성씨	풍속	민속	궁실	누정	누태	학교	불우	승사	사묘
		군관	수성군	기병	보병	병선	선군																
『세종실록지리지』	총론	○	○		○	○							○										
	일반군현						○	○					○	○		○						○	○
『경상도속찬지리지』				○	○	○	○	○	○	○	○	○							○			○	○
『동국여지승람』														○	○		○	○		○	○		○

분류		풍속													자연환경							
내용(편목)		능묘	고적	수령명현	명환	인물	토성명현	우거	효자	열녀	정표문려	제영	행제소	영이	산천	형승	명산	대천	온천	빙혈	풍혈	토질
『세종실록 지리지』	총론																○	○	○	○		
	일반군현	○				○							○	○			○	○	○	○	○	○
『경상도속찬지리지』		○		○			○				○	○										
『동국여지승람』		○	○		○	○		○		○	○	○			○	○						

상도속찬지리지』에서는 없어졌던 성씨가 여기서는 다시 독립된 내용으로 첨가되어 있다. 그전에 예속조를 보면 오히려 더 많은 편목이 실려 있음이 주목된다. 『세종실록지리지』, 『경상도속찬지리지』의 이 방면의 편목 수가 각각 7개, 8개인데 반해 여기서는 14개나 되어 그 수가 대폭 증가되었던 것이다. 끝으로 자연환경조는 산천 · 형승의 두 편목이 실리게 되었을 뿐이다. 이상 [표 27]의 검토를 종합해보면 『동국여지승람』에서는 특히 예속에 관계되는 내용이 타 내용보다 큰 비중을 차지하며, 반면에 이전 지리지에서 중요시되었던 경제나 군사 관계의 내용은 거의 취급되어 있지 않은 것이 특징이라고 하겠다. 그러면 이제 이 책의 내용을 하나씩 검토해보기로 한다.

첫째, 행정: 서거정의 『동국여지승람』 서에 의하면 처음 이 책이 만들어지던 성종 12년대 군현의 총 수가 나타나 있다. 이것을 『세종실록지리지』의 그것과 비교해 [표 28]을 만들었다.[49]

49 末松도 신증『동국여지승람』에 나타나 있는 도별 군현수를 조사했다(앞의 논문, p. 21). 그런데 그가 조사한 바에 의하면 경상도의 현 수가 40개로 되어 있으나 필자가 조사한 바로는 39개라는 점이 다를 뿐 다른 것은 서로 일치함을 확인했다.

[표 28] 지방행정 단위의 도별 · 지지별 통계

구분	경기		충청		경상		전라		황해		강원		함경		평안		계		
	신증	실록	신증	실록	신증	실록	신증	실록	신증	실록	신증	실록	신증	실록	신증	실록	신증	승람	실록
부(府)	–	–	–	–	1	1	1	1	–	–	–	–	1	1	1	1	4	4	4
목(牧)	4	1	4	4	3	3	2	2	2	2	1	1	–	1	3	3	19	20	17
대도호부(大都護府)	–	–	–	–	1	1	–	–	–	–	1	1	1	1	1	1	4	4	4
도호부(都護府)	7	8	–	–	7	6	4	4	4	3	5	4	12	9	6	4	45	44	38
군(郡)	7	6	12	11	15	15	12	12	7	7	7	7	4	8	18	25	82	83	91
현(縣)	19	26	38	40	39	40	38	37	11	12	12	11	4	1	13	13	174	173	180
계	**37**	**41**	**54**	**55**	**66**	**66**	**57**	**56**	**24**	**24**	**26**	**24**	**22**	**21**	**42**	**47**	**328**	**328**	**334**

[표 28]에 의하면 조선 초기의 지방행정 단위는 부 · 목 · 대도호부 · 도호부 · 군 · 현으로 나누어져 있음을 알 수 있다. 이를 지리지별로 보면 『세종실록지리지』의 부 이하 군현의 총수가 334개, 『동국여지승람』과 신증 『동국여지승람』이 모두 328개로 전자보다 6개가 줄었다. 행정 단위별로 보면 부와 대도호부는 그 수에 변동이 없으며 목은 세종대에 17개이던 것이 성종대는 20개, 중종대로 19개로 변해갔으며, 도호부는 38개에서 44개, 45개로 늘었고, 반면 군은 91개에서 83개, 82개로 줄고 현도 또한 180개에서 173개, 174개로 줄었다.

이상의 것을 종합해보면 『세종실록지리지』가 편찬된 후 성종 12년 『동국여지승람』의 편찬 시까지에는 군현의 변동이 어느 정도 있었지만 이후 중종 6년 『신증동국여지승람』이 나오기까지에는 거의 변화가 없었음을 알 수 있다. 따라서 조선 초기의 지방제도는 적어도 성종 12년경에는 거의 정비되었던 것이 아닐까 생각된다. 그리고 지방제도의 편성에 있어서 그 지역적인 특수성이 고려되었던 것 같다. 즉, 삼남지방에는 군과 현이 다른 행정단위에 비해 훨씬 많은 비중을 차지하고 있는 데 비해 양계지방은 도호부와 군이 중심이 되어 있는 것 같다. 이것은 양계지방의 군사적 · 지리적 특수성이 삼남의 그것과는 다르다는 점이 고려되었던 것으로 생각된다.

『동국여지승람』에서도 군현 및 향 · 소 · 부곡이 조사되어 있는데 이를 정리해 『세종실록지리지』와 비교하면 [표 29]와 같다.

[표 29] 『세종실록지리지』, 『동국여지승람』의 속현 · 향 · 소 · 부곡 수 비교

구분	속현		향		소		부곡	
	승람	실록	승람	실록	승람	실록	승람	실록
경기	5	13	–	3	–	–	–	12
충청	7	15	1	5	–	10	1	13
경상	43	49	–	7	–	6	9	40
전라	2	–	–	–	–	–	1	–
황해	–	1	–	–	–	–	–	–
강원	12	16	–	1	–	2	–	–
함경	2	14	–	–	–	–	–	–
평안	–	4	–	–	–	–	–	–
계	**71**	**112**	**1**	**16**	–	**18**	**11**	**65**

[표 29]에서도 속현이나 향 · 소 · 부곡이 없어져가는 경향은 뚜렷이 나타나고 있다. 즉, 속현은 『세종실록지리지』에 비해 41개소가 감소했으며 향은 겨우 1개소가 남아 있고 소는 아주 없어졌으며 부곡은 54개소가 줄어 겨우 11개가 남아 있을 뿐이다. 이미 『동국여지승람』의 편찬 당시에는 속현이 71개소가 남아 있기는 하지만 향 · 소 · 부곡은 거의 다 없어졌다고 할 수 있으며, 이 점은 군현제도가 성종 12년까지에는 정비되었을 것

이라는 점과 일치하는 현상이 아닌가 한다.

그런데 『동국여지승람』의 고적조에는 이미 없어져 직촌이 된 속현 및 향 · 소 · 부곡이 조사되어 있어서 조선왕조 초기에 이들을 적극 군현에 직속시켜나가기 전의 상태를 어느 정도는 짐작할 수가 있을 것 같다.

[표 30]은 고적조에 나오는 속현 · 향 · 소 · 부곡의 수와 속현조에 나오는 수를 함께 정리하고, 이를 다시 『세종실록지리지』와 비교해본 것이다.

[표 30] 『동국여지승람』의 고적 및 속현조에 조사된 속현 · 향 · 소 · 부곡 통계

구분	속현				향				소				부곡			
	여지승람			실록	여지승람			실록	여지승람			실록	여지승람			실록
	고적	속현	계		고적	속현	계		고적	속현	계		고적	속현	계	
경기	18	5	23	13	11	0	11	3	6	0	6	0	18	0	18	12
충청	11	7	18	15	20	1	21	5	61	0	61	10	68	1	69	13
경상	24	43	67	49	31	0	31	7	43	0	43	6	188	9	197	40
전라	56	2	58	0	51	0	89	0	51	0	89	0	10	1	79	0
황해	4	0	4	1	7	0	7	0	7	0	10	0	0	0	0	0
강원	8	12	20	16	3	0	3	1	33	0	33	2	10	0	10	0
함경	12	2	14	14	0	0	0	0	0	0	0	0	0	0	0	0
평안	2	0	2	4	6	0	6	0	0	0	0	0	3	0	3	0
계	**135**	**71**	**206**	**112**	**129**	**1**	**130**	**16**	**242**	**0**	**242**	**18**	**365**	**11**	**376**	**65**

[표 30]에서 고적조의 수와 속현조의 수를 합하면, 이들이 직촌화하기 이전의 수를 알 수 있을 것 같다. 이 합한 수를 살펴보면 속현이 206개, 향이 130개, 소가 242개, 부곡이 376개소나 되어 『세종실록지리지』의 112, 16, 18, 65개소와는 그 수가 비교되지 않을 만큼 큰 차이가 있다. 물론 이 고적조에 나타난 속현 · 향 · 소 · 부곡의 수가 모든 없어진 수를

정확하게 반영하지도 않으며,[50] 또한 그 혁파된 연대를 정확히 알 수도 없다.

그러나 앞에서 인용한 바 있는 태종 9년 윤향(尹向)의 진언에 의해 전라도의 향 · 소 · 부곡을 모두 없앴을 때의 그 수가 속현은 52개, 향은 62개, 소는 100개, 부곡은 52개소에 달했던 사실을 생각하면, 적어도 태종 9년 이전에는 상당히 많은 수의 향 · 소 · 부곡이 남아 있었다고 생각된다. 향 · 소 · 부곡의 소멸이 고려시대에도 있었던 현상이기는 하지만, 위와 같은 사실로 미루어볼 때 이들이 본격적으로 직촌화되었던 것은 태종 9년에서 『세종실록지리지』가 편찬될 때까지의 시기가 아니었을까 한다.

둘째, 경제 관계 내용을 보면 [표 27]에서 보듯이 토산과 창고 둘뿐이다. 이 두 편목으로 당시의 경제 상태를 파악한다는 것은 불가능한 일이라고 생각된다. 따라서 『동국여지승람』에서 토산과 창고의 두 내용을 기재한 것은 이로써 전국의 경제 실태를 알고자 했던 것은 아니었다고 생각된다. 단지 토산과 창고는 국가가 전국의 생산물을 지배하고, 이를 국가 경제의 기반으로 삼는다는 상징적인 의미가 내포된 것이라고 생각한다. 왜냐하면 국가 경제의 실태를 파악하기 위해서는 호구라든가 전결 수 등에 대한 조사가 무엇보다도 중요했던 시기에 이의 편찬자들이 토산 · 창고의 두 편만으로 국가 경제의 전모를 알려고 하지는 않았을 것으로 생각되기 때문이다.

셋째로 군사 관계를 보면 성곽 · 관방 · 봉수 · 역 등 네 편목이 이에 포함되어 있음을 [표 27]에서 알 수 있다. 관방을 제외한 세 내용에 대한 조

---

50 武田이 『고려사』 지리지에 기록되어 있는 속현의 수를 조사한 결과에 의하면 전국의 속현 수는 377개에 달하고 있다(앞의 논문, p. 32 [표 AI] 참고). 이것은 고적조의 기록과 실제로 남아 있는 속현을 합한 206개보다도 훨씬 많은 것이다. 이렇게 볼 때 『동국여지승람』의 고적조에 조사된 속현 · 소 · 부곡 등의 수가 완벽한 것이 아님을 알 수 있다.

사를 정리하면 [표 31]과 같다.[51]

[표 31] 『동국여지승람』, 『세종실록지리지』에 조사된 성곽 · 봉수 · 역의 수 비교

구분	성곽		봉수		역	
	승람	실록	승람	실록	승람	실록
경기	2	6	35	21	50	69
충청	24	42	41	48	74	61
경상	43	59	141	133	156	151
전라	41	35	70	58	59	50
황해	9	8	40	31	30	24
강원	11	19	47	47	81	57
함경	50	24	169	102	53	–
평안	33	21	120	90	37	45
계	**183**	**214**	**663**	**530**	**540**	**457**

[표 31] 또한 『세종실록지리지』와 비교한 것인데 여기에 의하면 성곽은 전국적으로 30개소가 줄었지만 전라 · 평안 양도는 오히려 그 수가 늘어나고 있음이 눈에 띈다. 봉수는 전지보다도 오히려 133개소가 늘었는데, 특히 함경도가 67개소, 평안도가 30개소가 늘어나 봉수의 증가는 주로 양계지방에서 일어났음을 알 수 있다. 군사적으로 특히 중요시했던 이 지역의 특수성을 고려한다면 이러한 사실은 어느 정도 이해가 될 것으로 생각된다. 역도 전지보다 83개소가 증가했는데, 그 중 53개가 함경도에 증치(增置)되어 있는 것도 또한 봉수의 경우와 마찬가지일 것이다.

51 여기서는 신증 『동국여지승람』의 '신증' 이하의 기록은 조사 대상에서 제외했다. 그것은 『동국여지승람』이 처음 편찬되었던 성종대의 사정을 좀 더 정확히 파악하기 위해서이다. '신증'된 것까지 모두 합해진 각종 조사 자료의 통계는 이미 末松이 작성한 바 있다(앞의 논문, p. 29 도표 참조).

그러나 『세종실록지리지』나 『경상도속찬지리지』에서 군정이나 전국 지방군의 편성이나 그 실태가 조사되었던 것에 비하면 『동국여지승람』의 군사 관계 내용은 매우 형식적인 것에 지나지 않는 것으로 생각된다.

넷째, 성씨에 대한 기록을 검토해보자. 우선 설명의 편의를 위해 『세종실록지리지』와 『동국여지승람』의 경주부 성씨 기록을 비교해 [표 32]를 만들었다.

[표 32]를 보면 『동국여지승람』의 성씨 기록이 『세종실록지리지』와는

[표 32] 『동국여지승람』, 『세종실록지리지』 경주부 성씨 기록의 비교

『세종실록지리지』			『동국여지승람』		
지역	성	성씨	성씨	성 · 소래처	지역
本府	土姓 天降姓 來姓 賜姓 續姓	李崔鄭孫裵薛 朴昔金 康 偰 楊(鄕吏)	朴昔金 李崔鄭孫裵薛 康 偰 楊	新羅宗姓 六 部 姓 洞洲 回鶻 續	本府
安康縣	安康姓 唐來姓 續姓	安盧金黃廉 邵邊 尹崔李(鄕吏)	安盧金黃廉 邵邊 尹	並唐 松生	安康縣
杞溪縣	杞縣姓 續姓	俞楊益尹 金(鄕吏)	俞楊益尹 金	金海	杞溪縣
神光縣	神光姓	徐陳尹申	徐陳尹申		神光縣
慈仁縣	慈仁姓 續 姓	朴韓鄭周 任邊(鄕吏)	朴韓鄭周 任邊	珍島加恩	慈仁縣
仇史部曲	仇史姓 來姓	鄭石曹 全(長役)	鄭石曹 全	辛山	仇史部曲
北安谷部曲	北安谷姓 續姓	李宋葛 洪金(長役)	李宋葛		北安谷部曲
竹長部曲	續姓	葛金李宋	葛(續)李金宋	並來	竹長部曲
省法伊部曲	續姓	金崔(長役)	金崔	並續	省法伊部曲

크게 다르다는 점을 알 수 있다. 『세종실록지리지』는 지역에 따라서 일단 성씨를 구분하고 다시 지역별로 토성과 그 외 천강성(天降姓)·사성(賜姓)·내성(來姓) 등의 구분을 하고 있는 데 대해 『동국여지승람』에서는 지역에 따른 구분은 있지만 그 외의 구분은 없다. 『세종실록지리지』에서는 특히 본부의 토성만이 강조되고 있었던 것과는 달리 『동국여지승람』에서는 이러한 본부의 토성도 구별되지 않고 속현이나 부곡의 성과 다름없이 표기되어 있다. 성종대에 이르면 향·소·부곡은 거의 소멸되어 직촌이 되었으며, 속현도 그 수가 크게 감소했음은 이미 살펴본 바이다. 인위적으로 본관과 속현·향·소·부곡을 구분해야 할 필요성은 없으며 어떤 의미에서는 이들 속현이나 향·소·부곡의 성들도 모두 본부의 성과 마찬가지가 되었다고도 할 수 있다. 따라서 본관토성의 구분은 별 의미가 없는 것이라고 생각된다. 『동국여지승람』의 성씨 표기가 본부·속현·부곡별로 되어 있는 것은 거주 지역의 차이를 구분하려는 것이 아니라 단지 본관(本貫)의 표시를 하기 위함이었다고 생각한다.[52]

양주(驪州)의 고적조에 이미 없어진 향·소·부곡을 기록하는 것이 성씨의 '所本之地'를 알기 위함이었다고 밝힌 것에서 본관을 밝히려는 편찬자들의 의도는 나타나 있는 것은 아닐까 한다.

『동국여지승람』 성씨 기록의 또 하나의 특징은 성씨의 신분상의 구분

52 이수건은 앞의 논문에서 토성이 『동국여지승람』 성씨조에 보이지 않는 것은 종래 토성의 지연적 의미가 상실되고 거주지에 상관없이 오로지 본관이 문제되었기 때문이라고 했다(p. 24). 이 점에 대해 필자도 그러리라고 생각한다. 그러나 여기에도 문제는 있다고 본다. 만약 본관만이 문제된다고 할 때 『동국여지승람』에 많이 보이는 내성은 어떻게 설명될 것인가가 문제이다. 예컨대 경주부의 속현인 안강성(安康姓)에는 김해에서 온 김씨가 조사되어 있는데 만약 거주지가 문제되지 않고 본관만이 문제되었다면 이 김씨는 구태여 여기에 밝힐 필요조차도 없는 것이 아닐까. 이것으로 미루어 생각하면 토성의 경우가 본관만이 문제되어 『동국여지승람』에서는 토성의 표기를 하지 않았다는 데는 다소 의문이 생길 수 있는 것으로 보인다.

이 전혀 언급되어 있지 않다는 것이다. 경주부만 하더라도 『세종실록지리지』에서는 모든 속성(續姓)이 향리 · 장역(長役)이 되었다고 하여 그 신분이 밝혀져 있는데 여기서는 전혀 그런 언급이 없다. 또한 [표 32]에는 나타나 있지 않지만 상주목 단밀현의 인리성(人吏姓) 나(羅)씨도 그 신분의 표기는 되어 있지 않으며, 전라도 남원의 토성이 인리성 · 백성성으로 구분되어 있었던 것도 『동국여지승람』에서는 그러한 구분이 되어 있지 않은 것이다. 이러한 사실이 무엇을 의미하는 것인지는 알 수 없지만 적어도 인리 · 백성성의 구분이 의미를 상실한 것은 아닐까 생각해본다. 그러나 과거의 인리성 집단과 백성성 집단의 신분이 어떻게 변했던 것인지의 여부는 잘 모르겠다.

한편 두 지리지의 속성의 기록이 크게 다르다는 점이 눈에 띈다. 『세종실록지리지』에서는 구사부곡(仇史部曲)을 제외하면 본부 및 모든 속현에 속성이 있는데 『동국여지승람』의 경우는 본부와 죽장(竹長)의 갈(葛)씨, 성법이(省法伊)의 김 · 최 씨만이 속성으로 표시되어 있을 뿐이다. 그리고 『세종실록지리지』에서는 경주부에 속한 모든 속성이 향리 · 장역 등의 신분으로 되어 있는데 『동국여지승람』에서는 이러한 언급이 전혀 없다. 속성의 감소가 곧 향리 신분의 이탈을 뜻하는 것으로 생각되기도 하지만, 그렇다 하더라도 그것이 신분의 향상인지 어떤지는 잘 모르겠다. 다만 『동국여지승람』에서도 여전히 속성으로 남아 있는 성씨 집단만은 역시 향리 신분층이 아니었을까 추측된다.

다섯째로, 예속조의 내용을 검토해보자. 우선 인물에 관한 것을 제외한 나머지 내용을 정리해보면 [표 33]과 같다.

[표 33]에 의하면 관실이 42개소가 되며 학교는 4개소이다. 『동국여지승람』의 학교조를 보면 모든 군현에 빠짐없이 향교가 설치되어 있음을 알 수 있다. 따라서 [표 33]에 조사되어 있는 4개의 학교는 이 향교를 제외한

[표 33] 『동국여지승람』 예속조 기록에 관한 조사

구분	궁실	학교	불우	사묘	능묘	고적	누정
경기	3		170	16	140	134	19
충청	4		257	15	11	291	50
경상	17		272	22	20	509	114
전라	11	2	268	18		393	86
황해	3		207	17	3	79	6
강원	1		116	8	3	140	46
함경	1		74	6	11	140	13
평안	2	2	222	12	2	198	27
계	**42**	**4**	**1,586**	**114**	**190**	**1,884**	**381**

것이다. 전라도의 제주목에는 향교 이외에도 월계정사(月溪精舍) · 금녕정사(今寧精舍) 두 곳이 있다. 이 정사(精舍)는 아직 향교는 아니지만 그에 준하는 곳으로 생각되며, 제주목향교의 유생을 나누어 그 거주지에 가까운 곳의 정사에 가서 배우게 했던 것이다. 한편 평안도의 두 곳은 의주와 평양의 역학당(譯學堂)이 조사되어 있다.

『세종실록지리지』에서는 당시의 대불교 정책과 관련해 혁파되지 않은 사원을 중심으로 43개소밖에 조사되지 않았던 것이 『동국여지승람』에서는 무려 1,586개소나 조사되어 있다. 『경상도속찬지리지』의 불사가 66개로 전지보다 크게 줄었으나 『동국여지승람』의 경상도지에는 무려 272개소나 조사되어 있는 것이다.

사묘(祠廟)의 경우는 [표 33]에 조사된 수가 비록 114개소이지만 실제 『동국여지승람』에는 모든 군현에 사직단(社稷壇) · 문묘(文廟) · 성황사(城隍祠) · 여단(厲壇)의 4개는 공통적으로 되어 있기 때문에 [표 33]에서는 이를 제외한 것이다. 세종대에는 주로 역대 시조사가 설치되어 있던 것과는 달리 성종대에는 그간 국가의 사전(祀典)이 확립됨에 따라 전국적으로 많은 사묘가 설치되었으며, 위의 네 사묘가 이의 중심이 되었다고 생각된다. 이 네 사묘의 비치도 대체로는 일정하여 문묘는 항상 향교 내에 있으며, 사직단은 그 지방의 서쪽에, 성황사는 동쪽에 그리고 여단은 북쪽에 위치해 있는 것이 이채롭다.

능묘는 선왕 · 선후의 능침(陵寢)과 명현의 묘를 함께 조사해 전국적으로 900여 개소가 되는데, 이 중 140개가 경기도에 집중되어 있다. 이것은 경도나 고려왕조의 도읍인 개성에 가까운 지역이었기 때문으로 생각된다. 그리고 이 책에서는 삼국시대 이래의 궁궐터 · 사지(寺址) · 성터 등 고적 1,884개가 조사되어 있으며 누정(樓亭)도 381개소나 조사되어 있다.

한편, 『세종실록지리지』에서는 토성명현만을 중심으로 한 인물 조사가 행해지긴 했지만 그 수 또한 많지 않았다. 그러나 『동국여지승람』에는 역사적 인물에 대한 관심이 광범위하게 표현되어 있다. [표 34]는 이 인물에

[표 34] 『동국여지승람』에 조사된 인물의 시대별 · 도별 통계

구분	명환			인물						우거			효자			열녀		
	삼국	고려	조선	삼국		고려		조선		삼국	고려	조선	삼국	고려	조선	삼국	고려	조선
				승람	실록	승람	실록	승람	실록									
경기	5	29	28	1	0	97	13	54	1	0	7	9	0	2	6	0	2	8
충청	8	40	51	10	0	67	4	42	2	1	2	9	1	9	21	0	4	6
경상	20	119	116	38	3	186	14	158	5	0	7	33	13	29	74	1	9	21
전라	9	74	56	7	0	120	15	53	0	0	6	13	0	12	18	3	12	20
황해	0	16	10	0	0	51	7	34	0	0	0	2	0	2	6	0	0	7
강원	5	22	16	4	0	52	3	17	0	0	1	1	0	4	3	0	3	1
함경	2	7	21	0	0	4	1	4	1	0	2	5	0	0	3	0	0	2
평안	1	47	29	8	0	24	2	14	1	0	0	1	0	4	12	0	0	3
계	**50**	**354**	**327**	**68**	**3**	**601**	**59**	**376**	**10**	**1**	**25**	**70**	**14**	**62**	**143**	**4**	**30**	**68**

대한 기록을 항목별 시대별로 정리한 것이며, 인물조는 『세종실록지리지』와 비교해 만든 것이다. 여기에 의하면 명환은 삼국시대인이 50인, 고려인이 354인, 조선시대인이 327명이 된다. 인물의 경우는 『세종실록지리지』의 경우 삼국시대인이 3인, 고려인이 59인, 조선인이 10인인 데 비해 여기서는 각기 68, 601, 376인이나 조사되어 있다. 경주부의 경우엔 사다함(斯多含)·관창(官昌) 등 화랑도 조사되어 있는가 하면 평양의 인물조엔 을지문덕·온달(溫達)·고연수(高延壽)·고혜진(高惠眞) 등 고구려의 유명한 무장에 대한 기록도 있는 등 역사상 국가에 유공한 인물들에 대한 광범위한 조사가 행해져 있다. 우거(寓居)의 경우도 삼국인이 1인, 고려·조선시대인이 각기 25, 70명이나 된다. 그리고 효자도 시대별로 각기 14, 62, 143명이나 되며 열녀도 각기 4, 30, 68명이나 된다.

마지막으로 자연환경조의 내용을 보면 『동국여지승람』에서도 산천·형승(形勝)의 두 내용이 있는데, 이는 『세종실록지리지』의 명산·대천과는 상당히 다르다. 경주부의 경우를 예로 들어 두 지리지의 기록을 비교해보면 이러한 차이점은 명백히 드러날 것이다. 『세종실록지리지』에선 명산으로 금오산(金鰲山)과 형산(兄山)이 조사되어 있을 뿐 대천에 관한 기록은 없다. 그러나 『동국여지승람』을 보면 산천조에는 낭산(狼山)·토함산(吐含山)·금강산 등 30여 개의 산과 령이 조사되어 있으며, 바다의 위치와 두 개의 포구 및 동천 등 5개의 강이 조사되어 있는 것이다. 형승의 경우도 경주부를 예로 들어보면 "[경주부의] 지형에는 산과 험한 곳이 많다", "산과 강이 매우 아름답다" 등으로 이곳의 지형상의 특징이 설명되어 있다. 그러나 이러한 설명은 실측에 의한 것이 아니라 각기 『수서』(隋書)나 서거정의 글에 나타나 있는 것으로서, 인간과 자연환경과의 관계를 설명해주는 기록은 되지 못하는 것으로 생각된다.

이상에서 『동국여지승람』의 여러 내용을 살펴보았다. 그리고 그 내용이 이전의 지리지와는 매우 다르고, 중점을 둔 내용도 서로 다르다는 사실을 어느 정도는 알게 되었다고 생각한다. 이제 『동국여지승람』의 편찬의 의도가 어떠한 것이었나를 고찰해볼 필요가 있다.

『동국여지승람』에서는 특히 예속조의 내용이 그 중심적인 내용이 되고 있음을 확인한 바이다. 따라서 이 예속조의 내용이 어떠한 목적으로 설치되었는가를 살펴보는 것은 『동국여지승람』의 편찬 의도를 밝히는 데 큰 도움이 될 것으로 믿는다. 『동국여지승람』의 서문에는 다행히 이들 편목의 설치 이유가 밝혀져 있다.

그 내용을 보면, 묘사는 조종을 높이며 신령스러운 것을 존경하기 때문이며, 능침은 왕실의 조상이 잠든 땅이며, 궁실은 상하의 구분을 엄하게 하여 위엄을 보이고자 그 내용을 여기에 담는다는 것이다. 또한 사단(祀壇)은 국가가 반드시 지켜나가야 할 전례(典禮)이며 사찰은 역대로 거기서 [국가의] 복을 빌었기 때문에 기록한다는 것이다.[53] 이러한 내용들에서 우리는 편찬자들의 국가의식이 여러 방면에 걸쳐 표현되고 있음을 본다.

한편 학교는 일국의 인재를 교육하는 곳이며, 정문은 삼강의 근본을 표창하는 것이며, 누대는 때에 따라 노닐며, 사신을 접대하는 곳으로서 여기에 실린다는 것이다. 더욱이 제영은 왕의 교화를 노래로 칭송하는 것이 실로 시와 문밖에 없으므로 기록한다고 하여, 이들 내용에서는 유교문화가 발전하고 토착화되어가는 과정 속에서 이들의 문화에 대한 의식이 『동국여지승람』의 편찬에도 반영되었음을 알 수 있다.

다음으로, 사묘를 보면 역사상 유명한 인물을 존숭하는 것이며, 인물은

53 사찰의 조사가 "歷代以之祝釐"라고 한 것은 개인의 경우라기보다는 국가의 입장에서였다고 생각되었다. 그것은 우리나라의 불교가 특히 호국신앙과 깊은 관련이 있는 것으로 생각되었기 때문이며, 특히 본문의 "역대"라는 말 자체가 개인보다는 국가의 입장을 나타내는 것으로 생각되었기 때문이다.

역사상의 현인을 기록하는 것이고, 명환은 장래에 잘하기를 권하고 있는 것이라고 했다. 역사상의 인물들을 통해 자신들의 교훈을 삼으려는 것은 연혁 서술을 통해 각 지방의 흥폐를 먼저 알지 않을 수 없다는 것과도 통하는 것이라고 하겠다. 지리지의 편찬을 통하여도 그들의 역사 속에서 현재 자신들의 입장을 밝히고 미래의 규범으로 삼으려는 편찬자들의 역사의식이 이에 나타나 있다고 생각되는 것이다.

『동국여지승람』의 내용의 구성에 나타난 이러한 당시 지배층들의 의식은 그 구체적인 서술에서도 잘 표현되고 있다. 우선 『동국여지승람』의 연혁 서술에 있어서 그 연대의 표기가 자주적으로 되어 있다는 점이다. 『세종실록지리지』나 『경상도속찬지리지』와는 달리 중국 측 연호가 거의 전혀 사용되지 않고 있다는 것이다. 예를 들어 경기도의 연혁과 광주목의 처음 연대 표기를 보면 『세종실록지리지』에선 '成宗(高麗) 14年', '淵祚 13年'이라는 우리 측 연호를 밝히고 반드시 '宋太宗至道三年', '漢成帝三年'과 같은 중국 측 연호를 밝히고 있는 데 반해, 『동국여지승람』에서는 이러한 중국 측 연호가 거의 사용되고 있지 않다는 점에서[54] 당시 지배층들의 국가의식이나 역사의식의 편린을 볼 수 있다고 생각된다.

다음으로는 『동국여지승람』의 연혁 서술에 나타난 역사적 연원이 훨씬 체계화되어 있다는 점이다. 이를 확인하기 위해 『세종실록지리지』와 『동국여지승람』의 각 도의 연혁과 경도 · 평양부 연혁의 연원을 비교해 [표

54 『동국여지승람』의 연혁 서술 과정에서 중국 측 연호를 사용한 대표적인 경우는 경주부와 평양부의 연혁에서 찾아볼 수 있다. 그 예를 살펴보자.
① (慶州府) 本新羅古都 漢五鳳元年 始祖赫居世開國建都 國號徐耶伐
② (平壤府) 本三朝鮮 · 高句麗之古都 唐堯戊辰歲 有神人 降太伯山檀木下 [……]
위의 두 경우를 보면 ①은 신라 건국 연대가, ②는 단군 조선 건국 연대가 중국 연호로 표시되어 있다는 공통점이 있다. 이것은 건국 당시 이들 연대를 표시한 연호나 기준이 되는 연호가 우리나라의 경우에는 찾을 수 없었기 때문에 불가피했던 것이 아니었을까 한다.

[표 35] 『세종실록지리지』와 『동국여지승람』 연혁 비교

구분	『세종실록지리지』	『동국여지승람』
평양부	삼조선의 옛 도읍이다	삼조선과 고구려의 옛 도읍이다
경도	고구려의 남평양성이다	고조선 마한의 영역이다
황해도	고구려의 영토였다	조선과 마한의 영토였으나, 후에 고구려의 것이 되었다
경기도	고구려 땅이었다	예전 마한의 영역이었으나 고구려와 백제가 그 땅을 분할했다
충청도	백제의 땅이었다	마한의 영역이었다
전라도	백제의 땅이었다	변한의 땅이었으나 백제가 차지했다
경상도	삼한 때는 변한이었으나 후에 신라가 되었다	진한 땅이었으나 후에 신라가 차지했다
강원도	예맥의 땅이었으나 후에 고구려가 차지했다	예맥의 땅이었으나 후에 고구려가 차지했다
함길도	고구려의 땅이었다	고구려의 땅이었다

35]를 만들었다.

[표 35]에서 경도와 황해도 지방의 연혁을 보면 『세종실록지리지』에서는 모두 고구려로부터 시작하고 있는 데 반해 『동국여지승람』에서는 고조선으로부터 시작해 이후 마한으로 이어지고 있다. 황해도의 경우는 구월산에 삼성사(三聖祠)가 있어서 민간에서 오래전부터 단군을 제사해왔으며, 특히 성종 3년에는 이 삼성사의 단군제를 지낼 때 국가에서 그 제사에 필요한 향을 하사하기도 했다.[55]

『동국여지승람』에서 황해도의 연혁을 조선에서부터 시작하고 있는 것

55 성종 3월 2월 황해도관찰사 이예(李芮)의 건의에 의해 그동안 시행되어오지 않았던 구월산 삼성사에 대한 제사가 부활되었다고 한다. 이에 대하여는 姜萬吉, 「李朝時代의 檀君崇拜」(李弘稙博士 回甲紀念 韓國史學論業, 1969. 10), pp. 268~270 참조.

은 바로 이러한 사실에 근거했을 것이라고 생각되지만, 이것은 국초부터 그들의 역사의 시원(始原)을 중국과 대등한 것으로 소급시키려는 조선왕조 지배층들의 역사의식이 더욱 구체적으로 표현된 것은 아닐까 한다. 그들의 도읍지인 경도의 연혁까지도 조선으로부터 시작한다는 데에서 그러한 의도는 한층 더 나타나는 것이다.

다시 [표 35]를 보면 『세종실록지리지』에서는 강원도나 경상도 연혁에서 삼한이 존재했던 것은 인정하고 있지만, 이것은 불완전한 것이어서 마한이나 변한의 존재는 밝혀지지 않고 있다. 그런데 『동국여지승람』에서는 마한은 경기 · 황해 · 충청도에 걸쳐 존재했으며 변한은 전라도에, 진한은 경상도에 있었던 것임을 확실히 하고 있다.

사실 『동국여지승람』의 편찬자들은 삼한의 고증을 위해 상당히 고심했던 것 같다. 그것은 당시까지도 삼한의 위치에 대한 정설이 확립되어 있지 못했기 때문이었다. 이러한 사정은 다음에 인용한 경기도 연혁에 잘 설명되어 있다.

> 제가 살펴보니 마한은 고구려이며, 진한은 신라이고, 변한은 백제라는 설은 이미 최치원이 주장을 세운 것입니다. 이는 최치원이 처음 만들어낸 주장이 아니라 삼국 초부터 전해 내려오는 내용이었던 것입니다. 고려의 김부식이 [『삼국사기』의] 지리지를 서술할 때 그 역시 최치원의 주장을 그대로 따랐습니다. [그런데] 중기에 이르러 金馬山이 백제의 영역 내에 있고 平那山이 고구려의 영역 내에 있다는 것이 처음 드러나게 되었습니다. 그러나 [평나산의] 平과 [변한의] 卞은 그 발음이 서로 비슷하여 착각을 일으켜서 마한은 백제이며, 변한은 고구려라는 의심을 하게 된 것입니다. (『新增東國輿地勝覽』 卷6 京畿道沿革)

위의 사료에서 나타난 것처럼 고려시대까지 삼한과 삼국의 연계관계에 대해 많은 혼란이 있었다. 이에 『동국여지승람』의 편찬자들은 이러한 여러 가지 설을 지양하고 삼한설을 확립코자 많은 문헌을 검토하는 등 매우 고심했던 것 같다.[56] 이들은 유학자들의 입장으로서는 모두가 믿을 수 없는 책이라고 여겼던 『삼국유사』에서 삼한의 고증에 합당한 증거를 발견하려고 노력했던 것이다. 『동국여지승람』의 편찬을 위해 그들이 역사서술상의 정확성을 꾀하기 위해 얼마나 노력했는가를 말해주는 것이라고 하겠다.[57] 그러므로 『동국여지승람』은 비록 이치를 밝혀주는 책은 아닐지라도, 고금의 흥폐의 역사를 알려주는 지리지라고 그 편찬자들은 자랑스럽게 주장했던 것이다.[58]

이상에서 『동국여지승람』에는 당시의 지배층들의 역사의식이 널리 반영되어 있음을 확인했다. 그런데 『동국여지승람』의 편찬 의도가 바로 여기에 있었던 것임을 그 편찬자 스스로가 명백하게 밝히고 있는 것이다.

---

56 신증 『동국여지승람』의 경기도 연혁조를 보면, 삼한 삼국의 올바른 비정을 위해 유학자들이 황당한 책이어서 믿을 수 없다고 모두 비난하는 일연의 『삼국유사』를 이용할 필요가 있다는 주장을 하고 있음을 알 수 있다. "三國遺事謂 麗地自有馬邑山 故名馬韓 濟地自有卞山 故云卞韓 今平壤府有馬邑山 扶安縣有邊山 則遺事之元 恐或有徵 是書未知誰作 亦出於高麗中葉以後 其所紀載皆荒誕不經 不是取信 然於○三韓之說則證據甚明 欲志東方地理者 固宜參觀 臣故謹因致遠舊說 以京畿·忠淸·黃海等道 係于馬韓舊域 以全羅道 界于卞韓舊域云"(新增東國輿地勝覽 卷6 京畿道 沿革).

57 『동국여지승람』의 찬자들은 특히 『삼국유사』를 많이 참고했던 것 같다. 동사강목의 범례 채거서목(採據書目)조의 『삼국유사』 부분을 보면 "其書 本爲佛氏立敎之源流而作故 間有年代之可考 而專是異端虛誕之說 後來本朝撰通鑑時 多取錄焉 輿地勝覽地名 亦多從之"라고 하여 『삼국유사』가 이단허탄지설(異端虛誕之說)로 가득 찬 것이기는 하나 『동국통감』 편찬 당시에 이를 많이 참고했으며 『동국여지승람』의 편찬 당시에도 그 지명에 이를 따른 바가 많음을 밝히고 있다. 『동국통감』이나 『동국여지승람』 모두가 성종대에 만들어진 것으로서 이 시기에 『삼국유사』에 대한 관심이 컸었던 것을 알 수 있다.

58 이에 대해서는 다음과 같은 홍언필의 주장을 통해서 잘 알 수 있다. "勝覽一編 雖不曰載道之書 我東彊域之分 古今興廢之跡 一開卷而擧瞭然在目前"(新增東國輿地勝覽 洪彦弼 拔).

우리나라는 참으로 하늘이 내신 땅입니다. 단군이 앞에서 나라의 기틀을 만드시고 기자가 뒤에 이를 이었습니다. [그러나] 사군이 서도 다투어 크게 분열되고, 삼국이 나뉘어 싸움이 그치지 않으니 나라가 크게 어지러워졌습니다. 고려왕씨가 다시 통일함에 이르러 나라가 다소 보전되는 듯했으나, 여진이 공험성에 웅거하여 국토를 침탈함이 심하고, 몽고오랑캐가 탐나를 점령하니 국토가 위축된 지 오래입니다. 이에 고려말에 이르러 나라가 크게 어지러워지자, 위대하신 태조께서 나라의 기틀을 새롭게 세우자 땅은 넓어지고 백성들은 다시 모여들기 시작해 집을 세우고 삶의 터전을 다지게 되었습니다. 이후 총명하고 위대한 왕들이 계속 그 뒤를 이어 주상 전하대에 이렀습니다. 전하께서는 뛰어난 지혜와 천품을 지니셨으며, 나라를 융성하게 일으킬 운세를 다스리시니 그 규모가 크게 드러나고, 그 열성을 이으니 학문이 크게 발전하게 되었습니다. 무릇 나라의 제도문물이 크게 새로워지고 그때를 바로 만나셨으니, 지리지와 지도를 저술하고 만드는 일이 이처럼 가능하게 되었던 것입니다.

즉 위의 사료에 의하면 우리나라 역사가 단군에서 삼국을 거쳐 고려에 이르는 동안 강역이 완벽하게 통일된 적이 없는데, 조선왕조의 개국에 이르러 이 위업이 달성되었음을 강조하고 있다. 나아가 성종대는 왕조의 제반 문물제도가 크게 완비된 전성의 시기로서 지리지의 편찬이 없을 수 없다는 사실을 밝히고 있는 것이다. 『동국여지승람』은 조선왕조의 역사적 정통성을 자인하는 전성기 조선의 지배층들의 산물이었던 것이다. 따라서 『동국여지승람』은,

국토는 선왕으로부터 이어받은 것입니다. 그러므로 앞선 임금들이 나라를 크게 일으킨 일이 결코 쉽지 않았음을 생각하여, 올바른 법도를 후세에 전하고 자손들이 이를 잘 지켜나가도록 가르칠 따름 (진신중, 『동국여지승람』 전[箋])

이라고 그 편찬 의도를 밝혔던 것이다.[59] 이처럼 『동국여지승람』은 전성기 조선의 지배층들이 그들의 지배를 자축하고, 또한 그것이 영속하기를 염원하는 하나의 기념비적인 편찬사업의 결과였던 것이다.

4. 지리지 편찬의 역사적 의의

이상의 검토를 통해 우리는 조선 초기의 지리지 편찬에 대해 몇 가지 사실을 알게 되었다고 생각한다. 이제 그것을 간단히 요약하는 것으로서 맺는말에 대신하고자 한다.

현존하는 조선왕조 최초의 지리지는 세종 7년 12월에 편찬된 『경상도지리지』이다. 오늘날 전해지고 있지는 않지만 경상도 이외의 다른 도의 지리지도 이와 비슷한 시기에 편찬되었을 것으로 생각된다. 그러나 이들 각 도에서 만들어진 지리지에는 여러 가지 미흡한 점들이 내포되어 있었다. 첫째로 지리지의 내용이 중앙의 지시에 의해 구성된 것이긴 하지만, 각 도에서 만들어지게 됨으로써 지리지의 전체적인 통일성이 결여될 수밖에 없었다. 둘째로 『경상도지리지』는 중앙에서 만든 규식에 의해 조

59 『대명일통지』의 어제서(御製序)를 보면 "朕於萬歲之暇 試覽閱之 則海宇之廣 古今之跡了然 盡在胸中矣 旣藏之秘府 復命工鋟梓以傳 嗚呼 是書之傳也 不獨使我子孫世世相承者 知祖宗開倉之功廣大如是 思所以保守之惟謹 而凡天下之士 亦因得以考求古今"이라고 하여 일통지의 편찬 의도를 밝히고 있다. 즉 일통지로 인하여 고금의 자취를 요연히 알 수 있으며 자손으로 하여금 조종의 개창의 공이 큼을 알게 하고 아울러 나라를 삼가 잘 지킬 것을 생각하게 한다는 것이다. 이러한 『대명일통지』는 『동국여지승람』의 그것과 매우 흡사한 것이다. 따라서 『동국여지승람』이 『대명일통지』의 체제를 참고하게 되었던 이면에는 이와 같은 편찬 취지에 자극을 받았던 것이 아닌가 한다.

사 · 작성되었다고 하더라도, 그것이 중앙의 입장을 충분히 반영할 수는 없었다. 끝으로 『경상도지리지』가 편찬된 이후로 시대 사정의 변동이 적지 않았다. 이러한 부족한 점을 보충하기 위해 세종대에는 새로운 지리지 편찬을 기도해 세종 14년에는 그 완성을 볼 수 있었다. 이 지리지는 후에 『세종실록』을 편찬할 때 하나의 부록으로서 편입되어 오늘날까지 전해지고 있다. 소위 『세종실록지리지』가 이것이다. 그런데 『세종실록지리지』의 편찬은 당시 조선왕조가 그의 대내적인 통치 기반을 확보하려는 의도로서 만들어진 것이었다. 따라서 『세종실록지리지』에는 정치 · 경제 · 군사 등 국가의 통치에 필요한 제반 자료들이 중점적으로 수록되어 있는 것이다.

그러나 『세종실록지리지』가 편찬된 이후 얼마 되지 않은 단종대로부터 새로운 지리지를 만들려는 움직임이 있었다. 세조에 의해 적극 추진되었던 지리지의 편찬은 양성지에 의해 성종 8년에 이르러 완성을 보게 되었다. 이것이 곧 『팔도지리지』이다. 이것은 오늘날 전해지지 않기 때문에 구체적인 내용을 알 수는 없다. 다만 『팔도지리지』의 편찬을 위해 만들어진 『경상도속찬지리지』를 통해 그 면모를 미루어볼 수밖에 없다. 이것은 『경상도지리지』와는 달리 처음부터 『팔도지리지』의 편찬에 필요한 지방 자료를 모으기 위해 도에서 편찬된 것이었다. 그러나 『경상도속찬지리지』는 중앙에서 지시한 지리지속찬사목에 의거해 조사 · 작성된 것으로서 이것을 통해 당시 『팔도지리지』를 만들려 했던 조선왕조의 의도를 충분히 짐작할 수 있다.

『경상도속찬지리지』도 『세종실록지리지』와 마찬가지로 그 중심 내용은 정치 · 경제 · 군사 등에 관한 것들이다. 그러나 이러한 실용적인 내용들은 『세종실록지리지』보다 상세하지 못함은 물론이거니와 그것이 지리지 전체에서 차지하는 비중도 그에 비해 상대적으로 적어졌다고 하겠다.

이에 반해 『세종실록지리지』에서는 그다지 중요시되지 않았던 문화적인 내용은 훨씬 자세해졌다. 인물이나 불교 사찰에 관한 내용은 훨씬 충실해졌으며 새로이 제영 · 효자 · 열녀 · 명환 등의 내용이 추가되었던 것이다. 『팔도지리지』가 이후에 편찬되는 지리지에 영향을 줄 수 있었던 것은 문화에 관한 내용이 충실했기 때문이라고 하겠다.

조선 초기에 마지막으로 편찬된 지리지는 『동국여지승람』이다. 이것은 『팔도지리지』가 만들어진 4년 후인 성종 12년에 편찬되었으나 천순 7년, 즉 세조 9년에 중국에서 만들어진 『대명일통지』의 영향을 받아 그 체제로 전환하기 위해 성종 17년에 55권으로 재편성되었다. 이후 연산군 중종대에 각기 보충되면서 조선 전기의 대표적인 지리지로서 인정되었던 것이다. 그러나 이 『동국여지승람』은 이전에 만들어진 지리지와는 전혀 그 성격을 달리하고 있다. 즉 『동국여지승람』은 조선왕조 지배의 상징으로서 편찬된 것이었다. 따라서 앞에서 중요시되었던 정치 · 경제 · 군사 등 실용적인 내용은 거의 다루어지지 않고 있으며, 반면 역사적 인물 · 고적 · 능묘 · 불우 등 문화에 관한 기록이 매우 상세하며, 전체적으로 많은 시문이 기록되어 있어서 당시 지배층들의 국가의식 내지는 문화의식이 널리 반영되어 있다. 성종대는 조선왕조의 전성기로서 문물제도가 완비되었으며, 유교문화가 크게 발전했던 때였다. 이러한 역사적 상황이 『동국여지승람』의 편찬에 영향을 주었던 것이다. 『동국여지승람』은 전성기 조선의 주역들이 그들의 지배를 기념하고 또 그것이 영속하기를 염원하는 하나의 기념비적인 편찬사업의 결과였다.

이상의 세 지리지에 대한 검토를 통해 우리는 조선왕조의 지리지를 편찬하려는 의도가 변화해갔다는 사실을 알 수 있었다. 즉 『세종실록지리지』와 같이 정치 · 경제 · 군사 등 국가의 통치에 직접 요구되는 여러 가지 자료를 획득하려는 것에서 『동국여지승람』과 같이 당시 지배층들의 문화의식의 표현을 위한 것으로 변화해갔던 것이다. 이러한 지리지에 대한 관념의 변화는 곧 조선 초기에 있어서 유교문화가 발전해가는 과정을 적극 반영하는 것이라고 하겠다.

부록 1: [표 3] 『경상도지리지』 편찬규식

(A) 총론 서술규식		(B) 일반군현 서술규식	
1	道名乙在某代稱某道在某代改某道 是如改名辭緣 并以開寫事	1	在三國時稱某名 在高麗時稱某名 在本朝稱某名 升降改號世代辭緣 并以開寫事
2	道及道內州府郡縣亦也道離合 爲乎所有去等世代年月及辭緣 并以開寫事	2	所屬鄕幾 所幾 部曲幾 驛幾 是如名號 并以施行爲乎矣 他官離合 爲乎所有去等年代辭錄 并以開寫事
3	道內府幾 牧幾 大都護府幾 郡幾縣幾 是如開寫事	3	境內名山 大川及四方界域 山川里數 犬牙相入或越境處 沙餘良鎭山 并以詳悉施行事
4	道內名山 大川及四方界域 山川之名里數 沙餘良險阻 關防 要害之處 并以開寫事	4	四方界域
5	道卜常貢某某物 是如備悉施行事	5	人戶幾 人口幾 是如開寫事
6	道內山城邑城周廻步數及溫泉 氷穴風穴 木柵 牧場 良馬所產處 并以開寫事	6	土姓從仕德藝功業出衆者 某代某人 是如施行爲旀 古昔相傳 靈異之跡 并以開寫事
7	道內廂及各鎭在某郡某縣 去海口幾里 是如施行爲乎矣 所屬各官及軍數 并以開寫事	7	本邑姓氏某某 合屬其縣姓氏某某 是如分揀施行事
8	道內水營及都萬戶 萬戶 千戶 所領兵船幾隻 在某邑某浦泊立 是如施行爲旀所騎軍數 并以開寫事	8	依例卜定貢賦某某物 其土所產某某物 是如施行爲乎矣 土產 金 · 銀 · 銅 · 鐵 · 珠玉 · 鉛 · 錫篠 · 蕩 · 藥材 · 磁器 · 陶器 其土所宜耕種雜物 并以詳悉施行事
9	本朝先王先後陵寢及檀君箕子祠堂 箕子陵 前朝太祖廟 古昔名賢之墓 在某 邑某方幾里許 是如施行事	9	界首官則所領郡縣名號及離合 并以施行事
10	道內各官土地肥脊 水泉深淺 風氣寒暖 民俗所尙 并以開寫事	10	鹽釜 鹽井 有名大堤堰 并以施行事
11	諸島陸地相去 水路息數及島中在前 人民接居 豐作有無 開寫事	11	煙臺烽火所在處及相准處 并以施行事
12	道內租稅捧上 載船處及漕運 水路陸運程途 次次施行事	12	佛宇不革
13	道內時居 四萬一千三百二十戶	13	行祭所

부록 2: [표 18] 『慶尙道地理志』 地理志續撰事目

구분	地理志續撰事目
1	各州鎭 庚戌年以後 設立革罷升號降號等事
2	某界首官領某某州 某主鎭領某某鎭 各官土姓內 名賢某某
3	屬縣 以某事 某年來屬 會經守令內名賢某某
4	鄕所 部曲某某
5	某郡貢稅 納于某郡某倉 又浮海達于京江 水路幾里 又慶尙道貢稅 泝洛東江 到某郡 踰嶺至某州某倉 載船浮江達于京 又兩界及濟州 納于某處
6	堤堰池澤某處 灌漑幾結
7	監盆某某處 在某面某里
8	講武場 在某方某山
9	烟臺烽火如某烟臺某烽火 與某方某烟臺某烽火 相准
10	站驛及合排某某 各其相距幾里
11	牧場在某方某處 周廻幾里 入放馬牛幾匹 水草美惡
12	前代陵寢及祠宇 名賢祠墓及旌表門閭處
13	有名嶺峴名號
14	渡津某船處 惑四時常置 惑○雨時用之 灘則橋梁有無 惑四時常置 惑氷凍雨水時 造排分揀施行
15	程途自各官 至京都 幾里
16	種養某某藥材
17	漁梁某處 産某某魚
18	陶器所 磁器所 某某處 品上中下
19	金銀玉石銅鉛鐵水鐵産出之處 及品上中下 貢鐵一年幾斤
20	邑城及山城行城 始築年月 周廻幾尺 高幾尺 石築甓築壁城木柵 軍倉有無井泉幾處 冬夏渴不渴 又古基可用與否并記
21	關防 如內廂水營 各鎭各浦口子石堡 在某方某里 去官門幾里 某各浦兵船幾隻 船軍幾名 各鎭某軍幾名內 騎兵幾 步兵幾
22	有名樓臺及大小樓題
23	僧寺 某山某寺 某宗所屬
24	院宇 某面某村某院
25	險阻要害 如鐵嶺鴨綠江龍城○城之類
26	緊關里各地名 并記
27	海島 在本邑某方 水路幾里 自陵地 去本邑幾里 四面周廻相距幾里 田畓幾結 民家有無
28	兩界都節制使本營 彼此建置沿革
29	兩界沿江各鎭 野人所居地名及遠近某某部落多少 并記

제5장
『용비어천가』와 조선왕조 건국사

조선왕조는 건국 직후부터 이전 왕조인 고려의 역사를 정리하는 작업에 착수했다. 그러나 고려 역사의 편찬은 쉽게 이루어지지 않았다. 무엇보다도 조선왕조의 건국을 주도한 이씨 왕실과 유학으로 무장한 사대부 세력 사이에 누가 더 중심적 역할을 했느냐에 따라 고려의 역사를 해석하는 입장이 달랐기 때문이었다. 오늘날까지 전해지는 『고려사』는 태조에서 세종대까지 약 60여 년에 걸친 긴 진통을 겪고 난 후에 편찬이 완료된 것이다. 이 『고려사』에 대한 편찬은 과거사에 대한 논쟁을 종식시키고 조선왕조가 미래를 향해 더욱 힘차게 나아갈 수 있는 정신적 토대를 마련한 것이었다. 조선왕조에서는 『고려사』의 편찬을 마치자, 이를 고려시대에 만들어진 『삼국사기』와 결합함으로써 상고시대부터 고려말에 이르는 통사인 『동국통감』을 만들 수가 있었던 것이다. 이로써 조선왕조는 저 멀리 단군조선에서부터 많은 왕조를 거쳐 당대까지의 긴 역사를 지닌 정통 왕조로서 자신의 위치를 확립할 수 있었던 것이다.

1485년(성종 16년) 『동국통감』이 완성되던 해에 조선왕조 최고의 법전이었던 『경국대전』이 완성되었으며, 조선왕조의 지리지의 결정판인 『동국여지승람』이 1481년(성종 12년)에, 그리고 고대로부터 당대에 이르기까지의 한문학을 집대성한 『동문선』이 1478년(성종 9년)에 완성되었다. 조선왕조 건국 후 약 100여 년이 다 되어가던 1480년대를 중심으로 역사와 법전과 지리지 등의 편찬이 모두 완료되었다는 사실을 직시할 때 적어도 이 때까지를 엮어보아야 조선왕조의 건국사의 전모가 드러난다고 할 수 있을 것이다. 그런 의미에서 지리지의 편찬에 이어 역사서의 편찬 과정을 살펴볼 필요가 있는 것이다.

여기서는 『용비어천가』의 편찬 과정을 통해 『고려사』를 만드는 과정에서 제기되었던 왕실과 사대부 세력 사이의 갈등이 어떻게 제기되었으며, 어떤 방식으로 절충되었는지를 살펴보려는 것이다. 이런 과정을 깊이 이해함으로써 조선왕조 건국사에서 과거 왕조의 역사를 정리한다는 일이 매우 중요한 과제였음을 알 수 있을 것이다.

『용비어천가』(龍飛御天歌)는 시가(詩歌) 형태로 되어 있으며, 또 사람들 사이에 널리 불리길 원했던 까닭에 당시에 막 창제되었던 한글로도 번역이 되었다. 그러므로 일찍부터 『용비어천가』는 우리나라의 문학과 어학을 연구하는 학자들의 커다란 관심을 끌었던 것이다. 그러나 세종(世宗) 시대의 대표적인 편찬물인 이 책에 대해 역사가들은 거의 주의를 기울이지 않았던 것이다. 아마 이는 오로지 문학과 어학의 영역에서만 문제될 것이라는 잘못된 선입견 때문일 것으로 생각한다.

물론 『용비어천가』는 125수(首)의 시가로 이루어진 것이지만, 이의 편찬자들은 이씨 왕실의 업적과 권위를 드러내기 위한 이 시가들이 거짓된 과장이 아니라 실제 사실에 기초한 것이라는 점을 강조하기 위해, 그리고 이 시가들이 의미하는 바가 중국의 성현들의 행적이 뜻하는 것과도 긴밀하게 연결되어 있다는 점을 강조하기 위해, 매 편의 시에 상세한 해설을 덧붙여놓았던 것이다. 그러므로 이러한 해설은 작품에 대한 문학적인 해설이 아니라 그 작품의 근거가 되는 사실을 제시하려는 목적을 더 강하게 띤 것이었다. 바로 여기에 이 시대를 연구하는 역사가들이 『용비어천가』에 대해 보다 깊은 관심을 기울여야 할 이유가 존재하는 것이다.[1]

조선왕실의 권위를 드러내는 일은 조선왕조 건국의 정당성을 주장하는 일과 통한다. 그러므로 여기에는 신왕조 건국에 관련된 많은 기록들이 동원되었다. 더욱이 이 책이 왕실을 중심으로 엮어진 것이기에 그러한 기록들은 이성계(李成桂)의 인물됨과 활약을 중심으로 선택될 수밖에 없었다. 따라서 이 기록들을 검토함으로써 우리는 조선왕조 건국사에 대한 이해를 깊게 할 수 있을 것이라고 생각한다.

그러나 『용비어천가』의 기록이 조선건국사 자료로서 이용되기 위해서는 그것이 가지는 사료적인 성격이 먼저 검토되어야 할 것이다. 조선건국사 자료로서 가장 대표적인 것이라면 『태조실록』과 『고려사』(高麗史)를 들 수가 있을 것이다. 특히 고려말에서 조선의 건국에 이르는 과정에 있어서 태조 이성계를 중심으로 한 이씨 왕실의 활약상은 『태조실록』의 '총서'(總書)와 『고려사』의 후반부에도 여러 가지로 기록되어 있다. 따라서 이들 사료와의 비교 · 연구를 통해 『용비어천가』의 사료적인 성격을 파악할 수가 있을 것이라고 기대한다. 그리고 이러한 검토를 바탕으로 『용비어천가』 편찬의 역사적인 의미에 대해서도 새로운 조명을 가할 수 있게 되리라고 믿는다.[2]

1 물론 『용비어천가』에는 중국 측 기록도 많이 인용되어 있다. 역대 중국의 군왕들의 행적을 들어 조선의 건국을 정당화하려는 의도에서 기록된 것이지만 이에 대한 보다 상세한 검토가 필요하리라고 생각한다. 그러나 이 글에서는 태조에 관한 기록의 분석에 중점을 두었다.

2 이 글은 『震檀學報』 68輯(1989. 12, pp. 79~94)에 「朝鮮 建國史 資料로서의 龍飛御天歌」로 발표된 것이다.

1. 『태조실록』(太祖實錄) '총서'(總書)와의 관계

『태조실록』 권1 '총서'는 태조 이성계의 조상들이 함경도 영흥지방에 정착하게 되는 과정에서부터 시작해, 고조(高祖)인 목조(穆祖), 증조(曾祖)인 익조(翼祖), 조부인 환조(桓祖)의 사적을 기술하는 한편, 이성계에 관련된 각종의 사실을 편년체로 기록한 것이다. 『태조실록』의 편찬자들은 무엇보다도 앞서 조선왕조의 건국자인 이성계의 인물됨과 고려말에서부터 새 왕조의 창건에 이르기까지의 그의 활약상을 소상하게 기록해야 할 필요가 절실했을 것이라고 생각한다.

사실 이성계는 그 출신 가문이 화려했던 인물은 아니었다. 문벌을 매우 중요시했던 고려시대에 동북면의 변경지대의 토호 집안에서 성장했던 이성계가 고려왕조에서 그 이름을 높이 날리기는 거의 불가능했던 것이다. 지배 체제의 문란과 홍건적이나 왜구의 잦은 침입으로 국가의 존립 그 자체가 위협을 받았던 고려 말기의 특수한 상황이 아니었다면 아마 그가 중앙의 정계에까지 알려지는 주요 인물로 부각되기는 어려웠을 것이다. 더욱이 문신을 중요시하던 그 시대에 있어서 변경의 무인이 출세하기란 더욱 쉽지가 않았을 것이다.

그러므로 이성계 자신이나 그의 가문에 대해 조야(朝野)에서 널리 읽힐 뚜렷이 남을 만한 기록은 거의 없었으리라고 생각한다. 『태조실록』의 편찬자들이 실록의 연대기를 시작하기에 앞서 신왕조의 건국자인 태조의 생애에 대해 종합적인 기록을 남기려 한 이유가 여기에 있다고 생각한다. 물론 건국 이전의 이성계에 대하여는 고려사의 서술 속에 충분히 언급할 수가 있었으리라고 생각할 수는 있다. 그러나 『고려사』가 완성된 것은 왕조가 건국된 지 60여 년이 지난 다음이었다. 그러므로 『태조실록』이 편찬될 당시에는 그런 것을 기대할 수는 없었다. 더욱이 건국 직후 정도전(鄭道傳)이 편찬했다는 『고려국사』(高麗國史)는 분량도 적은 데다, 조선의 건국 과정을 사대부들 중심으로 엮었을 가능성이 짙었기 때문에 여기에 태조에 관련된 기록이 많을 것을 기대할 수도 없었다.[3] 이러한 상황에서 '총서'와 같은 별도의 기록을 남길 수밖에 없었으리라고 생각한다.

태조에 관련된 기록으로서 이 '총서'만큼 체계적이고 자세한 것은 없다. 그러므로 『용비어천가』의 태조 관계 기록도 이보다 자세한 것은 결코 아니다. 오히려 『용비어천가』의 기록들은 이 '총서'에서 가려 뽑은 것은 아닐까 하고 여겨질 정도이다. 몇 가지의 예를 가지고 두 기록의 관계를 살펴보기로 하자.

'총서'의 공민왕(恭愍王) 5년 병신조에는 단오절에 거행되는 격구(擊毬)의 요령과 나아가 태조의 뛰어난 격구 실력에 대해 언급한 기록이 있다. 이 기록은 『용비어천가』 44장의 해설에도 거의 그대로 실려 있다. '총서'에는,

> 고려의 풍속에 의하면(高麗俗) 매년 단오가 되면 무관중 연소자와 의관자제를 선발하여 격구의 기예를 가르치고 [……]

로 시작되는 이 기록이 『용비어천가』에서는,

> 고려시대에는(高麗時) 매년 단오가 되면 무관중 연소자와 의관자제를 선발하여 격구의 기예를 가르치고 [……]

3 이에 대하여는 李基白, 「高麗史解題」, 『高麗史』, 연세대학교 동방학연구소, 1972, p. 2를 참조할 것.

로 기록된 정도의 차이밖에는 없다.

또한 태조의 운봉전투(雲峰戰鬪) 승리 상황에 대하여는 두 책 모두 매우 상세하게 기록하고 있는데, 이것도 거의 같은 기록이다. 이 기록의 첫머리를 들어 비교하면 '총서'에는,

> 왜적의 배 500여 척이 진포에 정박하고 하삼도를 침구하니 바닷가 고을들 태반이 도륙을 당하고 불에 탔으며, 살해되거나 포로가 된 백성이 헤아릴 수 없을 만큼 많았으며, 산과 들은 시체로 덮일 정도였다. [왜적들이] 곡식을 모두 그들의 배로 실어 나르니 [그 와중에] 버려진 쌀이 땅을 두껍게 뒤덮을 정도였으며, 고아처럼 떠도는 아이들이 산처럼 쌓였다. [……] 삼도지방의 해안지역이 일거에 빈 땅이 되어버렸으니, 왜구의 피해가 생기기 시작한 이래 이번의 피해에 견줄 만큼 큰 것은 아직 없었다.

라고 이 기록이 시작된다. 물론 위의 기록에서 중략한 부분을 포함해서 전 기록이 『용비어천가』 권7, 50장의 기록과 같다. 운봉에서의 전투는 왜구와의 전쟁 중 가장 중요한 전투이며, 여기에서 거둔 태조의 승리는 이후 왜구의 침입을 저지하는 데에 있어서도 결정적인 것이었지만, 조정 내에서 그의 정치적 지위를 높이는 데에 있어서도 중요한 계기가 된 사건이었다. 그러므로 '총서'에서도 이에 관하여는 자세한 기록을 해두고 있으며, 이는 『용비어천가』에 있어서도 마찬가지이다.

두 책의 기록이 동일하다 함은 비단 위의 예에서만 발견되는 것이 아니고 『용비어천가』의 태조 관계 기록은 모두가 그러하다고 말할 수 있다. 우왕 14년 요동정벌 당시 위화도까지 출병했다가 거기에서 회군해 최영(崔瑩) 등을 제거하고 고려의 정권을 장악하게 되는 과정의 기록이 두 책

에 모두 상세하게 기록되어 있는데, 이것 또한 위의 예와 같이 무시해도 좋을 만한 차이를 제외한다면 동일한 기록인 것이다.

이처럼 두 기록이 동일하다는 것은 『용비어천가』의 찬자들이 태조의 업적을 기술함에 있어서 『태조실록』의 '총서' 를 바탕으로 했음을 의미한다. 사실 세종은 일찍부터 태조의 업적이 『태조실록』에 어떻게 기록되어 있는지를 무척 알고 싶어 했던 것 같다. 그러기에 『용비어천가』가 편찬되기 훨씬 전인 세종 20년에 세종은 『태조실록』을 보려고 했던 것이다.[4] 이와 같은 세종의 조처는 당시 많은 유신(儒臣)들의 반대를 받았지만 세종은 『태조실록』을 봤던 것 같다. 물론 『태종실록』까지도 모두 보려 했던 그의 시도는 성공하지 못했지만 『태조실록』은 읽을 수 있었다. 『태종실록』까지 친히 읽으려는 세종에 대해 당시의 중신이었던 황희(黃喜)와 신개(申槪) 등은,

> [중국의] 역대 왕들 중에도 조종의 실록을 친히 본 경우가 있으나, [조종의 실록을 읽는다는 것이] 법도에 맞는 일은 아닙니다. [……] 태조대가 이미 지나간 시대라고는 하지만 그 실록을 편찬했던 사관들이 현재에도 살아 있는데, 전하께서 실록을 친히 읽으시겠다고 한다면 그들의 마음이 편치 못할 것이며, 그 점은 저희들도 마찬가지입니다. (『세종실록』 80, 20년 3월 병술조)

라며 세종을 만류했다. 이에 세종은 『태종실록』 보기를 단념했다. 이로 미루어본다면 『태조실록』을 세종이 본다는 것에 대하여도 신하들의 반대가 많이 있었을 것이며, 또 그러한 왕의 행위가 유교적인 국가에서는 법

---

4 『세종실록』 80, 20년 정월 임오조에 의하면 세종은 이때에 관례를 무시하고 『태조실록』을 내전에 들이도록 했던 것이다.

도에 어긋나는 일이라고 함을 짐작할 수가 있다. 그러므로 『태조실록』을 읽을 수 있었다는 것만 해도 그에 대한 세종의 집념이 대단히 강했다는 것을 알 수 있다.

당시의 기록이 없어서 실록을 친히 읽으려 했던 근본 동기를 정확하게 알기는 어렵다. 그러나 이로부터 5년이 지난 세종 28년 11월 『용비어천가』의 편찬 작업이 한창이던 때, 세종은 『태조실록』을 내전에 가져오도록 명했으며 이를 다시 언문청(諺文廳)에 두도록 명했다. 이는 말할 필요도 없이 『용비어천가』의 시에 관련된 태조대의 사실을 첨입(添入)하려는 것이었다. 그러나 이때에 춘추관에서는,

> 사관이 아니면 실록을 보지 못하는 법입니다. 더욱이 언문청은 외인들의 출입이 잦은 곳이므로 [이곳에 실록을 둔다는 것은] 심히 불가한 일이라고 생각합니다. (『세종실록』 114, 28년 11월 임신조)

라고 강력히 반대했다. 이에 세종은 『태조실록』을 다시 내전에 두도록 지시하는 한편 춘추관의 기주관(記注官) 어효첨(魚孝瞻)과 기사관(記事官) 양성지(梁誠之)에게 명하여 실록을 읽고, 관련된 기록을 초록하여 정리하도록 명했던 것이다.[5] 그러므로 『용비어천가』에 첨입된 태조시대의 사실은 이들 두 사람의 초록을 바탕으로 서술된 것임을 짐작할 수 있다.[6] 따라서 『용비어천가』에 첨입된 태조대의 각종 기록은 실록에서 선택된 것임을

5 『세종실록』 114, 28년 11월 임신조.

6 일찍이 李崇寧은 어효첨과 양성지 등에게 『태조실록』을 초록하여 바치게 한 것은 『용비어천가』의 태조기사의 미비를 보수하기 위한 것이라고 해석했는데 올바른 추정이라고 생각한다. 그의 논문 「世宗의 言語政策에 관한 硏究」, 『아세아연구』 Vol. I, No. 2, 1958. 12, p. 36 참조.

알 수 있으며, 위에서 간략하게 검토한 것처럼 두 기록이 일치할 것은 당연한 일이라고 하겠다.

그러나 세종이 『태조실록』의 기록만으로 만족하지는 않았던 것 같다. 다음의 사료를 보자.

> 경상도 · 전라도 관찰사에게, "홍무(洪武) 13년[우왕 6년] 경신 9월 왜구가 무리를 지어 침입해 [경상 · 전라 지방을] 약탈하였을 때, 태조께서 정병을 거느리고 직접 운봉으로 출전하여 일거에 적을 섬멸하셨으니, 그 빼어난 공적을 후세에 전하지 않을 수 없다. [그러므로 태조가 거느렸던] 군마의 수와 적을 물리치신 계책, 적과 접전한 횟수와 적을 섬멸하고 베푸신 행적에 대하여는 반드시 목격한 사람이 [아직도] 도내에 살아 있을 것이다. 경들은 [관할]도 내에 흩어져 사는 노인들을 두루 찾아보며 [당시의 일에 대해] 상세하게 수소문하여 [이를] 보고하라"고 명했다. 그때에 왕께서는 『용비어천가』를 편찬하기 위해 그와 같은 명령을 내린 것이다. (『세종실록』 95, 24년 3월 임술삭조)

위의 사료에서 알 수 있는 바와 같이 세종은 『태조실록』의 태조 관계 기록에 대해 상당한 불만을 가지고 있었으며 이를 보충할 생각을 가지고 있었던 것이다. 그리하여 당시까지도 생존해 있던 목격자들을 통해 사실을 더 규명하려고 했다. 결국 위 사료의 끝에 있는 사관의 말대로 이러한 조처가 모두 『용비어천가』를 편찬하기 위한 것이었다면 『용비어천가』의 태조 관계 기록은 단순한 『태조실록』의 초록만은 아니었다는 말이 된다. 위의 사료에서는 운봉전투에 대하여만 언급하고 있지만 『태조실록』에 대한 세종의 불만은 여기에만 국한된 것은 아닌 것 같다. 즉 위의 사료에서 보이는 조처가 취해진 그 다음날 세종이 예문관제학(藝文館提學) 안지(安止), 직집현전(直集賢殿) 남수문(南秀文) 등과 나눈 다음의 대화 속에 잘 나타나 있다.

> [왕이] "즉위하기 전 태조께서 세우신 뛰어난 무공은 하나둘이 아니다. 그런데도 지금 『태조실록』을 보니 그 관계 기록이 어찌 그처럼 간략할 수가 있으리오" 하니, 안지가 "신도 역시 [태조의 무공에 대하여는] 들은 바가 있는데, 그 [실록의] 기록이 소략함을 안타깝게 여깁니다"라고 답했다. [이에] 왕이 "경들이 노인들을 방문하여 [그들이 목격한 바를 수소문하여] 사실대로 갖추어 기록하라"고 명했다. (『세종실록』 95, 24년 3월 계해조)

이처럼 세종이 『태조실록』에 대해 가지는 불만은 운봉전투에 관한 기록뿐만이 아니라 전반적인 것이었다. 특히 조선왕조 건국 이전 태조가 이룩했던 많은 무공에 대해 소략하게 기록되어 있음을 매우 못마땅하게 여겼으며 이 부분에 관한 기록을 보충할 뜻을 분명히 했던 것이다. 이는 조선왕조를 건국하기까지 태조가 겪었던 어려움을 더욱 드러내고, 그 결과 새 왕조의 태조가 누려야 할 역사적인 위치를 확고히 하려는 것이었다. 이는 왕실의 권위를 확립하려는 의도에서 비롯되었을 것임은 말할 필요도 없다. 그러므로 『용비어천가』에서도 건국 이전의 태조의 무공을 그 중심 내용으로 했던 것이다. 태조의 업적은 건국 이후보다는 건국 이전이 더욱 극적이요 영웅적인 것이었기 때문에 이를 드러냄으로써 왕실의 권위도 올라갈 수가 있었을 것이다. 그렇다면 『태조실록』의 기록을 보충하려는 세종의 노력은 어느 정도 성과를 거두었을까?

『태조실록』 '총서'의 공민왕 19년 경술 8월조에는 태조의 동녕부(東寧府) 정벌에 관한 기록이 있다. 『용비어천가』 권6, 제42장에도 그에 관한 기록이 있는데 이 두 기록은 물론 거의 일치한다. 그러나 이 기록의 중심 내용은 태조가 요성을 공략할 때 보인 뛰어난 활솜씨이다. 특히 요성의 장수 처명(處明)이 끝까지 저항하다가 결국 태조의 빼어난 활솜씨에 항복하고 만다는 이야기의 전개는 문장까지도 거의 일치한다. 이러한 처명에 관한 기록은 『용비어천가』의 42장 마지막에 있는 것이다. 여기에서 찬자들이 강조하고자 했던 것은 처명의 활약이 아니라 요성을 공략하는 맹장 이성계의 활약상과 적장까지도 감복시켜 자신의 충복으로 만드는 관후(寬厚)한 태조의 인품을 이야기하고자 한 것이라고 생각한다.

『용비어천가』 권7, 제53장에는 매우 흥미로운 기록이 있다. 즉 고려의 정령(政令)에도 아랑곳하지 않았던 의주토호 장씨의 후손인 장사길(張思吉)은 태조의 인품에 감동해 태조의 휘하가 되기를 자청했으며, 결국 그는 조선의 개국공신에 오른다는 기록이 있다. 여기에 뒤이어,

> 이후로 장씨는 다시는 모반을 꾀하지 않았다. 의주의 강변지역 북쪽으로부터 여연지방에 이르기까지 먼 고을에 수령을 두고 압록강을 그 경계로 삼았다. 섬나라 왜인이 표변하여 조공을 바치니 이에 통상을 다시 허용하자, 남도의 백성이 안심하고 살게 되었다. 이에 호구가 날로 증가하고 닭이 울고 개가 짖는 소리를 서로 들리게 되어 [……]

라고 그 기록은 계속되는데, 이는 장사길을 거두어들인 태조의 처사가 단지 충복을 한 명 얻었다는 것에 그치지 않고 조선의 국토가 압록강까지로 확대되었다는 의미로 해석되고 있는 것이다. 이어서 남쪽의 왜구도 스스로 조공하게 되니 남도의 백성들이 편안하게 살 수가 있게 되었다는 것이다. 태조는 서북편 영토의 확장과 그에 대한 지배권의 확립, 왜구의 진압과 그로 인한 백성들의 안정이라는 커다란 공적을 이룩한 인물이었던 것이다.

또한 이 기록에 이어 동북면의 사정에 대해 언급하면서, 이곳은 왕실의

발상지로서 이미 오래전부터 그곳의 야인들이 태조의 은덕에 감화되었다는 내용을 쓰고 있다. 그리고 평소에 태조의 위덕에 감읍해 추종하던 30여 명의 야인 추장들의 명단이 제시되고 있다. 이에 이어,

> 태조 즉위 이래 [야인들에게] 만호 혹은 천호의 직을 많이 수여하고 이두란(李豆蘭)으로 하여금 여진인들을 어루만지게 하니 머리 깎는 습속을 바꾸어 모두 관대를 매게 되었으며, 금수와 같은 행실을 버리고 예의의 가르침을 배우게 되었다. 그리고 내국인과 서로 혼인을 맺게 하니 이들이 나라의 역을 다하고 조세를 납부함이 일반 백성과 다를 바가 없었다. 더욱이 그들의 추장에게 복종하는 것을 부끄럽게 여기고 모두 우리나라의 백성이 되기를 원했다. 그러니 공주(孔州) 이북으로부터 갑산(甲山)에 이르기까지 읍과 진을 설치해 백성들을 보살피게 하고 사졸을 조련하게 했다.

라고 기록했다. 서북면과 남도지방에 대한 언급에 이어, 여기서는 동북면이 태조의 위덕에 다 복속되었음을 기록한 것이다. 즉 태조의 건국으로 말미암아 압록강과 두만강 유역이 모두 조선의 영토가 되었으며, 그곳의 모든 야인들도 다 조선에 귀의했다는 것을 말하려는 것이다. 태조는 온갖 어려움을 극복하고 오랫동안 남정북벌하여 백성들을 편안케 했음은 물론 국토를 확장한 위대한 인물이요, 그의 조선왕조 건국은 그런 의미에서 역사적으로 대단히 뜻 깊은 사건이었다는 것이다.

2. 『고려사』 기록과의 관계

조선왕조의 건국에 관한 사료로서 『고려사』를 빼어놓을 수는 없다. 고

려왕조의 뒤를 이어 건국한 조선왕조에서 편찬한 『고려사』에서 새 왕조의 건국에 관련된 많은 사실을 발견할 수가 있다는 것은 너무나 당연한 일이기 때문이다. 더욱이 새 왕조에서는 그 건국의 정당성을 주장하기 위해서라도 고려의 역사를 정리할 필요가 있었기 때문에 더욱 그러하다.

그러나 오늘날 전하는 『고려사』는 세종이 승하한 뒤인 문종(文宗)대에 그 편찬이 완성되었다. 그러므로 『용비어천가』의 기록과 이 『고려사』의 관계 기록의 비교 · 검토는 앞서 살펴본 바와 같은 『태조실록』 '총서'와의 검토와는 좀 더 다른 의미가 있을 것 같다. 형식상으로는 적어도 『고려사』보다 앞서 편찬된 『용비어천가』의 기록이 더 원전에 가깝다고 여겨질 수도 있기 때문이다. 이와 같은 문제는 장을 달리해 다시 살펴보기로 하고 일단은 두 기록을 비교해 그 차이점과 공통점이 무엇인지를 알아보는 것이 순서일 것 같다.

우선 기전체로 서술된 『고려사』에서는 조선의 건국 관계의 사료가 여러 곳에 흩어지게 마련이었다. 특히 왕을 중심으로 한 연대기인 '세가'(世家)와 주요 인물들의 전기인 '열전'(列傳)의 두 부분에 건국 관계 기록이 분산되어 있는 것이다. 그러나 '세가'는 어디까지나 고려의 왕을 중심으로 서술된 것이기 때문에 고려말이라고 해도 이성계를 중심으로 한 조선 건국 자료가 집중적으로 기록되기는 어려울 것이다. 그리고 '열전'에서는 어느 한 사람만을 중심으로 이러한 기록을 다 실을 수는 없을 것이며, 태조 이성계를 '열전'에 입전(立傳)시킬 수는 없기 때문에 열전에서도 조선 건국에 관한 사실들이 만족스럽게 기록되기는 어렵다고 생각한다. 더욱이 어떤 입장에서 서술하느냐에 따라 건국의 의미는 달리 해석될 여지가 항상 있었기 때문에 세종처럼 태조를 중심으로 조선왕조 건국의 체계를 세우려 할 경우에는 여러 가지 문제가 제기될 수가 있을 것이라고 짐작할 수 있다. 이 두 기록을 검토함에 있어서 이런 문제를 항상 염두에 두어야 할 이유가 여기에 있는 것이다.

사실 『고려사』를 보면, 태조 이성계에 관한 기록은 여러 곳에 흩어져 있다. 이달충(李達衷)이 동북면도순문사(東北面都巡問使)로서 동북면에 갔을 때 태조의 부친인 환조를 만나 태조가 장차 큰 인물이 되리라고 예언하는 부분은 열전 25의 이달충 전에, 공민왕 때 홍건적이 개경을 점령하자 이를 탈환할 당시의 태조의 무공은 열전 26의 안우(安祐) 전에 기록되어 있으며, 우왕 때 임견미(林堅味) 일파를 제거할 때의 일과 요동정벌 및 위화도회군에 관한 기록은 최영 전(열전 26)에 기록되어 있다. 그러나 이처럼 열전에 기록되어 있는 일들은 또한 세가에 기록되어 있는 경우도 많다. 예컨대 위화도 회군에 관련된 일은 우왕 세가(물론 『고려사』에는 신우[辛禑] 열전으로 되어 있지만)에도 상세하게 기록되어 있으며, 공민왕 19년의 동녕부 정벌 관계 기록도 공민왕 세가 및 지용수(池龍壽) 열전에 나타난다. 그러나 전체적으로 보아 『고려사』의 태조 관계의 기록은 『태조실록』 '총서'에 크게 미치지 못하며, 그나마 그 기록이 여기저기에 분산·중복 서술됨으로써 중요한 사실로 크게 부각되지도 못하여, 이 점에서는 『용비어천가』에도 미치지 못한다고 말할 수 있다. 몇 가지 예를 살펴보기로 하자.

앞 장에서도 검토한 바 있는 공민왕 19년 11월의 동녕부 정벌 당시 요성전투의 기록을 다시 살펴보기로 하자. 그때에 태조는 서북면상원수(西北面上元帥) 지용수와 부원수 양백연(楊伯淵) 등과 함께 의주에서 압록강을 건너 나장탑(螺匠塔)을 거쳐서 요성을 공략했다. 이때에 요성에는 수장(守將) 처명이 태조의 군대에 대항해 성을 지키고 있었으며, 이 처명이 결국 태조의 위엄에 항복하게 된다는 것이 이 기사의 대강의 줄거리이다. 이에 대하여는 『고려사』 권114, 열전 27의 지용수 전에 다음과 같이 서술되어 있다.

> [……] 그곳의 장수 처명(處明)이 자신의 용맹만을 믿고 싸우고자 하니 태조께서 이원경(李原景)을 시켜, "너를 죽이는 것은 무척 쉬운 일이나 나는 단지 너를 거두어들여 등용하고자 하니 속히 항복하여라" 하고 [처명에게] 알리게 하였으나, [처명이] 이를 따르지 않았다. 이원경이 [처명에게] 말하기를, "그대가 우리 장군[태조를 뜻함]의 뛰어난 재주를 모르는구려. 그대가 만약 항복하지 않으면 화살 한 대에 몸이 꿰뚫릴 것이오"라고 했다. 그래도 그가 항복하지 않자 태조가 짐짓 활로 그의 투구만을 맞히고 나서 다시 이원경으로 하여금 그를 달래서 항복토록 권했으나 여전히 따르지 않았다. 이에 태조가 활을 들어 이번에는 그 다리를 맞히자 처명은 활에 맞은 채로 도망했다. 그러나 또다시 싸우려고 하니, 태조가 다시 이원경을 시켜 타이르기를 "네가 만약 항복치 않으면 이번에는 너의 얼굴을 맞힐 것이다"라고 하자, 처명이 마침내 말에서 내려 머리를 숙이고 항복했다.

『용비어천가』 권6, 제42장에는 위와 동일한 내용이 자구 하나 틀리지 않게 그대로 기록되어 있다. 위 기록은 그 전과 후를 생략한 것이지만 그것도 마찬가지로 거의 일치한다. 물론 이 기록은 『태조실록』 '총서'에도 그대로 실려 있다. '총서'나 『고려사』 모두 처명이 이때의 은혜를 못 잊어 항상 태조를 시종했으며, 운봉전투에서는 태조의 말 앞에서 전투하여 큰 공을 세운다는 기록은 물론 없다. 그러나 이 점만을 제외한다면 세 기록이 모두 일치한다는 것을 알 수 있다. 즉 『고려사』가 제일 나중에 편찬된 것이기 때문에 『고려사』의 편찬자들이 『태조실록』 '총서'나 혹은 『용비어천가』를 참고했을 가능성을 배제할 수는 없다.[7] 물론 『태조실록』 '총서'의 저본이 되었을지도 모르는 원사료를 『고려사』의 찬자들이 참고했을

7 변태섭도 『용비어천가』가 『고려사』 편찬에 이용되었을 것이라고 추정했다. 그의 저서 『"高麗史"의 硏究』(三英社, 1982), p. 22 참조.

가능성도 고려해볼 수는 있다. 그러나 그러한 자료가 남아 있었다고 한다면 『용비어천가』의 편찬자들도 그것을 보았을 것이요, 그럴 경우 '총서'의 기록과 그처럼 일치할 수는 없으리라고 생각한다.

아무튼 지용수 전에 있는 이 기록이 『고려사』 권42, 세가 42, 공민왕 19년 동월조의 기록에는 단지,

> 태조와 지용수(池龍壽) 등이 의주에 이르러 부교를 놓고 압록강을 건넜다. 을축일에 요성(遼城)을 급히 공격하여 이를 빼앗았다.

라고만 되어 있다. 결국 『고려사』의 찬자는 지용수 전에 있는 내용을 세가에서 다시 상술할 필요는 없다고 판단했을 것이며, 이러한 판단은 그런대로 이유가 있는 것이라고 생각된다.

위화도 회군 관계 기록의 예를 더 살펴보기로 하자. 『태조실록』 '총서'와 『용비어천가』에 있어서는 이 관계 기록이 거의 동일했다. 『고려사』 권113, 열전 26, 최영 전에는 이 기록이 대강 요약되어 태조의 요동정벌에 관한 사불가론(四不可論) 같은 내용은 빠져 있다. 그러나 태조가 회군하여 개경에 입성했을 때의 긴박한 상황에 대하여는 이 사건이 최영의 실각과 밀접한 관계가 있으므로 여기에도 자세하게 기록되어 있다. 그러나 이 사건에 관한 기록은 최영 전보다는 우왕 세가, 14년 동월조에 상세하게 기록되어 있는데, 이는 『태조실록』 '총서', 『용비어천가』의 기록과 거의 똑같다.

그러나 태조에 관한 모든 기록을 위의 두 사례에서 보는 바와 같이 『고려사』의 어느 부분에서건 모두 발견할 수 있는 것은 아니다. 예를 들면 『용비어천가』 권7, 53장에 있는 여진추장(女眞酋長) 등에 관한 기록은 『고려사』에는 없으며, 운봉전투에서의 요성강장(獠城降長) 처명의 활약 같은

기록도 없다. 그러나 『고려사』의 태조 관계 기록이 여기에서 언급하는 세 사료 중에서도 가장 소략할 뿐 아니라 그 중요성이 매우 소홀하게 다루어지고 있다는 점은 태조가 세운 최고의 무공인 운봉전투에 관한 예를 보면 짐작이 간다.

운봉전투 상황에 대하여는 『고려사』의 우왕 세가 6년 9월조에는 단지 다음과 같이 간단하게 언급되어 있을 뿐이다.

> 우리 태조께서 여러 장수와 더불어 운봉(雲峯)에 있는 왜구를 습격하여 크게 패배시키니, 나머지 왜적들이 지리산으로 도망하였다.

『태조실록』 '총서'나 『용비어천가』의 상세한 기록에 비한다면 『고려사』의 위의 기록은 있으나마나 한 것이다. 『고려사』의 편찬자들은 적어도 운봉전투의 역사적인 의미를 거의 인정치 않고 있다고밖에 생각되지 않는다. 물론 『고려사』의 찬자들은 우왕 세가에서가 아니라, 『고려사』 권126, 열전 39, 간신 2의 변안열(邊安烈) 열전에 실록의 '총서'나 『용비어천가』에 실려 있는 운봉전투 상황을 그대로 기록하고 있다. 변안열이 운봉에서 태조와 같이 전투에 참여한 장군이었다고 하더라도, 그 전투의 중요성으로 보아 그의 열전에만 기록될 일은 아니라고 생각한다. 더욱이 그의 전기가 『고려사』의 찬자들에 의해 간신 전에 실려 있다면, 거기에 실려 있는 태조의 운봉에서의 승전 상황은 명예롭게 기록된 것은 아닐 것이다. 왜냐하면 이는 연대기적인 세가에 얼마든지 기록될 가치가 있는 것이기 때문이다. 그러므로 운봉전투 상황이 변안열 열전에 기록되어 있다고 하더라도, 『고려사』의 편찬자들은 이 사건을 중요하지 않은 것으로 서술했다는 것은 명백하다고 하겠다.

사실 『고려사』의 찬자들이 조선왕조의 건국의 의미를 소홀하게 생각한 것은 결코 아니었다. 고려말의 정치 · 경제 개혁을 주도했으며 결국 나중에는 조선왕조 건국의 주역이 되었던 사대부들, 예컨대 조준(趙浚) · 정도전 · 조인옥(趙仁玉) 등의 활약상은 열전이나 백관지(百官志) · 식화지(食貨志) · 병지(兵志) 등에 상세하게 기록되어 있는 것이다. 그러므로 이로 미루어본다면 『고려사』의 편찬자들과 『태조실록』 '총서'와 『용비어천가』의 편찬자들은 조선의 건국과 고려말의 여러 상황을 보는 관점이 매우 달랐다고 해석할 수가 있을 것이다.

더욱이 태조는 새 왕조의 건국자이기에 『고려사』의 열전에 입전될 수 있는 형편도 아니었으며, 또한 그와 함께 전장에서 평생을 지내왔던 무장들의 생애가 입전된 것도 거의 없다시피 하기 때문에 고려말 태조의 활약상이 잘 드러나기는 어려운 형편이었다고 생각한다. 조선의 개국공신이 되었던 의주 토호 장사길과 장사정(長思靖) 형제, 태조의 신망을 받았던 김인찬(金仁贊)과 한충(韓忠) 등 많은 태조 휘하의 무장들은 『고려사』에 입전되지 않았던 것이다. 이들의 열전이 있다고 한다면 자연히 태조의 무공도 더욱 알려지게 될 것이었다. 따라서 『고려사』에서는 태조를 중심으로 한 이씨 왕가의 활약과 조선왕조 건국에 기여한 공로가 상대적으로 소홀하게 취급되고 있다는 인상을 강하게 받게 된다. 앞서 간단하게 몇 개의 예를 가지고 살펴보았지만, 『고려사』에는 『태조실록』 '총서'나 『용비어천가』에 비해 태조 관계 기록이 양적으로도 적었을 뿐 아니라 그 중요성도 덜 부각되어 있었다. 그리고 위의 두 책에 없는 사실이 기록되지도 못했다. 『고려사』는 조선왕실의 입장에서는 매우 불만스러운 역사서가 아닐 수 없었다. 따라서 『고려사』의 편찬이 막바지 진통을 겪고 있었던 세종 말년 경에 『용비어천가』가 편찬되었다는 것은 또 다른 의미가 있다고 생각된다.

3.『용비어천가』 편찬의 역사적 의미

『용비어천가』가 왕실의 권위를 높이고 나아가 조선왕조 건국을 정당화하기 위해 편찬된 것이라는 점은 잘 알려진 사실이다. 그러나 왜 하필이면 그 시점에서 그러한 방식으로 왕실의 권위를 높이고 또 조선의 건국을 정당화해야만 했을까? 이러한 의문에 답할 수 있어야만 이 책의 편찬의 의미를 좀 더 정확하게 파악할 수가 있으리라고 생각한다. 그러기 위해서는『용비어천가』의 편찬 과정을『고려사』의 편찬 과정과 연관시켜 해석하려는 노력이 필요할 것이다.『용비어천가』의 편찬이 구체화되던 세종 20년대는 또한『고려사』의 편찬을 두고 세종과 사관들 사이에 심각한 대립이 표면화되던 시기였으며, 더욱이 당시에 조선왕조 건국 문제를 어떻게 서술해야만 하느냐 하는 문제가 가장 큰 논쟁점이었기 때문에 이 두 책의 편찬 문제가 별개의 것으로 나누어질 수가 없었으리라고 생각한다.

정도전의『고려국사』가 태조 4년에 완성되었지만, 이에 불만을 가지고 있던 태종은 동 14년 5월에 하륜(河崙)·변계량(卞季良) 등으로 하여금 이를 개수하도록 했다. 그리하여 세종 3년 정월에야 이 작업이 마무리되었으며, 세종은 다시 이의 개수를 명하여 동 6년 8월에 소위『수교고려사』(讐校高麗史)가 완성되었다. 이때에는 류관(柳寬)과 윤회(尹淮) 등이 개수 작업을 주관했다. 그러나 여기에도 만족할 수 없었던 세종은 신개(申槪)·권제(權踶)·안지(安止) 등으로 하여금 다시『고려사』를 수정·편찬케 했는데, 이는 앞에서 설명했던 것처럼 세종이『태조실록』을 내전에 들이게 하여 읽었던 세종 20년 3월이었다. 이로부터 4년 후인 세종 24년 8월에 이 작업이 완료되었는데 그때에는 책 제목을『고려사전문』(高麗史全文)이라고 했으며, 이는 곧 인쇄되기도 했으나 반포가 중지되고『고려사』의 편찬 작업은 다시 원점으로 돌아가고 말았던 것이다. 세종은 동 31년 정월에 다시 김종서(金宗瑞) · 정인지(鄭麟趾) 등에게 『고려사』의 편찬을 명했다. 그리고 이 책이 완성된 것은 세종이 승하하고 문종이 즉위한 직후(문종 원년 8월)였으며, 단종(端宗) 2년 10월에 인쇄 · 반포되어 오늘날까지 전해지게 되었다.[8]

이상은 이미 잘 알려진 사실이다. 그러나 이 과정을 주의 깊게 검토해 보면, 『고려사』의 편찬에 세종은 그 즉위 초부터 대단한 관심을 가지고 있었음을 알 수가 있다. 태종 14년의 개수 작업이 착수되었을 때에도 세종은 이 과정을 잘 지켜볼 수 있는 입장에 있었기 때문에 『고려사』의 편찬은 세종의 전체 치세 기간에 걸쳐서 이룩된 것이라고까지 말할 수 있을 것이다. 특히 『고려사전문』이 착수되었던 세종 20년에서 이것이 완성되었던 동 24년은 『용비어천가』의 편찬이 동시에 추진되던 때이기도 했다. 그리고 『고려사』의 편찬이 시작되었던 세종 31년은 이미 『용비어천가』가 완성된 직후이기도 했다.

이처럼 시기적으로 『용비어천가』와 『고려사』는 거의 동시에 편찬되었던 것이다. 이것을 우연한 일로 보기는 어렵다고 생각한다. 사실 『고려사』의 편찬 과정에서 그 내용이 너무 소략하다는 것이 항상 문제가 되었으며, 또한 고려왕실에 관련된 용어를 사실대로 써야 하느냐, 아니면 유교적인 명분론에 맞게 표현해야 하느냐 하는 것이 주요 쟁점이 되었다는 사실은 이미 잘 알려진 사실이다. 그러나 이러한 논쟁의 이면에는 조선왕조의 건국을 사대부 중심으로 서술하느냐, 아니면 이성계를 비롯한 왕실을 중심으로 하느냐는 문제가 짙게 깔려 있었던 것이다. 태종과 세종이

8 『고려사』의 편찬 과정에 대하여는 李基白, 앞의 논문, pp. 1~5 및 변태섭, 앞의 책, pp. 7~18을 참조할 것.

기왕의 『고려사』에 대해 가지고 있던 가장 큰 불만도 이 책이 너무 사대부 위주로 되어 있으며, 따라서 왕실의 입장은 잘 반영되지 않았다는 것이었다고 해도 틀린 말이 아니다.

이 글의 앞에서도 언급했던 바와 같이 세종이 『태조실록』을 내전으로 가져오게 했던 것은 동 20년 정월이었다. 그리고 『태종실록』까지도 가져오게 하여 읽으려 했으나 황희와 같은 중신들의 반대에 부딪혀 이 조치를 취소하게 되는데, 이때가 동 20년 3월이었다. 세종이 『고려사전문』의 편찬을 명했던 바로 같은 시기에 무리를 해서라도 『태조실록』을 보려 했던 것은 우연한 일로 보기는 어렵다. 세종은 『태조실록』을 통해 태조의 활약상, 특히 건국 이전의 태조의 활약상에 대해 구체적으로 알기를 원했다고 믿는다. 『고려사전문』이 완성된 것은 동 24년 8월이지만, 동년 3월에 세종은 앞에서 인용한 바와 같이 전라 · 경상 양도의 관찰사들에게 고려말 태조가 왜구와 싸워 거둔 무공에 대해 직접 현지 주민들의 목격담을 조사하라고 명했으며, 그 며칠 후에는 안지와 남수문으로 하여금 이미 노인이 된 목격자들을 방문하여 그들의 경험담을 수집 · 기록하도록 명했던 것이다. 이러한 일련의 과정을 볼 때, 『고려사전문』이 인쇄까지 되었다가 반포가 중지되고 『고려사』의 편찬 문제가 다시금 원점으로 돌아가게 된 데에는 여러 가지 이유가 있었겠지만, 특히 태조로 대표되는 왕실의 건국과정에서의 역할이 소홀하게 취급되었다는 것이 매우 결정적인 이유 중의 하나가 되었으리라고 생각한다.

이처럼 『고려사전문』이 만들어지고, 결국 반포가 중지되는 이 시기에 『용비어천가』의 편찬은 본격적으로 추진되었다. 『용비어천가』는 사서도 아니었으며, 왕실의 업적을 시가(詩歌)로 편찬했기 때문에 이것이 유신(儒臣)들의 표면적인 반대를 초래할 것은 아니었다. 그러나 세종은 이 시가들의 바탕이 되는 사실을 상세하게 편집 · 기록하도록 했기 때문에 사실은 태조 관계 기록을 일반에 공개하는 결과를 초래한 것이었다. 특히 『용비어천가』의 편찬 작업, 그 중에서도 이러한 사실을 매 편의 시에 주(註)로 기술하는 작업은 『고려사전문』의 반포를 중지시킨 이후에 더욱 적극적으로 추진된 것 같다. 『고려사전문』의 반포가 중지된 세종 28년 8월에서 얼마 지나지 않은 동년 11월조의 『세종실록』의 다음과 같은 기록을 보자.

> [왕이] 『태조실록』을 내전에 들이도록 명했다. 이어서 [『태조실록』을] 언문청에 두고, [태조에 관련된] 사적을 [뽑아서] 용비시에 첨입하도록 했다. [이에 대해] 춘추관에서는 "실록은 사관이 아니면 볼 수가 없는 것입니다. 더욱이 언문청은 외인들의 출입이 잦은 곳이므로 [이를 언문청에 둔다는 것은] 심히 불가하다고 생각합니다"라며 항의했다. 왕은 즉시 [실록을] 다시 내전으로 가져오라고 명하고는, 춘추관의 기주관 어효첨과 기사관 양성지로 하여금 [실록 기사를] 초록하여 바치게 했다. (『세종실록』 114, 28년 11월 임신조)

위의 사료에 의하면, 세종은 『용비어천가』의 편찬을 주관하는 언문청에 『태조실록』을 옮겨두고, 편찬자들이 이를 수시로 참고할 수 있도록 하려고 했음을 알 수가 있다. 그러나 춘추관이 이를 반대하자 춘추관의 사관인 어효첨과 양성지로 하여금 『태조실록』의 기록을 초록하여 바치게 했다. 이 초록이 『용비어천가』의 편찬에 매우 중요한 자료로 이용되었을 것은 능히 짐작할 수 있는 일이다. 『용비어천가』의 태조 관계 기록이 『태조실록』의 '총서'와 거의 같다는 것은 이러한 과정으로 보아 조금도 이상한 일이 아니다. 물론 실제 목격자들의 증언도 수집한다고 했지만 '총서'의 내용보다 더 자세했을 것이라고는 생각되지 않는다. 그렇다면 이미 『태조실록』 '총서'에 상세하게 기록된 조선 건국 이전의 태조의 활약상을 새삼스레 『용비어천가』의 시가에 수록한 것은 무슨 까닭이 있어서일까?

사실 『용비어천가』에서 태조 관계 기록이 '총서'의 그것을 크게 보충한 것도 아니라는 것은 이미 살펴본 바와 같다. 그러나 왕이 전왕의 실록을 읽는 것조차 유신들의 반대에 부딪힐 만큼 실록은 어디까지나 일반에 공개될 수 있는 자료가 아니었다. 그러므로 여기에 아무리 관계 기록이 풍부하게 실려 있다고 하더라도 이의 이용에는 엄격한 제한이 있었던 것이다. 세종이 『용비어천가』를 시가 형식으로 편찬하고서도, 그 시가의 바탕이 되는 사실을 주석으로 수록하려 했던 것은 바로 이러한 태조 관계 기록을 공개시키려는 의도였다고 생각한다. 그리고 이러한 태조 관계 기록이 『용비어천가』의 편찬 · 간행과 더불어 공개된다면 『고려사』의 편찬자들은 고려말의 서술 과정에서 태조에 관한 사실을 무조건 무시할 수 없었으리라고 생각한다. 『용비어천가』를 통해 이미 공개된 태조 관계 사실이 새로이 편찬될 『고려사』에 어떤 형태로든 반영되지 않을 수 없었을 것이다.

세종 29년 『용비어천가』가 완성되고[9] 얼마 지나지 않은 세종 31년 정월에 세종은 다시 김종서 · 정인지 등에게 『고려사』의 편찬을 명했다. 『고려사전문』의 편찬을 주도했던 권제는 세종 27년 이 책이 완성되기 직전에 사망했다. 그런데도 『고려사』 편찬을 명한 직후인 세종 31년 2월에 『고려사전문』이 잘못 편찬된 점을 가지고 권제를 위시한 안지 · 남수문 등의 처벌을 명했다. 당시의 사료에 의하면,

9 『세종실록』 권108, 27년 4월 무신조에는 권제 등이 올린 『용비어천가』의 발문이 있어서 이때에 이 책이 완성된 것처럼 되어 있으나, 사실은 세종 29년 초에 완성된 것이라 함은 일찍이 강신항에 의해서 밝혀진 바가 있다. 그의 논문 「龍飛御天歌의 編纂經緯에 對하여」, 『文理大學報』 제6권 제1호(1958)를 참조할 것. 그리고 이숭녕도 앞의 논문에서 강신항의 주장이 옳다고 했다(p. 34).

[왕이] 이조에 명하기를, "이전의 『고려사』는 소략한 점이 많아 권제 등에게 명하여 이를 개찬하도록 했다. 그런데 지금 [권제 등이 개찬한 『고려사전문』을] 보니 권제가 임의로 [사실을] 멸삭(滅削)하기도 하고, 혹은 타인의 청탁을 받아, [사실을 개조하고] 혹은 자신과 관계된 중요 사실들을 기록함에 있어서 사실을 변조했다. 안지는 권제와 더불어 마음을 합하여 그 일을 도우니 그 외람됨이 너무나 심하다. 그러니 권제의 고신(告身)을 추탈(追奪)하고 그에게 내린 시호를 거두도록 하라. 또한 안지의 고신도 빼앗고 다시는 서용(敍用) 하지 말라. 낭청 남수문은 사실을 있는 대로 써야 함에도 불구하고 낭청의 당상관들에게 아부했으니 그 죄 또한 [위의 2인과] 동일하다. 그러니 그의 고신도 추탈하라." (『세종실록』 123, 31년 2월 계유조)

라고 하여 이미 고인이 된 권제를 사후에 처벌했음은 물론 『고려사전문』에 책임이 있는 안지와 남수문의 고신도 거두도록 명했던 것이다.

특히 권제가 그의 조상인 권수평(權守平) 등의 전기를 조작했다는 점 등이 당시에 크게 문제가 되었으며, 위의 사료는 바로 이러한 책임을 『고려사전문』의 책임자인 권제에게 물었던 것이다. 그러나 세종 28년 이 책이 완성되었을 때 세종은 이를 보았을 것이 틀림이 없다. 왜냐하면 이 책이 인쇄까지 되고서도 반포되지 못했다는 것은 이를 읽고 어떤 문제점을 발견했을 것이기 때문에 취해진 조치라고 믿기 때문이다. 그러나 왜 그 시점에서 책임을 묻지 않았는지에 대하여는 자세히 알 길이 없다. 그러나 연령으로나 경력으로 보아 권제를 바로 문책하기는 어려웠으리라고 생각한다. 그러나 『용비어천가』가 완성되고, 새로운 인물들에게 새로운 『고려사』의 편찬을 명하면서 『고려사전문』의 책임자들을 문책한 것은 세종의 정치적인 결단이었다고 생각한다. 즉 권제가 편찬한 『고려사전문』 식의 사서를 용납하지 않겠다는 의도를 새로운 편찬자들에게 분명하게 보여줄 필요가 있다고 세종은 판단하지 않았을까 한다. 『고려사전문』의 문제점을 지적하면서 세종은 권제가 사사로이 자신의 조상에 관한 기록을 임의로 조작했다고 비난했지만, 세종이 이 책에 대해 가지고 있는 불만은 이에 그치는 것은 아니었다고 판단된다. 즉 세종은 언제나처럼 『고려사전문』에서도 태조 때의 기록이 너무 소략하다는 점에 큰 불만을 가지고 있었다고 생각한다. 이미 설명한 바와 같이 『고려사전문』이 편찬되던 그 시기에 『태조실록』을 읽었을 뿐 아니라, 태조의 무공을 직접 목격한 사람들의 증언을 수집하라고 명하는 등 세종은 『고려사전문』의 편찬자들에게 자신의 의중을 십분 전할 수 있었을 것이다. 그럼에도 불구하고 그 책에는 태조의 업적을 중심으로 왕실의 활약을 드러내려는 자신의 뜻이 거의 반영되지 않았다고 세종은 판단했다. 그러기에 세종은 『고려사전문』이 완성된 직후 『용비어천가』의 편찬에 더욱 박차를 가하면서 앞서 인용한 바와 같이 어효첨과 양성지 등에게 『태조실록』 '총서'를 초록하여 이를 『용비어천가』에 반영하도록 했던 것이다.

이제 『용비어천가』의 편찬을 완성함으로써 태조의 업적에 관한 자료를 일반에 공개했으며, 나아가 『고려사전문』의 책임자들을 그들이 범한 확실한 죄를 구실삼아 문책함으로써 세종은 새로운 『고려사』의 편찬자들에게 자신의 뜻을 분명하게 밝혔다. 왕과의 정면충돌을 원하지 않는 이상, 그리고 『용비어천가』가 간행됨으로써 태조의 활약상이 사대부들 사이에도 일단 공개된 이상, 『고려사』의 편찬자들은 어떤 형태로든 그 이전에 편찬된 어떠한 『고려사』에서보다도 태조 관계 기록을 더 많이 수록하지 않을 수는 없었을 것이라고 생각한다. 『고려사』에 있는 태조 관계 기록이 대개는 『태조실록』 '총서'의 관계 기록과 거의 일치할 것은 당연한 일이었다.

그러므로 『용비어천가』의 편찬은 고려왕조의 말기부터 시작된 조선왕실의 활약과 이들이 조선 건국에 끼친 공적과 새 왕조의 왕실로 자리 잡게 되는 역사적인 필연성을 이전 왕조의 역사 서술에 반영하겠다는 의도가 반영된 것이었다. 현존하는 『고려사』에 『태조실록』 '총서'와 일치하는 기록이 그 정도나마 실릴 수 있었던 것은 『용비어천가』를 편찬하려는 세종의 의도가 반영되었기 때문이었다고 생각한다. 그럼에도 불구하고 『고려사』의 태조 관계 기록이 『용비어천가』와 비교해도 매우 미흡했다는 것은 세종 말년에 있어서도 왕권이 [동시대의 중국처럼] 절대적이지 못했으며, 그에 반해 사대부들의 영향력은 상대적으로 강했다고 하는 당시의 현실을 반영하는 것이었다고 믿는다. 이는 동시에 사서의 편찬에 왕권이 개입할 수 없다는 원칙, 바꾸어 말하면 사관의 독립성이 지켜져야 한다는 유교적인 가치관을 왕조차도 완전히 거스를 수 없다는 당시의 사상적인 분위기를 반영하는 것이기도 했다.

4. 나머지 말

이상에서 『용비어천가』의 조선왕조 건국 관계 기록을 『태조실록』 '총서' 및 『고려사』와 비교 · 검토했다. 그 결과 『용비어천가』에는 다른 사서에는 없는 내용이 일부 수록되어 있기는 하지만, 대부분 『태조실록』 '총서' 중에서 선택되었다는 것을 확인했다. 그리고 그 선택된 사료는 『용비어천가』의 찬자들에 의해 임의로 윤색되지 않고 충실히 옮겨졌다. 더욱이 이 책에서는 '총서' 중에서 태조의 업적 중 가장 중요하다고 판단되는 것을 선택하여 기록한 것이기 때문에 거기에는 조선왕조의 건국에 관한 왕실의 입장이 잘 표현될 수가 있었다. 그러므로 『용비어천가』는 조선건국사 자료로서 '총서'와는 또 다른 사료적인 가치가 있다고 생각한다.

지금은 물론 누구나 『태조실록』을 구해 볼 수가 있기 때문에 『용비어천가』의 사료적인 가치가 비교적 소홀하게 평가될 수 있을 것이다. 그러나 이 책이 편찬되던 때에는 조선왕조의 태조에 대하여는 이렇다 할 기록이 없었다. 『태조실록』은 그 자체가 일반에 공개되지 않는 것이었기에 『용비어천가』 편찬은 건국자인 이성계의 업적을 정리해 일반에 알린 최초의 책이었다고 생각한다. 그렇기에 세종은 시가 자체보다는 이러한 역사적인 서술에 더욱 큰 관심을 가지고 있었던 것이다.

특히 『용비어천가』는 『고려사』의 편찬이 막바지 진통을 겪고 있던 시기에 계획되고 편찬 · 간행되었다. 건국초 정도전의 『고려국사』 이래 왕실과 유신들 사이에는 『고려사』의 편찬을 두고 지속적인 대립이 있었다. 왕실에서 사관들이 편찬한 『고려사』에 대해 가지는 가장 강력한 불만은 조선왕조의 건국이 지나치게 사대부들 중심으로 서술되어 있다는 점이었다. 이 점이 태종대 한 번, 세종대 세 번이나 『고려사』가 편찬되었으면서도 제대로 간행되지 못하고 재편찬에 착수하게 된 주요 이유였다.

세종은 기대를 걸었던 『고려사전문』에서도 만족할 만한 결과를 얻지 못하자 이의 간행을 중지시키고 새로운 『고려사』의 편찬을 명했던 것이다. 이미 『고려사전문』의 편찬이 시작됨과 거의 동시에 『태조실록』의 공개를 의도적으로 추진했던 세종은 많은 유신들의 반대에 봉착했지만, 『용비어천가』를 편찬하는 자료로 사용한다는 명분을 들어 원래의 의도하는 바를 상당한 정도 달성할 수가 있었다. 새로운 『고려사』에서 고려말의 상황을 사실대로 서술하려고 한다면 이처럼 『용비어천가』로 공개된 자료마저도 외면하기는 어려웠으리라고 생각한다. 현존하는 『고려사』에 『태조실록』 '총서'의 기록을 옮긴 것으로 판단되는 태조 관계 자료가 상당수 존재할 수 있었던 것은 『용비어천가』를 편찬한 세종의 끈질긴 노력이 어느 정도 성과를 거둔 것이라고 생각해도 좋을 것이다. 『용비어천가』가 사학사상 중요한 의미를 가지는 것은 바로 이 점에서도 찾을 수가 있지 않을까 한다.

사실 『용비어천가』의 편찬으로 인해, 당시에 고려말의 역사를 해석하는 데 있어서 『고려사』에 반영된 것과는 또 다른 관점이 존재하고 있었음을 발견할 수 있다는 것도 이의 편찬이 가지는 사학사적인 의미라고 생각할 수가 있을 것 같다. 앞서도 언급한 바와 같이 『고려사』가 지나치게 사대부 중심으로 서술되었다는 말은 흔히 불교적인 것이 아니었다는 의미로 사용되는 경우가 적지 않았다. 그러나 적어도 무인정권 시대 이후의 『고려사』 서술에서 당시의 편찬자들은 유교적인 가치관의 타락이 고려왕조의 몰락을 초래한 것이라는 해석을 했던 것이 아닐까 한다. 그러므로 새로운 사회의 건설은 그러한 유교적인 가치를 복구함으로써 가능한 일이었다는 결론에 도달할 수밖에 없었을 것이다. 고려말 사대부들의 개혁활동을 무척 중요시한 『고려사』의 기록은 이러한 역사관을 반영하는 것이었다고 해석할 수 있다.

이에 반해 『용비어천가』에서는 고려말의 위기 상황이 홍건적이나 왜구와 같은 이민족의 침입으로 빚어진 것으로 묘사되었다. 이러한 관점으로 본다면 당연히 이성계와 같은 무인들의 활약을 중심으로 고려말의 역사는 서술될 것이다. 즉 그러한 서술에는 이씨 왕실의 역할이 무척 강조될 수밖에 없었을 것이다. 따라서 『용비어천가』의 편찬은 『고려사』에서는 발견할 수 없는 또 다른 사관이 조선 초기에 엄연히 존재했음을 보여준다는 의미에서도 이의 사학사적인 가치가 인정되어야 할 것이다.

그렇다고는 해도 『고려사』의 태조 관계 기록은 『태조실록』 '총서'는 말할 것도 없고 『용비어천가』에도 크게 미치지 못하는 것이었다. 물론 『고려사』가 완성되기 직전에 세종이 승하했기 때문에도 그러했을 것이지만, 왕권이 절대화되지는 못했던 당시의 상황 하에서는 세종의 노력에도 일정한 한계는 있을 수밖에 없었다. 특히 유교적인 가치관이 크게 확대되었던 당시에, 사서의 편찬에 있어서 사관은 일체의 간섭에서 독립적이어야 한다는 유교적인 명분을 내세울 경우에는 왕으로서도 어쩔 수가 없었을 것이라고 생각한다. 이러한 명분을 앞세워 당시의 사대부들은 왕권이 절대화하는 것을 막을 수가 있었다.

그러나 『용비어천가』의 편찬 과정을 이러한 방식으로 정리하면서 우리는 이 시대의 문화적인 수준의 일부를 감지할 수가 있었다고 생각한다. 즉 『고려사』에 왕실의 의도를 반영하기 위해 세종이 동원한 수단이 매우 지성적인 것이었다는 점을 들 수가 있다. 세종은 객관적으로 입증될 수 있는 사실을 들어서 『고려사』의 편찬자들로 하여금 이를 반영하지 않을 수 없도록 했던 것이다. 사실의 변조나 허위사실의 유포, 왕권의 강압적인 행사와 같은 방법을 동원하지도 않았으며, 또 그러한 일을 용납하지도 않았을 당시의 사상적인 분위기를 파악할 수가 있었다는 점에서도 『용비어천가』 편찬의 역사적인 의의는 발견될 수 있다고 생각한다.

제6장

14~15세기 동아시아 세계와 조선왕조

『해동제국기』를 통해 본 조선 초기 지배층의 일본관

조선왕조와 명 · 청대의 중국: 유교이념과 동아시아의 국제관계

한 국가의 건국 과정에서 주변 국가(세계)들의 공인을 받는다는 것은 매우 중요한 일이다. 국가가 탄생하기 위해서는 그 신생 국가의 지배력이 미치는 범위, 곧 영토의 경계가 선포되어야 하며 이 국경에 대해 주변 국가의 공인 혹은 인정이 뒤따르지 않으면 곧 분쟁에 휩싸이게 된다. 그리고 영토 분쟁은 항상 큰 전쟁의 원인이 되어왔다. 그런 점에서 조선왕조의 건국 과정에서도 이러한 주변 세계와의 관계를 어떻게 유지하려고 했으며, 그러한 조선의 노력이 그 주변 국가들로부터 어떻게 받아들여졌는지를 알아보아야 한다. 이런 문제를 알아보기 위해 한반도의 좌우에 존재하는 중국과 일본과의 관계에 관심을 기울여볼 필요가 있다.

한중관계사에 대해서는 상당한 연구가 있었기 때문에 여기서 이를 전면적으로 재론한다는 것은 필자의 능력을 크게 벗어나는 일이다. 그러나 중국의 영향이 너무도 컸다고 하더라도 조선 초기의 지배자들에게 있어 중국은 선택의 여지가 전혀 없는 상대는 아니었다는 점을 간과해서는 안 된다. 조선의 건국자들에게 현재 존재하는 명나라와 역사적 실체로서의 중국이 항상 일치하는 것은 아니었다는 점을 지적하고자 한다. 현실적인 상대국으로서 조선의 역사에서 명나라의 존재는 너무도 중요했지만, 조선왕조가 추구하는 이상은 명나라가 지배한 현실로서의 중국에 있지 않았다. 조선은 중국의 고전문화에 대해 말할 수 없이 깊은 존경심을 지니고 있었으며, 특히 조선의 국가 사회적인 이념으로서는 송나라의 성리학에 깊이 경도되어 있었다.

그러나 청나라에 의해 조선이 항복하게 되고 명나라는 멸망하게 되자 중국에 대한 관념은 또 한 번 크게 변하지 않을 수 없었다. 청은 만주의 여진이 세운 나라이며, 성리학적인 가부장적인 세계관에 따르면 그 여진은 군부의 나라가 아니라 신자(臣子)의 처지에 있었다. 유교 사회 내에서 여진이 차지했던 이러한 열등한 위치는 비단 중국 명나라에 대해서만이 아니라 조선왕조와의 관계에서도 마찬가지였다. 그 여진에 의해 명은 망하고 조선은 굴욕적인 항복을 함으로써 과거 신하요 아들의 입장에 있던 여진을 군부(君父)의 나라로 섬기겠다는 것을 조선의 국왕이 맹세하고서야 그 전쟁은 끝이 났던 것이다. 이러한 관계 때문에 병자호란 이후의 한중 관계, 구체적으로 조청 관계는 그 실제와 명분이 일치하지 않게 되었다. 밖으로 힘에 눌려 불가피하게 청을 섬기겠다고는 했지만, 엄격한 성리학적 명분론을 따르면 이것은 패륜행위임을 스스로 드러낸 것이었다. 그러므로 이 양자 간의 관계를 두고 조선의 조정 내에서는 심각한 논쟁이 벌어지게 되었다. 불가피한 현실을 기정사실로 받아들이자는 현실론과 아무리 현실이 그렇다 하더라도 대의명분을 져버리는 행위를 다 인정할 수 없다는 명분론이 날카롭게 대립했다. 그리고 그런 대립에서 명분론이 승리하게 됨으로써 조선은 청과의 외형적 관계를 유지는 하되, 명분론적으로는 망한 명나라와의 관계를 어떻게든 유지해야 한다는 주장이 전면에 제기되었으며, 이러한 인식이 조선의 사상계를 지배하게 되었다. 이러한 큰 흐름을 두고 조선왕조의 건국과 한중 관계, 그리고 이 관계의 전개 과정을 좀 더 깊이 이해해야 할 필요가 있다.

한편 일본에 대한 정책을 세우는 데 있어서도 조선왕조는 많은 노력을 기울였다. 조선 전기의 대부분 기간은 일본이 분열되어 마침내 전국시대적 상황으로 치닫던 때였다. 일본의 분열은 조선왕조의 안전에 한편으로는 유리한 국면을 제공했지만, 다른 한편으로는 큰 걱정거리를 제공하기도 했다. 즉 일본에 강력한 통일국가가 존재하지 않자 지방의 각 세력들이 제멋대로 조선에 사신을 파견하는 행위를 조선은 크게 경계했다. 일본 각지에서 들어오는 이들 사신들을 제대로 대하지 않으면 고려말에 겪었던 것과 같은 왜구의 피해를 입을지도 모를 일이었기 때문이었다. 그래서 조선왕조는 일본 열도 각지에서 그 지방세력가가 독자적으로 파견하는 사신들을 일목요연하게 나누어 접대하고 유교적 대외질서를 세우는 제도를 마련하기 위해 노력했던 것이다. 그러나 더 이상 일본의 내부 사정을 깊이 알려는 노력을 기울인 것은 아니었기에 전국시대 일본이 통일될 경우 어떤 영향을 미칠 것인가에 대해 사전 지식이 전무했던 것이다. 임진왜란이 벌어졌을 때 제대로 대응하지 못했던 것은 이러한 까닭이었다.

이러한 사정을 종합해보면 조선왕조의 건국 이후 임진왜란이 나던 때까지 200여 년 간은 한국 역사상 동아시아의 정세가 매우 유리한 국면에 처한 때였다. 명나라가 원(元)을 대신해 중국을 통일했지만, 몽고 세력을 축출하는 데 너무도 많은 노력을 기울였기 때문에 한반도의 북쪽 국경인 만주 방면에 대한 경략에 전념할 수 없었다. 다만 여진족이 통일되지 못하도록 견제하는 정책을 구사하면서 만주에 대해서는 느슨한 통제에 머물 수밖에 없었다. 조선왕조의 입장에서 본다면 강력한 중국의 명나라와 조선 사이에 만주라는 통일되지 않은, 그런 의미에서 조선에도 크게 위협이 되지 않는 완충지대가 존재했다. 바다 건너 동남쪽의 일본은 전국이 분열되어 15세기 중반에는 진국시대라는 대분열의 대립 시기로 돌입했다. 조선과 밀접한 관계를 유지해오던 대마도는 그런 의미에서 일본에 완전 예속된 영토가 아니라 반독립적인 지위를 구가하면서 조선과 일본 사이에서 많은 이익을 얻을 수가 있었다. 일본과 조선 사이에 바다와 그 가운데의 대마도 지역이라는 완충지대가 존재했던 것이다. 이 상태를 잘 유지하면 조선은 남북의 위협에서부터 무척 안전할 수 있었던 것이다. 임진왜란 이후 통일 일본의 지배력이 대마도까지 완벽하게 미치게 되고, 호란 이후 만주의 여진이 명을 멸망시키고 만주 전 지역과 중국 전 지역을 아울러 통일한 강력한 세력으로 떠오르자 상황은 크게 바뀔 수밖에 없었다.

이런 대세론을 염두에 두고 필자는 『해동제국기』를 중심으로 조선 전기 한일 관계의 특성을 이해하고자 시도했다. 필자는 이 원고의 초고를 1980년에 작성했지만,[1] 필자의 미숙함과 당시 편집 · 인쇄제작 사정 등으로 많은 오류를 범했다. 이번에 이 원고를 다시 정리하면서 그런 오류를 바로잡기는 했지만 참으로 부끄럽기 짝이 없었다. 몇 번이나 이 원고를 빼버리려 생각했으나, 조선건국사와 관련해 당시 조선의 대외 관계를 이런 관점에서 이해하려는 시도 자체는 아직도 가치가 있다고 판단되어 이에 수정본을 내게 되었다. 이 과정에서 신용호 외 여러분의 노력으로 『해동제국기』의 주해본이 출간되어 도움을 크게 받았다. 특히 전통시대 일본인의 이름이나 각종 고유명사 등은 전문적 지식 없이는 읽어내기 쉽지 않았는데 이 책에 힘입어 새로운 수정본을 만들 수 있었음을 밝혀둔다.[2]

---

1 처음 발표된 것은, 「조선초기 지배층의 일본관: 신숙주의 『해동제국기』를 중심으로」(『인문논총』 9, 전북대학교 인문대학, 1981. 2), pp. 15~30이다.

2 신주수 지음, 신용호(외) 주해, 『해동제국기』(범우사, 2004). 이 책에서 잘못된 부분을 바로잡고 또 원사료의 번역에 있어서 별다른 이의가 없는 한 이 주해본을 참고했음을 밝혀둔다. 동시에 손승철 엮음, 『海東諸國記의 세계』(경인문화사, 2008)는 손 교수의 『해동제국기』에 대한 해설을 비롯해 이를 통해 본 한일관계에 관한 다양한 논고들과 『해동제국기』에 기록된 답사로를 직접 탐방한 여행기들을 모든 것으로서 학술적 의미와 읽는 재미를 동시에 느낄 수 있는

『해동제국기』를 통해 본 조선 초기 지배층의 일본관

『해동제국기』(海東諸國記)는 조선 성종 2년 신숙주(申叔舟)가 왕명에 의해 편찬한 책으로서, 여기에는 당시 일본이나 유구(琉球)에서 파견된 내조사신(來朝使臣)에 대한 기록과 이에 대한 조선 측의 응접의 제도가 자세히 기술되어 있음은 잘 알려진 사실이다. 그러므로 당시의 대외관계를 연구하는 데 있어서 『해동제국기』는 중요한 자료적 가치를 지니고 있는 것이다. 그러나 『해동제국기』의 내용은 단편적인 자료로서 이용되었을 뿐, 이에 대한 종합적인 연구는 전무한 형편이다. 『해동제국기』는 왕명에 의해 당시 최고의 정치가였던 신숙주가 지은 것으로서, 이에 대한 종합적이고도 면밀한 검토는 조선 전기 지배층의 대일본관의 기본 성격을 파악하는 데 좋은 길잡이가 될 것이다.

조선 전기 대일관계에 대한 연구는 적지 않지만,[3] 그를 통해 조선왕조

책이다. 한일관계사의 전문가들에 의한 연구가 이처럼 무게를 더해가는 것은 무척 반가운 일이며, 이러한 연구가 더 나아가 동아시아사라는 구조 속에서 조선의 대일본 · 대중국 · 대여진 · 대류구 등 외교정책 전반에 대한 종합적인 이해를 위한 방향으로 발전해나가기를 기대한다. 이와 관련하여 손승철 · 김강일 편역, 村井章介 지음, 『동아시아 속의 중세한국과 일본』(경인문화사, 2008)은 조선시대 한일관계사 연구의 주제와 새로운 방향의 모색을 위해 많은 시사점을 주고 있다.

3 조선 전기 대외관계에 대하여는 많은 연구 논문 및 저서가 있다. 그 중 대표적인 것을 발표 연도순으로 적어보면 다음과 같다: 田中建夫, 「中世海外交涉史の研究」(1959); 李鉉淙, 「朝鮮前期對日交涉史研究」(1964); 中村榮孝, 「日朝關係史の研究」(1965); 田村洋幸, 「中世日朝貿易の研究」(1967); 金柄夏, 「李朝前期對日貿易研究」(1964); 李鉉淙, 「倭人關係」(『한국사 9』, 1974) 등. 그러나 이상의 연구들은 양국 간의 물자의 교류라든지 혹은 조선과 왜 사이의 직접적 교섭의 실례를 중점적으로 취급한 것들이었다. 따라서 당시 조선 지배층의 대왜적 성격이 어떠했는가 하는 기본적 문제는 언급되어 있지 않다. 오히려 이런 연구들에 의존한다면 양국 간의 관계가 마치 대등한 국가 간의 교섭이었던 것 같은 오해를 일으킬 우려도 적지 않다. 그러므로 조선 전기의 양자 관계의 특성이 잘 설명되지는 않았다고 생각된다.

대일본 교섭의 기본 성격이나 조선에 내조(來朝)한 왜인의 성격이 충분히 밝혀진 것 같지는 않다. 그렇기 때문에 양국 간 물질의 교류나 이에 대한 조선 측의 대답의 실례가 상당히 밝혀졌음에도 불구하고 미흡한 감을 갖지 않을 수 없었던 것이다. 이 글을 작성하게 된 동기가 이러한 데 있다.

국가 간의 교섭은 쌍방의 중앙정부가 중심이 되어 이루어지는 것이 통상적인 예이다. 그러나 조선 전기의 대일 교섭은 그러한 상식으로는 도저히 설명될 수 없는 상황이었다고 생각된다. 바로 이 문제의 정확한 해명이야말로 당시의 양국 관계의 기본 성격을 파악하는 핵심이 될 것이다. 말하자면 15세기 중엽 이후 일본은 전국시대에 돌입하게 되지만 이미 그 이전부터 강력한 중앙정부의 기능이 크게 흔들리면서 외교관계에서 명확하게 일본을 대표할 주체가 사라져버리고 말았다. 그러자 일본의 각 지역에 흩어져 있는 지방세력가들은 저마다의 이익을 위해 독자적인 힘으로 각기 조선에 사신을 파견했다. 이 점은 조선왕조를 매우 곤혹스럽게도 만들었으며, 다른 한편으로는 분열된 일본이 조선의 안전에 큰 위협이 되지 않는다는 점도 잘 드러나게 되었다. 따라서 조선은 다양한 지역의 세력가들이 각기 파견하는 사절들을 좀 더 체계적으로 응접함은 물론 이들에게 유교적 문명국가로서의 위엄과 권위를 보임으로써 왜(倭)의 잠재적 위협을 교화시키려 했던 것이다. 이런 상황 하에서 전개된 조선 초기의 일본 관계는 소위 '한일관계'라는 포괄적인 용어에 그대로 담기가 쉽지 않다. 즉 당시의 국가 대 국가의 교섭이 아닌 양자 관계를 새로운 눈으로 해석해야 한다는 뜻이다.

그러므로 여기서는 먼저 당시 조선왕조에 내조해왔던 왜의 사신들의 성격을 규명하고자 한다. 다음으로는 이를 바탕으로 조선왕조의 대응책의 실제가 어떠했으며, 그러한 대책 구상의 본질은 무엇이었는가를 밝혀보려고 한다. 그리고 끝으로 『해동제국기』 찬술의 목적이 어디에 있었던

가를 고찰함으로써 당시 대일본관의 기본 성격의 규정을 시도해보려고 한다. 나아가 이 내용이 임진왜란 이전에 성립된 조선왕조의 일본에 대한 인식이 차후의 조선과 일본 관계의 진전에 어떻게 영향을 미쳤을 것인가를 생각해보는 기회가 될 수 있기를 바란다.[4]

1. 조선에 온 왜(倭)의 사신은 누구인가?

『해동제국기(海東諸國記)』에는 일본의 간략한 역사, 국속(國俗) 등에 관한 기록도 있지만,[5] 여기서 가장 주목되는 것은 일본 각지에서 조선에 파견한 내조사신에 관한 기록이다. 내조왜인의 성격을 살피기 위해서는 이 관계 기록의 분석이 불가피하다고 생각된다. 이에 『해동제국기』에 기록된 관계 자료를 총정리해보면 파견된 사신의 수는 모두 189명에 이른다. 그러나 189건에 달하는 왜사들의 분석을 통해서도 대체적인 경향을 짐작할 수는 있을 것 같다.

먼저 내조왜인의 소속지역별 분포를 알아볼 필요가 있을 것 같다. 이를 위해 [표 35]를 만들었는데 이에 의하면 경도(京都)지방인 기내(畿內)에서 파견된 왜사가 29명, 일본 본주의 북부지방에 있는 동산도(東山道)의 경우 1명이다. 본주의 남중부에 위치한 산양도(山陽道)가 27명, 중서부지성(中西部地城)의 남해도(南海道)가 3명, 중동부의 북륙도(北陸道)가 2명, 그리고 남서부의 산음도(山陰道)가 12명이다. 또한 지금의 구주(九州)지방인 서해도

4 이 원고는 원래 조영빈 교수와 공동 집필로 되어 있었지만, 이번에 전체적으로 잘못된 점을 바로잡고 방향을 다소 수정하면서 저자의 관점을 그대로 반영했기에 여기에 싣게 되었음을 밝혀둔다.

5 『해동제국기』는 크게 세 부분으로 되어 있다. 첫째가 일본국기(日本國紀), 둘째가 유구국기, 마지막이 조빙응접기(朝聘應接紀)이다. 그 중 일본국기를 보면 천황대서(天皇代序), 국왕대서(國王代序), 국속(國俗), 도로리수(道路里數), 팔도육십육주(八道六十六州)의 다섯 부분으로 구성되어 있다.

[표 35] 지역별 사신 파견 횟수

도명	주 · 군 · 포	사신 파견 횟수	도명	주 · 군 · 포	사신 파견 횟수
畿內	山城州	26	對馬島	豊崎郡	1
	攝津州	3		伊乃郡	1
東山道	信濃州	1		卦老郡	1
山陽道	幡摩州	2		尼老郡	1
	備前州	2		安而老浦	1
	備後州	5		沙加浦	6
	安藝州	3		訓羅串	4
	周防州	6		古于浦	3
	長門州	9		豆豆浦	1
南海道	阿波州	1		沙愁浦	3
	伊豫州	2		沙愁郡浦	1
北陵道	若狄州	2		吾溫浦	5
山陰道	丹後州	1		頭知洞浦	2
	但馬州	1		可時浦	1
	出雲州	3		仇老世浦	1
	伯耆州	1		分伊侯郡浦	1
	石見州	5	壹崎島	惟多只鄕	1
	隱岐州	1		古仇音夫鄕	3
西海道	筑前州	19		小于鄕	2
	豊前州	2		三浦郎大郎	1
	豊後州	5		有羅多羅	1
	肥前州	31		豆綠保時	1
	肥後州	6			
	薩摩州	10	**총계**		**189**

(西海道)가 73명, 대마도(對馬島)가 33명, 일기도(壹岐島)가 9명이다. 이렇게 보면 본주의 북서부에 위치한 동해도(東海道)를 제외한 전지역에서 조선에

[표 36] 시기별 내조왜사 수

구분	畿内	東山道	山陽道	南海道	北海道	山陰道	西海道	對馬島	壹崎島	계
태종 8	1									1
16	1									1
세종 11	1						1	1		2
12										1
15								1		1
22			1							1
26								1		1
27							1	1		2
29						1				1
단종 2			1							1
세조 1	1						8	2	1	12
2							7			7
3							8	1	1	10
4	2							2	1	5
5							2	1	1	4
6	2						1	3		6
7							1		1	2
8										
9	1							1		2
10								2		2
11							2	2		4
12	2						2			4
13	1		9			5	17	3		35
14	3	1	12	3	1	2	10	5		37
예종 1	3		2			3	9	1	1	19
성종 1	10		1			1	2	1	2	17
2	1		1		1		2	1		6
미상								4	1	5
총계	**29**	**1**	**27**	**3**	**2**	**12**	**73**	**33**	**9**	**189**

사신을 보내고 있음을 알 수 있다. 그러나 이를 보다 자세히 살펴보면 고래(古來)부터 한반도와 교통이 밀접했던 서해도·대마도를 비롯해 비교적 지리적으로 가까운 산양도·산음도 등의 지방에서 파견된 사신이 거의 대부분이라는 점을 알 수 있다.

한편 왜사가 파견되어온 시대적 분포를 조사해보면 흥미 있는 사실이 발견된다. [표 36]을 보면 총 189건의 왜사 가운데 태종대 파견된 것이 2건, 세종대가 9건, 단종대가 1건, 세조대가 130건, 예종대가 19건, 성종 2년간이 23건, 시기를 알 수 없는 것이 5건이다. 이렇게 보면 세조대에 가장 많은 왜사의 내조가 있었는데 그것을 다시 세분해보면 세조 13~14년 2년간에 파견된 수가 72건으로 이 시기에 집중되어 있음을 알 수 있다. 세조가 14년간 재위에 있었으므로 예종 원년, 성종 원년까지 4년간의 왜사내조가 모두 108건으로 이는 전체의 57%에 해당된다. 이처럼 이 4년간에 왜사의 내조가 집중적으로 이루어진 것은 무슨 이유에서일까. 물론 『해동제국기』의 왜사내조 기록이 완벽한 것은 아니라고 할지라도 이와 같은 현상이 발견되는 것은 그럴 만한 까닭이 있으리라 여겨진다. 일본과의 통신사행을 다녀온 사절들의 글을 모은 책인 『前後使行備考』를 통해 조선 전기 대일 교섭의 추진 상황을 알아볼 수 있다.[6]

여기에 의하면 고려 우왕 때 정몽주(鄭夢周)의 일본 파견에 이어, 태종 9년에 박화(朴和)를, 그리고 세종 25년에는 변중문(卞仲文)·신숙주를 파견하여 대마도주의 세견선(歲遣船)을 50척으로 확정지은 것을 큰 줄기로 잡

6 ① 麗主禑三年丁巳九月 遣大司成鄭夢周使日本 明年七月還 ② 我太宗九年己丑 遣副司直朴和使日本 和旣至日本 日本留之 欲以釣貨賂 政府因倭使還 移書諭之 翌年乃歸 ③ 世宗二十五年癸亥 遣卞仲文·申叔舟使日本 時日本國王歿 新王嗣立 [……] ④ 世祖十四年丙戌 上方議通信於日本 而以風水險遠 欲因諸酋付去 (海行摠載, 前後使行備考) [일련번호는 필자가 편의상 붙인 것임]

고, 이어서 세조 14년에 조선 측에서 거듭 일본과의 통신을 모색하고 있음을 말해주고 있다.[7]

특히 세조 14년 이후 왜사의 내조가 급격히 늘어났음은 다음의 사료에 설명되어 있다.

> 번마주 길가(吉家): 정해년(세조 13년)에 사신을 보내어 관음보살이 모습을 드러낸 것을 축하하고, 서장에 번마주 실진대관등원조신길가(幡摩州室津代官藤原朝臣吉家)라고 칭하였다. 상원사에서 관음이 모습을 나타내고, 원각사에서 사리가 곳곳에서 나타나는 기적이 일어난 후부터 여러 주에서 사신을 보내어 축하하는 자가 매우 많았다. 비록 전에 사신을 보내오지 않았던 자들이라도 모두 접대를 허락했다. (『해동제국기』, 산양도 번마주 조)

위의 사료에 의하면 산양도 번마주(幡摩州)의 등원길가(藤原吉家)는 세조 13년에 사신을 보내어 조공하면서, 상원사(上院寺)에서 관음보살이 발현하고, 원각사(圓覺寺)에서는 사리분신의 이적이 있었던 것을 치하했다. 이 상원사와 원각사는 모두 세조와는 각별한 관계가 있는 사찰이다.[8] 따라서 여기서 일어난 이적(異蹟)을 계기로 왜사가 급격히 늘었다는 사실은 조선의 왜에 대한 정책이 보다 포용적으로 전환되었음을 의미하는 것이라고 생각된다. 이를 확인하기 위해 관음현상(觀音現象)이나 사리분신(舍利分身)을 치하하기 위해 파견된 왜사 기록을 정리해 다음의 [표 37]을 만들었다.

---

7 이현종이 조사한 바에 따르면, 조선 전기 대왜사신파유는 태조대 7회, 태종대 19회, 세종대 16회, 단종, 세조대 각 4명에 달하고 있다.

8 상원사는 세조의 병을 치료하기 위해 정성을 드리던 사찰이며, 원각사는 세조대에 창건한 사찰이었다.

[표 37] 관음현상과 사리분신을 치하하기 위한 내조왜사

관음현상(觀音現象)		사리분신(舍利分身)	
山陽道	15	山陽道	1
南海道	1	山陰道	1
山陰道	1	西海道	3
西海道	7		
계	**24**	**계**	**5**

이에 의하면 관음현상을 치하하기 위해 파견된 왜사가 24명, 불(佛)사리분신을 치하하기 위해 파견된 왜사가 4명으로 모두 29명이 된다. 이것을 시기별로 보면 세조 13년에 파견된 왜사가 19명, 세조 14년이 10명이다. 이렇게 보면 세조 14년의 대왜정책의 적극화는 왜사의 내조를 더욱 포용하는 방향으로 추진된 것이 아닌가 추측된다. 실제로 상원사에서 관음현상의 이적이 있었던 것은 세조 9년이며, 원각사에서 불사리의 우화(雨花)가 있었던 것은 세조 13년의 일이다.[9] 그럼에도 불구하고 그 당시 이를 계기로 삼은 왜사가 바로 오지 않고 몇 년이나 지난 뒤에야 이처럼 몰려드는 것은 정책의 변화가 없이는 어려운 일이었을 것으로 생각된다.

사실 세조 14년의 대왜정책의 포용적인 전환의 사실은 다음의 사실로도 짐작이 간다. 각주(各州)에서 파견되는 왜사들 중에는 특히 대마도주이던 종정국(宗貞國)의 청이 있었기 때문에 조선에서 이를 허한 예가 적지 않은데 이 관계 기록을 뽑아 [표 38]을 만들었다. 이에 따르면 총 34명의 왜사가 종정국의 청으로 내조케 되었는데, 이를 시기적으로 보면 세조 14년, 예종 원년에 각기 22명, 12명이 된다. 따라서 세조 14년에 대왜정책이 보다 적극적인 포용책으로 전환되었던 것은 짐작하기 어렵지 않다.

---

9 『세조실록』 31, 9년 계미조와 『세조실록』 42, 13년 정해 4월 병오조 참고.

[표 38] 대마도주 종정국(宗貞國)의 청으로 내조가 허용된 왜사

도명	주명	세조 14년의 내조왜사		예종 원년의 내조왜사	
畿內	山城州	昌堯	1	用書記	1
	攝進州	吉光 · 昌壽	2		
東山道	信濃州	善峰	1		
山陽道	備後州	政良 · 光吉 家德	3	忠義	1
	長門州	正滿	1	貞成	1
南海道	伊豫州	盛秋 · 貞義	2		
北陵道	若狄州	義國	1		
山陰道	丹後州	家國	1		
	伯耆州			義保	1
	出震州			義忠	1
	隱岐州			秀吉	1
西海道	筑前州	道京 · 繩繁	2	成直	1
	豊前州	邦吉 · 俊幸	2		
	豊後州	茂實	1		
	肥前州	源宗傳 · 源泰	2	貞茂 · 藤原盛 · 淸男	3
	薩摩州	只吉 · 久重 · 國久	3	吉國 · 持永	2
총계		**22**		**12**	

그러면 세조 14년, 이처럼 정책의 변화가 이루어진 것은 무슨 까닭일까. 이 점에 대하여는 명확한 기록이 없기 때문에 자세히 알 수는 없지만 대개 다음과 같은 추측은 할 수 있지 않을까 한다. 즉 세조대에는 세종대 이래의 적극적인 북방정책이 야인정벌을 통해 완결되자, 뒤이어 남방의 왜에 대한 정책에 보다 적극성을 띨 수 있게 된 것이 아닐까 한다.[10] 앞서

10 세조대에는 두 차례에 걸친 북방야인 정벌이 행해졌다. 세조 6년 신숙주의 정벌이 그 첫 번째요, 세조 13년 어유소(漁有沼), 남이(南怡) 등의 건주위(建州衛) 정벌이 두 번째이다. 이 중

인용한 사료를 자세히 보면 일본은 바람이 거세고 물길은 험하고 멀기 때문에 조선에 내조한 제추(諸酋)의 사신을 이용해 적극 접촉하려 했음을 알 수 있다. 북방의 야인은 조선과 육지로 접해 있어서 그들을 직접 정벌할 수 있었지만, 남방의 왜는 험한 바다를 격해 있어서 북방과는 달리 그들에 대한 유화정책을 채택한 것이었으리라고 믿어지는 것이다. 이에 대하여는 뒤에 다시 언급할 기회가 있을 것이다.

그런데 여기서 분명히 해두어야 할 것은 이처럼 많은 왜사의 성격을 규정하는 일이다. [표 35]에서 보았듯이 조선 전기에 파견된 왜사는 일본 전국에 걸쳐 분포되어 있는 것이다. 그러므로 이것은 조선과 일본 양국 간의 국제관계라는 상식으로는 이해될 수 없다. 이는 자연히 이 양자 관계가 대등한 것이 될 수 없음을 말해주는 것이라고 하겠다. 이러한 사실을 염두에 두고서 왜사의 성격을 파악해보기로 하자.

[표 35]에 따라서 보면 왜사가 파견된 곳은 기내 5주 가운데 2주, 동산도 8주 가운데 1주, 산양도 8주 가운데 6주, 남해도 6주 가운데 2주, 북륙도 7주 가운데 1주, 산음도 8주 가운데 6주, 그리고 서해도 9주 가운데 6주이다. 또한 대마도 8군 가운데 4군, 82포 가운데 12포, 일기도 7향 가운데 3향, 14포 가운데 한 곳에서 왜사의 파견이 있었다. 따라서 당시 조선에 내조한 왜사는 일본의 각 지방에서 개별적으로 파견된 것이지 일본이라는 국가에서 파견된 사신이 아니라는 점이 분명하다. 그렇다고 해서 주를 통솔하는 실력자가 중심이 되어 파견한 것도 아니다.

이 점을 분명히 따져간다면, 먼저 기내 산성주의 경우 당시 일본 막부

후자의 경우는 이만주(李滿住) 부자를 죽이는 등 그 전과가 매우 컸다(李鉉淙, 「女眞關係」, 『한국사』 9, 1973, pp. 431~433). 대왜정책의 변화가 세조 13년 북정 직후에 이루어졌다는 것은 우연한 일치만은 아닌 것 같다.

정권의 실력자들이라고 할 수 있는 전산전(畠山殿)·세천전(細川殿)·좌무위전(左武尉殿)·산명전(山名殿)·경극전(京極殿)·우무위전(右武衛殿)·갑비전(甲斐殿)·이세수(伊勢守) 등 8곳에서 조선에 사신을 보내었던 것이다. 더욱이 이들 각각의 세력가들이 사신을 파견했다고 하여 그것을 하나의 계통으로 볼 수도 없는 입장이다. 예를 들어 전산전의 경우를 보면 원의충(源義忠)·원의승(源義勝)과 같이 대대로 사신을 보내는 수도 있으나 그러면서도 원의충의 동모제(同母弟)인 의취(義就)도 또한 개별적으로 사신을 파견하고 있다. 심지어 갑비전의 경우는 좌무위전의 가신인 입장에서 주가(主家)와는 별도로 사신을 보내고도 있는 것이다.

이러한 경향은 기내에만 국한된 문제는 아니다. 예컨대 산양도(山陽道)의 장문주(長門州)에서는 8계통의 사신이 파견되었는데 이들의 장문주 내에서의 지위를 살펴보면 다음과 같다.

홍씨(弘氏): 예·석·방·장4주 수호대관 도월전수 다다량 조신 홍씨(藝石防長四州守護代官 陶越前守)

광구(光久): 장문주 문사포 대장군 원광구(長門州文司浦大將軍源光久)

충수(忠秀): 장문주 적간관진수 고석등원충수(長文州赤間關鎭守高石藤原忠秀)

충중(忠重): 적간관 태수 시전 등원조신충중(赤間關太守矢田藤原朝臣忠重)

의장(義長): 장문주 빈중관 태수 야전 등원조선의장(長門州賓重關太守野田藤原朝臣義長)

국무(國茂): 장문주 취미 다다량 조신 국무(長門州鷲尾多多良朝臣國茂)

정만(正滿): 장문주 건주 만주도 대관 궁내두 등원정만(長門州乾珠滿珠島代官宮內頭藤原正滿)

정성(貞成): 장문주 삼도위 이하라 준하수 등원정성(長門州三島尉伊賀羅駿

河守藤原貞成)

위에서 보는 바와 같이 장문주에서 파견된 사신은 주 내의 8곳에서 개별적으로 보내진 것이다. 더욱이 이들의 서장(書狀)에 나타나 있는 위와 같은 관직도 중앙정부에서 주어졌다기보다는 오히려 스스로 자칭하는 것이 아닐까 하는 생각이 들 정도로 그 계통이 서 있지 않은 것이다. 요컨대 이러한 왜사는 각지에 흩어져 있는 지방의 군소실력자로서 파견 능력만 있으면 누구나가 독자적으로 파견한 것이지, 어떠한 특정한 일본 내의 규정이 있었던 것은 아니었다. 즉 조선의 입장에서 볼 때, 당시의 일본은 그와 대등한 통일국가가 아니었던 것이다.

그러므로 이 당시에 파견된 왜사는 상당수가 과거 고려말 이래 조선 초기까지 조선의 여러 지방을 횡행했던 왜구의 계보와 다름이 없는 것이었다고 생각된다. 『해동제국기』에 이 관계가 분명하게 밝혀져 있는 것은 다음의 네 가지 경우가 있다.

① 호군 아마두: 전에 일기도 모도이포에 살던 해적 두목 궁내사랑의 아들이다. 무인년(세조 4년)에 도서를 받았으며, 오면 쌀과 콩을 합쳐 10석을 준다. (『해동제국기』 대마도)

② 호군 피고구라: 해적의 수령인 호군 등무가를 일본음으로는 변사야문이라고 하는데 그의 아들이다. 을유년에 직첩과 도서를 받았으며, 오면 쌀과 콩을 합하여 10석을 준다. (『해동제국기』 대마도)

③ 중추 평무속: 적의 괴수 조전의 아들로 전에 와서 조정을 모시면서 중추가 되었다가 지금은 본토로 돌아갔다. (『해동제국기』 대마도)

④ 비전주: 주에는 상송포와 하송포가 있는데 해적의 근거지이다. 고려말에 우리나라 변경을 약탈했던 자들도 송포와 일기도와 대마도 사

람이 많았다. (『해동제국기』 서해도)

위의 사료 중 ①, ②, ③은 모두 대마도에 있었던 해적들의 후손이며, ④는 서해도(西海道), 즉 오늘날의 구주(九州)지방의 비전주 내 송포(松浦)가 해적들의 근거지임을 밝히고 있다. 고려말 · 조선 초기의 왜구들이 주로 대마도와 구주지방에 근거한 무리들이었음은 잘 알려진 사실로서 과거의 해적들이 더 이상 조선의 변경을 침구(侵寇)할 수 없는 상황에 이르자 조선에 내조해왔던 것이다. 물론 이 많은 왜사들 모두가 과거의 왜구와 그 계보가 닿는다고 할 수는 없지만, 조선의 입장에서 볼 때는 그러한 시각에서 이들을 대했을 것이라고 생각된다. 즉 주지하는 바와 같이 고려말 이래로 왜구의 금지를 위해 일본 내의 정치적 강자에게 영향권의 행사를 촉구하기 위한 사신이 여러 차례 일본에 파견되었으나 그 효과는 별반 없었던 것이다. 이처럼 많은 왜사를 모두 받아들인 이유는 조선왕조가 직접 이들 과거의 해적들과 개별적인 접촉을 함으로써 본래의 목적, 즉 왜구의 방지를 달성하고자 했던 것으로 보아진다. 이러한 사실은 다음의 사료에 잘 나타나 있다.

삼가 우리나라의 동해 방면에 있는 나라는 한둘이 아니나, 그 중에는 일본이 역사가 가장 길고 가장 큰 나라입니다. 그 땅은 흑룡강의 북쪽에서 시작해 우리나라 제주도의 남쪽에까지 이르고, 또 유구와 잇닿아서 그 지형이 매우 깁니다. 처음에는 이곳저곳에 백성들이 모여서 각기 나라를 만들었으나, 주평왕 48년에 그들의 시조 협야(狹野)가 군사로 이들을 토벌한 이후 비로소 주군을 설치했습니다. 대신들이 각지를 점거하고 나누어 다스리는 것이 중국의 봉건 제후와 같아서 엄격하게 통제를 받거나 예속되지가 않았습니다. 그들은 습성이 굳세고 사나우며 칼과 창을 능숙하게 쓰고 배를 익숙하게 잘 다룹니다. 우리나라와는 바다를 사이에 두고 서로 바라보고 있는데, 이들을 법도에 맞게 진무하면 예를 갖추어 조공을 바치지만, 법도에 어긋나게 하면 곧 방자하게 굴며 노략질을 합니다. 고려 말기에 국정이 문란해져서 진무하는 법도를 잃었으므로 드디어 변경에 환란이 생기게 되니, 바닷가 수천 리의 땅이 황폐해지고 잡초만 우거지게 되었습니다. 우리 태조께서 분연히 일어나시어 지리산 동정 · 인월 · 토동 등지에서 수십 차례를 힘껏 싸우신 연후에야 왜적의 방자한 행동이 그치게 되었습니다. 나라를 세우신 이래로 훌륭하신 성군들이 연이어 계승하여 정치가 맑게 이루어져 나라가 융성해지니, 외방의 이민족들도 복속하여 질서를 지키게 되었고, 변방의 백성들도 그 사는 곳에서 편안히 지낼 수 있게 되었습니다. (『해동제국기』 서)

위의 사료는 우리나라의 동해 중에 있는 나라 중에서는 일본이 가장 크고 오래된 나라임을 지적하고, 중국의 주평왕(周平王) 48년(기원전 772년)에 시조 협야(狹野)가 곳곳의 부락을 정벌하여 비로소 주군을 설치했으나 세력가들이 각 곳을 지배하기 때문에 마치 중국의 봉건시대처럼 국가의 통속(統屬)이 없음을 말하고 있다. 그리고 그 민족성이 강건(强悍)하여 칼을 잘 쓰고 배를 잘 타기 때문에 우리 쪽에서 그들을 잘못 대하면 함부로 변경을 침범한다는 것이다. 고려말의 왜구의 횡행은 당시 고려의 국정이 문란해 그들을 예로써 대하지 못했기 때문이나 조선 건국 이후 대대로 내정이 안정되었던 결과 왜구도 없어지게 되었다는 것이다. 결국 당시 조선에서 왜를 대하는 입장은 위의 사료에서와 같이 왜구에 대한 대책 이외의 아무것도 아니었던 것이다. 바꾸어 말한다면, 각지의 왜사들이 조선에 내조해왔던 목적은 곧 그들이 이전에 왜구로서 왔을 때와 다름이 없었다. 고려말 이래의 왜구들은 그들의 생활필수품, 즉 쌀과 콩 같은 것을 획득하기 위한 것이었음은 잘 알려진 사실이다. 그리고 조선 전기에 내조했던 왜인들이 궁극적으로 원했던 것도 그와 마찬가지였음은 다음의 사료를 통해 짐작할 수 있다.

창요(昌堯): 무자년에 사신을 보내어 내조하고 서장에 경성 동산 청수사 주지 대선사 창요(京城東山淸水寺住持大禪師昌堯)라고 칭하면서 종정국을 통해 접대해 주기를 청했다. 일본의 국내가 어지럽고 흉년이 들어서 우리나라에 와 남의 집에 빌붙어서 생활하는 자가 매우 많았다. 이에 전부터 사신을 보내오지 않던 사람은 모두 접대를 허락하지 않았는데, 대마도주 종정국이 그들을 위해 사람을 보내 요청함으로써 이에 접대를 허락했다. (『해동제국기』 기내 5주 산성주 이세수 조)

즉 위의 사료에 의하면 일본의 국내가 혼란되어 있고, 기근이 들어서 조선에서 식량을 얻으려는 자가 매우 많았는데 이에 조선 측으로서는 이전부터 내조치 않았던 자에게는 접대를 허락하지 않았다는 것이다. 그러므로 왜구와 같은 해적행위에서 내조행위로의 전환하여 생활필수품을 얻으려 하는 것은 조선왕조 건국 이후에 조성된 상황의 변화에 따른 것일 뿐이었다고 생각된다.[11]

11 조선 전기 이와 같은 왜인의 성격상의 변질을 지적한 것은 田村洋幸이었다. 그는 「鮮初倭寇の系譜について」, 『朝鮮學報』 23(1962)라는 논문에서 건국 초기 왜구로서 나타난 자가 뒤에는 왜사의 명칭으로 나타난 것에 주목하여 왜구가 조선과의 무역자로 변질했음을 지적했던 것이다(pp. 69~72). 여기서 흥미로운 것은 초기의 왜구와 뒤의 왜사가 결국은 같은 계보라는 지적이다. 그러나 그는 이의 변질이 뜻하는 바나 혹은 그 원인의 규명에 힘쓰지는 않았다. 특히 조선의 입장이 전혀 고려되지 않고 있는 것이다. 대개 무역이라는 것도 서로의 이익을 위한 대등한 관계이어야 되는데, 이때의 양자 관계는 그렇게 볼 수는 없는 것이다. 이러한 입장은 대개의 일본인 연구가들이 공통적으로 견지하고 있는 것 같다. 조선과 중국과의 관계에서도 이를 특히 '조공무역'이라고 규정하는 것처럼, 이 당시 왜와 조선과의 관계도 그 성격을 분명히 규정할 필요가 있다.

2. 왜의 사신에 대한 조선의 대책

조선왕조의 내조왜인에 대한 대책은 내조왜인의 성격에 따라 결정될 문제였다. 앞서 살펴본 바와 같이 왜사의 계통이 무수히 많고, 또 그들을 대하는 조선의 입장이 왜구에 대한 관념과 다를 바 없다면 결국 이들에 대한 대책도 그에 따라 강구될 것이다. 즉 왜와의 접촉은 조선으로서는 원칙적으로 원하는 바가 아니었다. 왜인들은 조선에서 그들의 생활에 절대적으로 필요한 물자를 획득해야 되기 때문에 적극적으로 내조해 오지만 조선으로서는 왜와의 교섭으로 이익을 볼 것이 전혀 없었기 때문이었다.[12] 조선이 가능하면 왜인의 내조를 억제하고자 할 것은 짐작하기 어렵지 않으며, 그것은 다음과 같은 몇 가지 예에 의해 확인될 수 있으리라고 생각된다.

① 무교(武教): 정축년에 이름을 무마라 칭하며 사신이 내조하였는데, 먼 곳에 있고 중요한 사람도 아니어서 접대하지 않았다. (『해동제국기』 서해도 비후주)

② 사랑 좌위문(四郎左衛門): 을유년에 원만의 사신으로 와서 동탐이라는 벼슬을 받았다. 정해년과 무자년에 계속 왔으나 접대를 허락하지 않았다. (『해동제국기』 서해도 비전주)

③ 직성(職盛): 예 대관 종성직의 아들로 무자년에 사신을 파견해 내조

12 全海宗의 「漢代朝貢制度考」, 『東洋史研究』 6(1973)(『東亞文化의 比較史的 研究』, 1976 所收)라는 논문을 보면 조공관계, 즉 중국과 그 주변 민족과의 관계의 성립의 기원에 대해 흥미 있는 가설을 제기하고 있다. 즉 종래 조공관계란 선태시대 천자와 제후 간의 조공관계가 외연적으로 연장된 것이라는 주장에 회의를 제기하고, 그는 오히려 "이민족의 자극에 의하여 또는 한걸음 나아가 이민족 국가에 의하여 더욱 추진된 것이 아닌가"(p. 85) 하는 가설을 제기했다. 사실 필자가 조선과 왜와의 관계를 고찰하는 데 있어서 이와 같은 전해종의 이론을 그 입론의 출발점으로 삼아본 것이었다.

했다. 기축년에 또 사신을 보내어 내조하고 아버지를 계승하여 세견선을 보낼 것을 청했으나 대마도주의 서계가 없으므로 이를 허락하지 않았다. (『해동제국기』 대마도 사가포)

④ 창요: 무자년에 사신을 보내어 내조했다. [……] 일본의 국내가 어지럽고 흉년이 들어서 우리나라에 와서 먹을 것을 취하려는 자가 매우 많았다. 그러므로 [나라에서는] 이전부터 사신을 보내오던 자가 아니면 모두 접대를 허락하지 않았다. (『해동제국기』 기내 산성주)

이상 네 경우를 보면 내조한 왜사들은 조선왕조에서 자신들이 원하는 것을 얻으려 했지만, 조선에서는 모두 기꺼이 이에 응하려는 것이 아니라 가능하다면 이를 허락하지 않으려고 노력하고 있었다는 것을 알 수 있다.

그러나 당시의 상황은 조선의 의사와는 달리 수많은 왜인이 일본 각지에서 내조해왔으며, 따라서 이들에 대한 현실적인 대책을 강구하지 않을 수 없는 형편이었다. 『해동제국기』 중의 '조빙응접기'(朝聘應接紀)에는 조선왕조의 왜의 사신에 대한 정책의 실제가 잘 나타나 있는데, 이의 내용을 검토해봄으로써 문제에 접근해보기로 하겠다.

내조왜인에 대한 대책의 초점은 그 많은, 여러 계통의 왜사를 어떻게 취급해야 할 것인가 하는 문제라고 생각된다. 많은 내조왜인들은 제각기 실력의 높고 낮음이 있을 것이며, 내조의 입장으로 볼 때도 중요성의 차이가 있을 것은 사실이기 때문이다. 이에 조선왕조는 내조왜사를 크게 다음의 네 종류로 나누고, 각기 그에 알맞은 대우를 해주었던 것이다. 『해동제국기』의 '조빙응접기'를 보면, 조선왕조에서는 왜의 사절을, ① 국왕사, ② 제거추사(諸巨酋使), ③ 구주절도사와 대마도주가 특별히 파견한 사신, ④ 제추사(諸酋使)와 대마도인 등에서 [조선으로부터] 직첩을 받은 사신의 4등급으로 나누었다.

조선의 왕조에서는 일본의 각지에서 개별적인 자격으로 밀려들어오는 왜의 사신을 응접하는 데 있어서 상당한 어려움을 겪었다. 조선이나 중국의 명나라처럼 중앙집권적인 왕정체제가 확고하게 자리 잡지 못한 당시의 일본 정국을 고려할 때, 주변 나라와의 교린정책을 추진할 마땅한 상대가 없다는 것이 당면한 현실이었다. 고려말부터 왜구의 피해를 입어온 조선왕조에서는 국초부터 대마도 정벌과 같은 무력 강경책과 아울러 교린정책을 적절히 구사하여 조선의 해안선을 안전하게 지켜낼 수 있었다. 이러한 정책을 수행하는 데 있어서, 일본이 완벽한 중앙집권 왕조국가로서 자체의 내부적 통치권을 완전하게 장악하고 있었다면 조선으로서도 쉽게 대일본 정책을 펴나갈 수 있었을 것이다. 그러나 15세기 중반으로 치달을수록 일본 내의 정국은 극도의 분열과 내전 상태로 빠져들어갔으며, 그에 따라 중앙의 지방통제권은 거의 유명무실해졌다. 이런 현실 속에서 일본 각지의 지방세력가들은 독자적으로 조선과 접촉함으로써 정치적 혹은 경제적 이득을 꾀하려 할 것은 당연한 일이었다. 그러자 조선왕조에서는 이들 각기 독자적으로 파견되는 일본 사신들을 일정한 제도로 묶어 체계화해야 할 필요성이 더욱 커져나갔다. 그래서 일본의 사신들을 그 정치적 중요성에 따라 그처럼 4등급으로 구분했으며, 그 구분에 따라 이들에 대한 외교적 대접에 차등을 두었던 것이다.

『해동제국기』를 보면 일본 각지에서 파견되는 왜의 사절들을 등급에 따라 어떻게 대할 것인지에 대해 매우 상세한 규정을 미리 정해두고 있었음을 알 수 있다. 먼저 일본에서 오는 사신의 자격에 따라 파견할 선박 수를 정했다. 조선과 특별한 관계가 있는 대마도주는 1년에 50척을 파견할 수 있으며 특별한 사정이 있을 때 별도의 선박을 파견할 수 있는데, 이를 특송이라고 했다.

그리고 사신이 타고 온 선박의 크기와 승선한 선원들의 정원도 등급에 따라 정했다. 배는 세 등급으로 나누어 길이가 25척 이하인 것은 소선, 26~27척은 중선, 30척은 대선으로 정하고, 대선의 승선 인원은 40명, 중선은 30명, 소선은 20명으로 정했다. 그리고 이런 배들이 조선의 삼포에 도착하면 삼포절제사, 만호 등 관리들이 그 배의 길이를 자로 재고, 또 승선 인원의 수를 점검했다. 그 결과에 따라 삼포에 온 왜의 승선 인원수에 따라 급료를 지급했다. 이 경우에도 왜의 사신 중 1등급인 일본의 국왕이 파견한 사신인 경우에는 그 배의 길이를 재지도 않고, 승선 인원 모두에게 급료를 주어 우대했다.

또한 왜의 사신이 삼포에 오면 그 사신의 등급에 따라 음식을 제공하는 질과 양에 현격한 차등을 두었으며, 삼포에 도착한 왜의 사신 중 서울까지 올라갈 수 있는 인원도, 국왕의 사신인 경우 25명을 시작으로 각기 차등을 두었다. 이에 더해 국왕의 사신이 삼포에 머물 때 베푸는 연회의 규모와 격식을 정해두었으며, 사신이 서울로 상경하는 도중에 잠시 머무는 곳에서 베풀어야 하는 연회의 격식도 정해두었다. 그리고 사신들이 서울에 도착하면 베푸는 연회의 규모와 격식에 대한 규정도 두었다. 서울에 체류하는 동안 국왕의 사신에게는 사흘에 한 번 낮에도 술상을 차려주는 특별 대접을 했다.

이밖에도 서울에서 머무는 동안 매끼 먹는 음식과 대궐 안에서의 연회, 그리고 외교 업무를 담당하는 예조에서 베푸는 위로연 같은 것도 모두 그 등급에 따라 규모와 격식을 정했다. 이런 격식이 얼마나 세심하게 갖추어졌는지를 예조의 연회를 베푸는 법식을 예로 들어보면 다음과 같다.

먼저 국왕의 사신을 위한 연회에는 예조의 겸판서와 판서 및 참판 등이 동쪽의 의자에 앉고, 일본에서 온 국왕 사신의 대표인 상관인과 부관인은 서쪽 벽의 의자에 앉는다. 사신은 연회가 베풀어지는 건물의 서쪽 협문으로 들어와 겸판서 · 판서 · 참판 앞으로 가서 차례로 두 번씩 절을 하고 각기 자리로 돌아간다. 이때 조선 측 고관들은 왜의 사신의 절을 받고 반드시 답배를 해야 한다. 정관은 서쪽 뜰로 들어와 서쪽 계단으로 올라와서 동쪽 벽쪽으로 가서 두 번 절하는데, 이 경우에는 답배를 하지 않는다. 그 외의 수행원들은 가운데 계단으로 올라와서 북쪽을 향해 두 번 절한 다음 각기 자리로 돌아가며, 연회가 끝나면 시작할 때의 의식처럼 각기 두 번 절하고 나간다.

이런 식으로 일본에서 온 사신들을 대하는 조선왕조의 외교적 의례는 매우 상세하며 위엄이 있었으며 조선과 일본 사절들이 대등하지 않고 차등적인 존재임을 이처럼 잘 짜여진 엄숙한 외교적 의례를 통해 드러나도록 했던 것이다.[13]

이러한 조선왕조의 의도는 일본에서 오는 사신들을 4등급으로 나누는 기준이 어떻게 마련되었는지를 알아보면 더욱 확실하게 드러난다. 먼저 국왕사의 경우, 이는 일본의 막부정권에서 파견한 사신을 지칭한 것인데, 이는 다음의 사료를 보면 잘 알 수 있다.

> 그 나라 안에서는 감히 왕이라고 부르지 못하고 다만 어소라고만 부르며, 명령하는 문서는 명교서라고 부른다. 매년 정월 초하루에 대신을 인솔하고 천황을 한 번 알현할 뿐이며, 보통 때는 서로 접촉이 없고 나라의 정치나 이웃 나라와의 외교에도 천황은 전혀 관여하지 않는다. (『해동제국기』 일본국기 국왕세계)

당시 조선에서도 일본의 천황은 아무런 정치외교적 실권이 없으며, 왕이라고 일컬어지지는 않으나 막부정권의 실력자가 사실상 국왕의 권력을 가진 실권자임을 어느 정도 알고 있었던 것이다. 그러므로 모든 의례에서

---

13 『해동제국기』, 조빙응접기.

국왕의 사신, 곧 막부정권에서 파견한 사신은 각별한 우대를 받았던 것이다. 이보다는 못하지만 거추사(巨酋使)도 높은 대우를 받았다. 『해동제국기』의 '제사정례조'에 "일본의 전산 · 세천 · 좌무위 · 경극 · 산명 · 대내 · 소이 등이 거추(巨酋)"(151)라고 한 것을 보면, 일본의 기내(畿內), 즉 교토 부근에 있는 당시 막부정권의 실력자들을 우대했음을 알 수 있다. 결국 고려말 이래 일본으로 사신을 파견했던 것은 일본 내 실력자들의 영향력을 빌려 왜구의 침입을 막아보려는 것이었음은 다음의 사료를 통해서도 알 수 있다.

> 우무위전: 고려 말기부터 왜구가 걱정거리가 되어 문하부 탐제 상공에게 소장을 보내어 왜구를 금지 · 단속하도록 했다.[14]

이러한 점은 일본에서 온 사신들 중에서도 구주절도사와 대마도에서 보낸 사신을 '특선'의 예로 대접했다는 것으로도 설명될 수 있다. 『해동제국기』의 대마도조를 보면, "섬이 동해 여러 섬의 요충에 위치하고 있어서 우리나라를 왕래하는 여러 추장들이 반드시 거쳐 오는 땅이므로, 모두 도주가 인도해주는 글을 받은 이후에야 오게 된다"라고 하여 당시 조선과 일본 여러 지역의 관계에서 대마도가 차지하는 중요성을 말해주고 있다. 강희맹이 쓴 신숙주의 행장에는 다음과 같은 기록이 있다.

> [신숙주가 일본에서] 돌아오는 길에 대마도에 도착했다. 그때 우리나라는 해마다 보내는 세송선의 척수를 정했다. [그러나] 대마도주는 [이에 반대하는] 아래 사람들의 말에 속아 [세송선의 척수를 정하려는] 약정을 따르지 않았다. 공이 이 말을 듣

14 『해동제국기』 기내 산성주, 우무위전 조.

고 대마도주를 만나기를 청해 말하기를, "이는 [나 같은] 지나가는 사람이 알 바는 아니지만, 우리나라의 일에 관계가 되므로 대마도주의 의혹에 대해 말씀드리고자 합니다. 세송선의 수가 정해지면 이를 다시 각기 배정하는 권한은 대마도주에 속할 것입니다. [그러면] 아랫사람에게는 이익이 줄어들 것이기 때문에 많은 이들이 기꺼워하지 않는 것입니다. 그러나 세송선의 수가 정해져 있지 않으면 누구든지 마음만 먹으면 세송선을 보낼 수 있으므로 대마도주에게 의지하지 않을 것입니다. 이는 어리석은 자라고 할지라도 다 알 수가 있는 일인데, 어찌 이 모든 권한을 대마도주에게 전속시켜, 양국의 관계를 돈독하게 만들려 하지 않으시려는 겁니까?"라고 했다. [그러자] 대마도주는 묵연히 말이 없다가 마침내 세송선의 수를 정했다.[15]

이 사료를 보더라도 대마도주에 대해 조선이 특전을 베푸는 것은 여러 왜의 세력이 대마도를 경유토록 하여 효과적으로 통제하기 위한 것임을 알 수 있다.

당시 조선왕조의 입장에서는 왜와의 교섭을 적극적으로 원하는 것은 아니었다. 그런데도 이처럼 왜와의 교섭에 관련해 여러 규정을 만들게 된 것은 있을지도 모를 왜구의 화를 미연에 막고자 한 데 있었으며, 이것이 곧 모든 내조왜인에 대한 정책의 기본 목표였다. 당시의 조선왕조는 일본이라는 통일국가를 상대하는 것이 아니었으며, 나아가 이러한 분열상을 극복한 다음에 태어날 새로운 일본이라는 강력한 국가를 예상하지도 않았다. 만주의 여진족이 당시에 여러 추장들에 의해 나뉘어 있었던 것처럼 일본도 그러했으며, 이들에 대한 대책은 그들이 조선왕조에 적대적인 세력으로 변하지 않도록 최소한의 대응을 하자는 것이었다. 중국을 제외한

15 해행총재, 강희맹찬, 신숙주행장.

다면 문화적으로 더 이상 바라볼 곳이 없다고 느꼈던 조선은 분열된 일본이 그 안보에 전혀 위협이 되지 않았던 그 현실이 지속되기를 원했던 것이며, 그러기 위해 조선이 어떻게 해야 하는지는 다음의 사료에 잘 나타나 있다.

> 대체로 이웃 나라와 사귀어서 사신이 왕래하고, 풍속이 다른 사람들을 어루만지면서 접대하려면 반드시 그들의 형편을 알아야 합니다. 그런 뒤에야 예절을 극진히 할 수 있고, 예절이 극진한 연후에야 성심을 다했다고 할 수 있습니다. 우리 주상전하께서 신숙주에게 해동 여러 나라들과 사신이 왕래하던 옛 관례와 그들을 숙박시키는 일, 곡식을 지급하는 일, 예절에 맞게 접대하던 예 등을 편찬해 올리도록 명하시니, 신은 명을 받자옵고 황공스러워 떨면서 삼가 옛 전적을 상고하고, 보고 들은 것을 참작하고, 그 지형을 그림으로 그리고 왕실의 세계와 풍토 및 숭상하는 것들을 대강 서술하고, 응접하는 세목에 이르기까지 편집하여 책으로 만들어 바칩니다.[16]

『해동제국기』는 이웃 나라의 사신을 예로써 대하는 것이 중요한 일이며, 이를 위해 사신을 접대하는 온갖 예의와 규범에 대한 관례를 정리한 책이라는 점을 위의 사료는 말해주고 있다. 위의 사료는 『해동제국기』의 서문인데, 위의 내용에 이어서 신숙주는 당시의 일본이 "대신들이 각지를 점거하고 나누어 다스리는 것이 중국의 봉건 제후와 같아서" 심하게 통제받거나 예속된 상황이 아니었다는 사실을 지적한 다음 이렇게 써내려갔다.

---

16 『해동제국기』, 서.

> 그들은 습성이 굳세고 사나우며 칼과 창을 능숙하게 쓰고 배 부리기에도 익숙합니다. 우리나라와는 바다를 사이에 두고 서로 바라보고 있는데, 그들을 진무하기를 법도에 맞게 하면 예를 갖추어 조빙하지만, 법도에 어긋나게 하면 곧 방자하게 노략질을 합니다.

말하자면 중앙의 통제가 무너져 지방세력가들이 크게 득세한 당시의 일본을 중국 고대의 봉건제후와 같다고 본 신숙주는 이들을 법도에 맞게 대함으로써 조선에 적대적이지 않도록 감화시켜야 평화로운 조빙관계로 평화를 유지할 수 있다고 생각한 것이다. 이 목적을 달성하기 위해 『해동제국기』가 편찬된 것이며, 또 이것이 당시 조선왕조의 대일교섭의 가장 중요한 목적이었다.

3. 새로운 전망

이상에서 『해동제국기』에 기록된 왜의 사신들의 성격과 그들에 대한 조선왕조의 대책이 어떠했는지를 간략하게 고찰했으며, 나아가 이 책의 찬술 목적까지도 규명해보았다. 이상에서 얻어진 결론을 통해서 본다면, 당시 조선왕조는 일본을 대등한 통일국가로 인식한 것이 아니었다는 점을 파악하는 것이 중요하다. 단지 고려말에 겪었던 왜구의 피해를 미연에 방지하는 것이 정책의 가장 중요한 목적이었던 것이다. 조선에서 볼 때 당시의 일본은 하나의 통일된 국가가 아니라 조선의 변경을 괴롭힐 수 있는 왜구의 본거지일 뿐이었다. 아마도 이러한 일본관은 고려말에 매우 심했으며, 조선 초기까지도 산발적이긴 하지만 계속되었던 왜구의 침구 때문에 성립된 것이라고 보아도 좋을 것이다. 『해동제국기』에 나타난 새로운 대일본 관계의 모색은 왜구에 대한 유화정책의 한 표현이었지 그것으로 일본에 대한 새로운 이미지가 형성된 것은 아니었다. 어느 모로 보더라도 조선에서 볼 때 일본은 대등한 문명국가가 아니며 매우 야만적 상태에 있다고 판단되었던 것이다.

그러므로 조선왕조는 일본의 문화를 깊이 이해하려는 노력을 기울이지도 않았으며, 나아가 미래의 분열을 극복한 일본의 출현이 조선에 어떠한 영향을 미칠지에 대해서도 전혀 마음을 두지 않았던 것이다. 그러므로 일본의 각지에서 파견되는 사신들을 접하는 조선의 정책은 기본적으로는 만주의 여진족의 추장들을 대하는 것과 같은 것이었다. 이 당시 분열된 일본은 잠재적으로 해안을 괴롭히는 왜구로 변할 수 있는 위험을 내포한 지역으로 인식되었지만, 조선의 운명에 치명적인 영향을 미칠 곳은 결코 아니었다. 왜구의 화가 없도록 일본의 제 사신들을 예로써 적절하게 대접하기만 하면 조선의 해안선은 안전하게 지켜질 것이며 조선은 일본보다 우월한 가부장적 지위를 지녔다는 체면도 유지될 것이었다. 그러나 신숙주가 이 책을 쓸 때인 1471년 당시로부터 120여년 후에 닥칠 임진왜란과 같은 엄청난 전쟁이 조선의 강산을 휩쓸 것이란 걱정은 할 필요도 없었던 것이다. 그러나 『해동제국기』를 통해 알게 된 조선왕조의 일본에 관한 정책을 조선왕조를 둘러싼 동아시아의 역사적 상황 속에서 정리해보면, 조선왕조의 역사를 대외관계라는 측면에서 좀 더 심층적으로 이해해볼 수 있는 실마리를 찾아볼 수도 있다고 생각한다.

건국 이후 무엇보다도 명나라와의 관계 정상화에 모든 정성을 바쳤던 조선왕조는 그 점 말고도 남쪽의 일본과의 새로운 국제질서를 확립하기 위해서도 상당한 노력을 기울였다. 『해동제국기』를 통해 드러난 바와 같이 일본 사신을 영접하는 국가적 전례가 세심하게 일괄 마련되었다는 것은 그만큼 주변의 모든 세력과의 질서를 안정되게 마련하려는 조선왕조의 노력이 상당한 결실을 볼 수 있었다는 것을 의미하는 것이다. 이로써 조선왕조는 중국의 명나라뿐 아니라 바다 건너 일본과 그에 준하는 만주의 여진족과의 모든 관계를 안정시킬 수 있었다. 임진왜란 이전의 약 2백년 동안 유지되었던 이처럼 안정된 국제관계는 내적인 국력이 항상 제한적이었던 조선왕조에게 국가적 에너지를 내부의 발전을 위해 투입할 수 있는 기회를 제공했다. 조선 초기에 이루어진 괄목할 만한 문화적 발전은 이러한 대외관계의 안정에 힘입은 바 크다고 생각한다.

사실 임진왜란 이전 조선 초기의 지배자들은 일본의 실상을 이해하기가 쉽지 않았다. 동아시아 세계에서 중국의 영향력이 너무도 컸던 역사적 현실은 한반도에 속한 국가들의 시선을 중국에 고정시키도록 만들었다. 강력했던 몽고의 세력을 완전히 꺾어버리고 중국을 통일한 명나라와의 관계가 조선으로서는 사활이 걸린 중대한 것이었다면 바다 건너 일본은 어느 모로 보더라도 그에 견줄 만한 중요성을 지니고 있지 않았다. 더욱이 통일 정권이 존재하지 않고 전국이 분열되어 나라를 대표할 사신도 없는 일본은 유교적 이념에 입각해 통일국가를 건설했던 조선의 지배층의 입장에서 볼 때는 나라라고 말할 수도 없었다. 유교적 가부장적 사회의 기초를 확실히 갖추고 그 위에 왕조의 권위 있는 탑을 쌓은 조선왕조는 명나라를 제외한다면 이 세상에 둘도 없는 문명국가였으며 일본은 차라리 여러 부족으로 분산되어 통일되지 못한 만주의 여진족과 다름이 없었다.

그러나 전국시대의 일본에서 비롯된 국가적 에너지가 통일되었을 경우 얼마나 무섭게 분출될 것인지에 대해서까지 알 수 있는 안목은 없었다. 임진왜란 직전 일본의 침략이 있을지도 모른다는 여러 가지 정황들이 알려졌음에도 불구하고 그에 대한 대비책을 철저하게 마련하지 않은 것은 모두 이러한 연유 때문이었다. 다만 일본이 분열되어 있는 한 조선왕조는 북의 여진족과 더불어 동남의 일본열도의 여러 세력들과 책봉―조공 관계를 모방한 유사한 대외관계를 유지할 수 있었다는 것은 조선 초기의 대외적 정세가 그만큼 조선왕조에 유리한 점이 있었기 때문이었던 것이다. 그러나 일본이 통일되고, 뒤이어 북쪽의 여진족이 통일됨으로써 조선 초기 거의 2세기에 걸쳐 있었던 유리한 대외적 환경은 완전히 사라지고 말았다. 왜란과 호란이 연이어 밀어닥치자 조선왕조는 이에 효과적으로 대응할 수 있는 능력이 없었다. 그리고 왜란과 호란 이후 한반도의 북쪽과 남쪽에 한반도에 위협을 가할 수 있는 통일 세력이 존재하게 된 무거운 현실은 그 이후 지금까지도 지속되고 있는 엄연한 현실이 되었던 것이다.

조선왕조와 명 · 청대의 중국: 유교이념과 동아시아의 국제관계

1. '중국'과 명(明)

조선왕조는 건국 당시부터 외교적으로나 이념적으로 중국과의 관계를 매우 중요시했으며, 이러한 중국과의 특수한 관계는 조선왕조의 말기까지 유지되었던 것이다. 여기에 더해 중국적인 세계에서는 국가와 국가 간의 관계에서도 중심국인 중국과 주변국과의 관계를 유교적인 명분론으로 체계화했기 때문에 양국 간의 관계는 군신부자의 관계로 해석되는 것이 상식이었다. 그러므로 조선에 있어서 중국과의 관계는 항상 사대행위(事大行爲)였으며, 이것은 유교이념에 의해 마치 천륜(天倫)인 것처럼 해석될 수가 있었다.

그러나 조선의 입장에서 볼 때 중국과의 관계는 그처럼 단순한 것만은 아니었다. 중국은 고대에서부터 동시대에 이르기까지의 역사적 실체였고, 이러한 중국을 대하는 조선의 입장에서도 중국은 하나의 의미만을 지닌 것은 아니었다. 그러므로 정치외교적인 측면에서는 항상 동시대적으로 존재하는 중국의 왕조가 중요했지만, 문화적인 면에서는 반드시 동시대의 중국왕조가 모델이 된 것만은 아니었다. 조선의 입장에서 볼 때 중국은 선택의 여지가 많은 매우 복합적인 상대였던 것이다. 뿐만 아니라 시대에 따라 역사적 환경이 바뀔 때마다 중국의 의미는 항상 변해갔다는 점을 고려해야만 한다. 이러한 입장에 서게 되면 조선시대 한중관계에 대해서도 새로운 역사 해석의 여지가 많다는 점을 깨닫게 될 것이다. 그런 점에서 조선시대의 한중관계를 조선왕조의 외교정책이라는 측면에서 살펴봐야 할 필요가 있다는 점을 특별히 강조하고자 한다. 조선왕조와 같은 한 국가의 외교정책은 주변 세계정세의 변화에 따라가지 않을 수 없는 측면도 있는 것이지만, 동시에 새로운 국제환경에 가능한 한 능동적으로 적응해가려는 내적 의지가 있어야 한다는 점을 잊어서는 안 될 것이라고 생각한다.

조선왕조가 건국될 당시부터 조선의 건국자들은 중국의 신흥 왕조인 명나라와의 관계를 매우 중요시했다. 때로는 긴장관계가 없었던 것은 아니었지만, 조선왕조와 명나라는 매우 안정된 관계를 유지했다. 명과의 안정된 관계를 유지하기 위해 조선왕조는 적지 않은 대가를 지불할 수밖에 없었지만, 중국으로부터의 군사적 위협에서 벗어날 수 있었을 뿐 아니라 새 왕조의 안정을 다질 수 있었기 때문에 그런 대가에 대한 충분한 보상은 얻었다고 할 수 있다. 그러나 명나라와 이처럼 긴밀한 관계를 유지했음에도 불구하고 조선왕조는 그 국가적 이상을 명나라에서 찾지는 않았다.

태종 18년 정월 26일(정축) 하성절사(賀聖節使)로서 중국에 갔다가 같은 해 5월 19일(무진)에 귀국했던 의정부 참찬 김점은 중국에 체류하는 동안 황제의 위엄과 전제적 통치방식에 대해 깊은 인상을 받았다. 그는 중국의 황제가 죄수를 친히 심문하는 것을 보았으며, 육부의 장관이 황제에게 보고하는 자리에서 사소한 잘못이라도 있으면 위관으로 하여금 장관의 의관을 벗기게 하고 그 자리에서 끌어내리는 것을 목격했다. 그는 고위 관료들을 압도하고 있는 명나라 황제의 전제적인 권위가 조선에서도 필요하다고 판단했다. 그래서 그는 세종에게 현재의 명나라 황제의 전제적인 통치방식을 그대로 따라야 한다고 건의했던 것이다. 그러나 예조판서 허조는 중국의 법은 본받을 것도 있고 본받지 못할 것도 있으므로 김점의 말을 따라서는 안 된다고 주장했다. 그러자 김점은 "전하께서 정치를 직접 장악하는 것은 당연한 일"이라고 강조하자 허조는 이에 반대하며 다음과 같이 말했다.

> 그렇지 않습니다. [전하께서는] 현명한 사람을 구하기 위해 노력해야 합니다. 그리고 인재를 얻으면 그에게 일을 맡기고, 일을 맡겼으면 의심하지 말아야 합니다. 만약 그를 의심한다면 나라 일을 맡기지 말아야 합니다. 전하께서 대신을 선택하여 육조(六曹)의 장(長)으로 임명한 이상, 그들에게 책임을 맡겨 소기의 목적을 이루도록 해야 합니다. 전하께서 직접 사소한 일에까지 관여하여 신하들이 해야 할 일까지 하려 해서는 안 됩니다. (『세종실록』 원년 정월 병진조)

허조는 명나라의 황제처럼 대신들을 무시하고 직접 정치를 장악하려 해서는 안 된다는 점을 분명히 했던 것이다. 이 두 사람의 논쟁은 결국 허조의 주장이 옳다는 것으로 결론이 났다. 결국 조선에서 명나라의 영향을 많이 받고 있었음에도 불구하고 조선의 정치는 조선의 현실적 상황에 따라 이루어지고 있었던 것이다. 적어도 이 점에 있어서 명나라의 정치는 조선의 모범이 될 수는 없었다.

조선왕조에서는 일찍부터 송나라의 학문과 제도에 대해 깊은 관심을 지니고 있었지만, 세종대 이후 이런 관심은 더욱 깊어졌다. 세종은 집현전을 만들고 여기에 유능한 인재들을 불러들여 이들로 하여금 중국의 고제를 연구토록 했다. 그리고 이 집현전 학사들을 중심으로 경연을 더욱 활성화했던 것이다. 바로 이 경연에서 중국의 많은 고전들이 검토되었지만, 그 가운데서도 송대에 만들어졌거나, 아니면 송나라에 관한 책들이 중요한 텍스트가 되었던 것이다. 『성리대전』, 『대학』, 『중용』, 『자치통감』, 『주자가례』와 같은 송대 성리학의 기본이 되는 책들이 중요한 연구 대상이었던 것이다. 이처럼 송대의 문화에 대한 조선의 깊은 관심은 이후로도 더욱 확대되었다. 심지어 세조 6년 3월 명나라에서 온 사신 장녕(張寧)은 성균관을 방문하여 그곳의 유생들의 환대를 받았다. 이때 정인지를 위시해 대표적인 문신들이 장녕을 수행했는데, 장녕은 이들에게 "조선에서는 과거를 운영함에 있어서 아직도 송나라의 법을 씁니까?"라고 물었다. 이 질문에 대해 정인지 등이 어떻게 답변했는지는 기록되어 있지 않지만, 명나라의 사신의 눈에 조선에서는 송대의 과거제를 모범으로 삼고 있는 것으로 잘 알려져 있었던 것이다.

조선 전기의 대표적인 유학자요 개혁정치가로 잘 알려져 있는 조광조는 주자의 가르침을 더욱 철저하게 따를 것을 주장했다. 그는 중국 고대의 이상정치를 조선의 현실에서도 실현할 수가 있다고 믿었으며, 이런 이상을 달성하기 위해서는 주자의 가르침에 따라 자신의 학문과 덕성을 함양해야 한다고 역설했다. 그렇기 때문에 조광조는 삼대의 이상정치를 실현하는 것은 아주 쉽다고 하면서, "먼저 임금이 자신의 덕성을 닦고 나서, 그에 따라 정치를 행한다면, 백성들이 모두 감화되어" 임금의 모범을 따를 것이라고 말했던 것이다. 그는 중종에게 『대학』과 『중용』은 누구든지 배우기에 힘써야 할 것이지만, 이것은 "임금을 위한" 책임을 강조하고, 왕이 이런 학문에 힘쓸 것을 요구했던 것이다. 그에 있어서 올바른 학문이란 성리학뿐이었다. 조광조의 개혁은 좌절되었지만 이후 조선왕조는 더욱 성리학적인 사회로 발전되어갔던 것이다. 조광조가 활동하던 시대에도 명나라와의 관계는 매우 중요한 것이었지만, 그의 관심은 온통 주자의 가르침을 배우고 실천하는 일에 쏠려 있었다. 그는 연산군대의 잘못된 정치를 회복하는 길을 묻는 중종에게, 올바른 정치란 성리의 학문을 배우고, 배운 대로 실천하면 된다고 단언했던 것이다.

이처럼 15, 16세기의 조선왕조에서는 송대의 성리학을 수용하는 일에 매우 적극적이었으며, 이 학문을 토대로 그들의 이상을 실현하고자 노력했다. 그들에게서 동시대의 명나라 정치를 모범으로 삼으려는 노력을 찾을 수는 없었다. 그러므로 이 당시 조선의 엘리트들에 있어서 중국이란 현실적으로는 명나라를 의미하지만, 이상적으로는 송나라를 의미하는 것이었다. 이들은 중국문화를 수용하는 데 있어서 그만큼 선택적이었던 것이다. 그리고 현실과 이상 사이에서 조선은 갈등을 거의 느끼지 않고 자신의 길을 갈 수가 있었다.

15, 16세기 명나라와 조선의 관계는 매우 안정되어 있었다. 명나라는 몽고족의 원나라를 멸망시키고 한족의 왕조를 부활하면서 원이 아니라 송을 계승한다는 의식을 강하게 지니고 있었기 때문에 성리학은 조선에서뿐만 아니라 명에서도 국가적 학문으로 인정을 받고 있었다.[17] 당시의 조선의 학자들에게 이상적인 중국은 송이었지만, 동시대의 명은 송의 계승자로 인정되었다. 그러므로 조선에서 송대의 성리학에 깊은 관심을 가졌다고 해서 명나라와 대립적인 자세를 지닐 필요는 전혀 없었다. 15, 16세기의 조선은 동시대의 명과 우호적인 관계를 유지하면서 동시에 자신들의 관심을 송대의 문화에 쏟을 수가 있었다. 그러나 명에서는 이미 주자의 가르침을 비판하고 새로운 방향을 제시한 왕양명의 학문이 큰 영향

17 김한규, 『한중관계사 II』(대우학술총서 423, 1999), p. 648.

력을 지니고 있었지만, 이 양명학에 대해 조선의 학자들은 거의 관심을 기울이지 않았던 것이다. 오히려 시간이 흐를수록 조선의 학자들은 주자의 성리학에 더 깊이 심취했던 것이다.

2. 병자호란 이후의 '중국'과 청(淸)

동시대의 중국과 안정된 관계를 유지하면서도, 중국문화를 수용하는 데 있어서 비교적 자유롭고 선택적 입장을 취할 수 있었던 조선은 만주의 여진이 명을 멸망시키고 새롭게 중국의 지배자로 등장하면서 커다란 위기를 맞게 되었다. 이 위기는 두 차례에 걸친 여진의 침략만을 의미하는 것은 아니었다. 이것은 차라리 유교 국가로서의 정체성의 위기라고 말할 수 있는 것이었다.

여진족이 명나라를 멸망시키고 만주와 중국 본토 전체를 지배하는 새로운 지배자가 되었다는 것은 그 사실만으로도 조선왕조에게는 곤혹스러운 사건이었다. 더욱이 조선은 여진의 침략에 대해 저항다운 저항도 제대로 해보지 못하고 남한산성에 몇 달간 갇혀 있다가 인조가 스스로 무릎을 꿇고 항복하는 치욕을 감수할 수밖에 없었다. 국가 간의 관계까지도 군신부자의 관계로 해석하던 유교적인 윤리를 기본으로 삼았던 당시에 있어서 이 사건은 매우 특별한 의미를 부여한 것이었다. 말하자면 조선왕조는 군부(君父)를 져버리고 평소 자식처럼 생각하던 여진을 새로운 군부로 섬기겠다고 맹세한 것이나 다름이 없는 것이었다. 엄밀하게 말한다면 '충신불사이군'(忠臣不事二君)이라는 유교의 기본적인 가르침을 조선왕조 스스로가 거스른 행동이었다. 그런 의미에서 조선왕조가 여진에 항복한 것은 패륜이었다. 힘이 부족하여 어쩔 수 없었다는 이유 때문에 이 사건이 정당화될 수가 있는 것이라고 한다면, 조선왕조의 신하가 군주에 반드시 충성을 해야 할 까닭은 어디에 있으며, 항상 자식으로 간주되는 백성들이 부모의 입장에 있다는 지배자들에게 효성과 충성을 바쳐야 할 까닭은 또 어디에 있는가? 더욱이 유교적인 이념에서는 항상 부모의 입장에 있는 사람들이 자식의 처지에 있는 사람들에게 먼저 모범을 보여야 한다고 얼마나 강조하였던가? 그런 점에서 여진에게 항복했다는 이 사실은 이념적으로는 조선왕조의 존재이유를 왕조 자체가 스스로 없애버리는 행위였던 것이다. 명-청 교체기에 현실적인 국가의 이익을 위해 능동적으로 대처해야 한다는 광해군의 논리가 그 당시로서는 결코 수용될 수 없었던 것은 이런 까닭 때문이었다. 그것은 유교적인 이념에 토대를 둔 조선왕조의 지배체제를 그 스스로가 거부하는 행위로 간주될 수밖에 없기 때문이었다. 호란은 조선왕조 체제의 존재이유에 대하여 가장 심각한 위기를 초래한 사건이었으며, 이런 위험성을 제일 심각하고 본질적인 것으로 깨닫고 그에 대한 대응책을 적극적으로 모색한 사람이 바로 송시열이었다.

1649년 송시열은 새로 왕위에 오른 효종에게 당시의 현안에 대한 자신의 견해를 제시했다. 그는 조선이 여진에게 항복했다는 사실을 결코 인정할 수가 없었던 것이다. 그에게 있어서 여진은 임금과 아비의 원수였던 것이다. 그러나 이미 명나라는 망했고 여진의 청이 지배하는 세상은 이미 기정사실로 변했다. 따라서 조선의 힘으로 이 형세를 바꿀 수가 없다는 것이 분명한 이상 현실에 맞는 정책을 써야 한다고 주장하는 사람들이 나오게 마련이었다. 그리고 이러한 현실론은 우선은 훨씬 설득력이 있는 것이다. 송시열은 이러한 태도를 패배주의로 단정했으며, 더 나아가 이 현실론을 인정하면 조선왕조의 그 모든 기초가 다 무너질 것임을 강력하게 경고하면서 이렇게 말했다.

> 이 오랑캐는 임금과 아비를 죽인 원수이기에 같은 하늘 아래서 [이 오랑캐와] 함께 살 수는 없다는 마음을 굳게 다지셔야 합니다. 이런 독한 마음을 잊지 마시

고 그 원한을 차곡차곡 쌓으시어 평소의 온화한 말 가운데에도 그 깊은 곳에는 분노가 더욱 쌓이게 하십시오. 또한 금은보화 속에 있을 때에도 언제나 와신상담(臥薪嘗膽)하여 원한을 갚아야 된다는 그 뜻을 결코 잊지 마십시오. [……] 그리고 이러한 굳은 뜻을 5년, 7년, 10년, 20년이 지나도록 결코 풀어서는 안 됩니다. [……] [이렇게 하면 원한을 다 갚지는 못할지언정] 그래도 [청과의] 국경을 폐쇄하고 그들과 맺은 모든 조약을 끊어버리고 [나의] 이름을 바르게 하며 큰 이치를 밝혀서, 나의 의리를 지킬 수 있는 능력을 배양할 수는 있을 것입니다. (『宋子大典』 권1, '기축봉사')

그에게 청나라의 존재를 인정할 수밖에 없다는 주장은 반역과 패륜 행위나 마찬가지였으며, 이러한 논의가 조정의 분위기를 지배하고 새로이 즉위한 효종이 이에 따를 것을 무엇보다도 걱정했던 것이다. 그러므로 그는 청에 항복하고 명나라가 망한 이 현실을 인정할 수밖에 없다고 하는 주장을 따른다면, "공자로부터 이어져 오던 큰 가르침이 모두 땅에 떨어져서 삼강(三綱)과 구법(九法)이 모두 무너져 내려 자식이 그 아비를 무시하게 되는 패륜의 지경에 이르게 될 것입니다. 그렇게 되면 하늘과 땅이 막히고 닫혀서 사람이 짐승이나 다름없는 비천한 존재로 변할 것"이라고까지 말했던 것이다.

이처럼 송시열이 당시에 닥쳤던 현실을 그대로 인정할 수 없다고 완강하게 주장한 것은 다름이 아니었다. 유교이념이 지배했던 당시에는 가정이나 사회의 규범은 물론이고 국가 간의 관계도 모두 군신부자의 관계로 파악되었다. 가정에서 아비와 자식의 관계가 가장 중요한 기본 윤리이듯이, 나라에서는 다스리는 자가 아비요, 다스림을 받는 자가 자식으로 파악되었던 것이다. 동시에 국제관계에 있어서는 중국이 아비요, 조선을 포함한 그 밖의 나라는 자식으로 이해되었던 것이다.[18] 그러기에 1627년 정묘호란 직후 여진은 조선에 대해 형제의 예를 요구했고, 1636년 병자호란을 겪고 조선이 여진에 항복했을 때는 군신의 관계를 강요했던 것이다. 물론 호란 이전에 조선의 지배자들이 명나라를 실제로 아버지요 군주라고 생각했던 것은 아니었지만, 호란 이후의 상황은 매우 미묘했다. 명나라의 몰락을 자연스러운 일로 받아들이고, 청나라를 새로운 아버지로 받아들인다는 것은 있을 수 없는 일이었다.

그가 이미 현실로 굳어진 새로운 국제관계를 외면하고 이처럼 관념의 세계 속으로 깊이 들어간 것은 이 문제가 조선왕조의 현실과 너무나 긴밀하게 연결되어 있다는 사실을 알았기 때문이었다. 명청의 교체를 당연하게 여긴다면, 조선 국내에서 유교적인 가르침에 토대를 둔 왕조의 지배체제가 바뀌는 것도 자연스러운 일로 여길 수도 있는 것이기 때문이다. 이것은 그가 살아왔던 세계의 종말을 의미하는 것이었다. 그러기에 그는 현실이 어쩔 수 없이 이렇게 되었다고 하더라도 우리들의 마음만큼은 결코 변해서는 안 된다는 점을 유난히도 강조한 것이었다. 그리고 그 마음이 굳어 변치 않는다면 힘으로 강요된 현실을 바꾸지는 못할지라도 자신의 정체성은 끝내 지킬 수가 있다고 주장한 것이다. 막 즉위한 효종에게 그는 자신의 이러한 생각을 전하고 싶었던 것이며, 현재의 중국은 청이 지

18 John K. Fairbank, Edwin O. Reischauer, and Albert Craig, *East Asia: Tradition and Transformation*(First Printing, Modern Asia Edition)(Tokyo: Charles E. Tuttle Company, 1976) p. 195에는 중국과 주변 국가의 관계를 다음과 같이 서술하고 있는데, 매우 적절하다고 생각한다. "The suzerain-vassal relationship between the ruler of China and rulers of other countries expressed the traditional 'culturalism' in which China was assumed to be not only the largest and oldest among the states of the world but indeed their parent and the source of their civilization. In short, the fitting of foreign potentates into a hierarch of superior and inferior, and the expression of this in ritual observances, was merely an extension to the outer world of the 'Confucian' social order which the ruler of China sought to maintain at home."

배할지라도 중국의 정통은 명나라에 있어야 한다는 생각을 한시도 잊어서는 안 된다는 것을 일깨우려 한 것이었다. 그리고 이러한 송시열의 생각은 17세기 이후 조선의 역사에 너무도 큰 영향을 미쳤다.

3. 명과 청: 이념과 현실

1636년 청에 항복할 때 조선은 청이 요구하는 모든 굴욕적인 조건을 다 수락하지 않을 수 없었다. 이후 조선은 과거 명나라에 했던 것처럼 이제 청나라와 책봉조공 관계를 유지할 수밖에 없었으며,[19] 이런 관계는 전통적인 동아시아의 질서가 해체되던 19세기말까지 지속되었던 것이다. 그러나 청에 대하여 조공관계를 유지하면서도, 조선은 정신적으로는 이미 망해버린 명나라와의 의리 관계를 유지하려고 노력했다. 오히려 청나라에 대해서는 내부적으로 적개심을 감추지 않았으며, 이러한 분위기 속에서 소위 북벌론이 제기되었던 것이다. 그러므로 17세기 이후 조선은 동시대의 중국왕조인 청에 대하여는 적대적인 태도를 지니고 있었지만, 명나라와의 관계는 명이 망한 이후에도 영원히 변치 않고 존속해야 한다는 생각을 지니고 있었다.

청나라의 군사력에 항복한 이후에도 청에 대해 적대적 태도를 유지한다는 점에서 조선은 동시대의 중국왕조에 대하여 매우 독립적이었다고 말할 수 있다. 그러나 이미 망한 명나라를 제사행위를 통해 돌아가신 부모를 섬기듯이 해야 한다는 관념은 청의 지배적 위치를 부정하는 토대를 제공하는 것이었지만, 이념적으로 조선이 명나라의 실제적인 신하임을 인정하는 것이나 다름없었다. 이 점에 있어서는 조선은 스스로 국가적인 정체성을 져버린 것이었다. 망한 명나라는 중국이지만, 현재 중국을 지배

19 김한규, 앞의 책, pp. 725~742.

하는 청나라는 중국이 아니라는 이런 태도는 오직 관념의 세계에서나 가능한 일이었다. 그러나 이러한 경직된 태도가 2세기 이상 지속된 조선왕조 후기의 역사를 지배했다고 말할 수 있다. 그리고 이러한 자연스럽지 못한 관념을 정당화하기 위하여 17세기 이후 송시열과 그의 뜻을 계승한 조선의 유학자들은 주자의 가르침을 더욱 신성시했다.

주희(朱熹; 1130~1200)는 송나라가 여진의 금(金) 제국에 밀려 강남지방으로 옮아갔던 시대에 살았던 인물이었다. 이처럼 주희가 생존했던 시대는 여진족이 세운 금 제국의 힘에 밀려 북방의 영토를 빼앗기고 황제가 납치되는 치욕을 겪었으며, 남으로 내려 와서도 금을 토벌하여 잃어버린 영토를 다시 찾을 가능성이 거의 없던 때였다. 거기에 더해 송은 그렇게나 멸시하던 이민족이 세운 금나라와 군신의 관계 혹은 숙질(叔姪)의 관계를 맺는 굴욕을 감수할 수밖에 없었다. 이에 주자는 효종이 즉위하자 '임오응조봉사'(壬午應詔封事)라고 알려진 장문의 상소를 올림으로써 본격적으로 현실 문제를 논하기 시작했다. 여기에서 그는 여러 가지 현실 문제를 거론했지만, 그 중에서도 가장 핵심적인 주제는 금과의 관계에 대해 어떠한 태도를 취할 것인지를 논한 부분이라고 생각한다. 이 글의 주제와 관련해 너무나 중요하다고 생각되는 이 부분에서 주희는 다음과 같이 주장했다.

> 천하국가를 다스리는 데에는 한번 정하여 결코 바꾸지 못할 계책이 있는데, 그것은 다름이 아니라 정치를 바르게 하여 오랑캐를 물리쳐야 한다는 것입니다(修政事攘夷狄) [……] 금나라 오랑캐는 우리와는 한 하늘 아래서 더불어 살 수 없는 원수입니다. 그러므로 그들과는 결코 화의(和議)를 할 수가 없으며, 그래야만 의리가 명백하게 되는 것입니다. 그러나 어떤 사람들은 "현재 우리의 근본이 강하지 못하며, 우리의 형세가 아직 갖추어지지 않았기 때문에, 나아가 그들과 싸

워도 중원(中原)을 회복할 수는 없으며, 물러나도 그들의 침략을 방어하기가 쉽지 않습니다. 그러니 거짓으로 그들을 섬긴다고 속이고서 현상을 유지하는 것만 못합니다. 그리고 사신을 보내어 우리의 영토를 돌려달라고 간청해 우리의 약함을 짐짓 그들에게 보이면, 그들은 교만하게 되어 방심할 것이며, 그로 인해 우리를 갑자기 침략하지는 않을 것입니다. 바로 그런 틈을 노려 우리의 준비를 크게 갖추고 때를 기다려야 합니다. [그러면] 만에 하나 하늘이 우리를 이렇게 곤궁하게 만든 것을 후회하여 그 바른 마음을 이끌게 되면 단 한 명의 군사를 동원하지 않고서도 우리들이 바라는 바를 가만히 앉아서 이룩할 수가 있을 것입니다. 그러니 꺼려하여 [화의책을] 쓰지 말아야 할 까닭이 어디에 있습니까?"라고 말할 것입니다. 그러나 의리를 아는 사람으로서 결코 이런 화의책을 써서는 안 된다고 생각합니다. 물론 화의를 주장하는 사람들은 그렇게 하는 것이 이로울지언정 결코 해는 되지 않을 것이라고 말할 것입니다. 그러나 저의 생각으로는 저들과 화의를 맺는 것은 백해무익할 뿐입니다. 어찌 현재 우리가 어렵다고 하여 그런 계책을 쓸 수가 있겠습니까? [……] 무릇 우리의 근본이 아직 견고하지 못하고 형세가 아직 이루어지지 않아 싸워도 이길 수 없고 물러나도 능히 지킬 수 없다고들 하지만, 어찌 그럴 리가 있겠습니까? 이런 [패배적인 말이 나오는 것은] 모두 금과 화의를 맺어야 된다는 주장을 받아들이기 때문입니다. 그러므로 만약 이런 화의책을 배격하지 않으면 천하의 일은 단 한 가지도 이루어질 수가 없을 것입니다.[20]

위에서 인용한 주희의 주장은 그대로 송시열이 주장한 내용과 거의 일치함을 알 수 있다. 주자는 이제 현실이 어쩔 수 없는 상황으로 변했으니

20 이 봉사는 『朱子大典』 冊2(臺灣中華書局印行), 晦庵先生朱文公文集, 卷11, 1~10면에 실려 있는 것을 참조했음.

금나라와 화의를 맺을 수밖에 없으며, 그 과정에서 금이 굴욕적인 요구를 해와도 일단은 들어주고 후일을 기약하자는 주장을 격렬하게 비판했다. 그래서는 아무런 일도 성취할 수가 없다고 했다. 이러한 화의책을 받아들인다는 것은 대의명분에 어긋나는 것이며 그래가지고서는 송나라가 존재해야 할 이유도 없어진다고 그는 보았던 것이다. 이는 마치 청이 명을 대신해 중국을 지배하게 되었으며, 우리나라가 그에 항복했다는 사실도 인정할 수밖에 없다고 주장한다면 인륜도덕이 땅에 떨어진다고 한 송시열의 주장과 너무나 흡사하다.

주희와 송시열은 400여 년을 떨어져 살았던 사람들이었다. 그러나 이 두 사람이 처했던 상황에는 상당한 공통점이 있었던 것이다. 남송과 조선은 다 같이 여진족에게 몰려 치욕을 당했다. 그러면서도 현실적으로 이 원한을 갚을 수 있는 능력은 없었다. 이런 상황에서 남송과 조선의 조정에는 현실을 그대로 수용하자는 현실론이 강하게 제기되었다. 더욱이 남송이나 조선은 다 같이 유교 국가였다. 그러므로 유교적인 가르침에 따른다면 이런 현실론은 곧 패륜이나 다름없다는 생각을 지닌 사람들이 많았다. 이처럼 주희와 송시열에게 닥쳤던 상황의 유사성이 이 둘의 현실 문제에 대한 대응책을 닮게 만들었다고 말할 수도 있을 것이다.

실제 주희의 사상 형성에는 그의 현실적 상황이 많은 영향을 주었다. 선택의 여지가 없이 절박한 상황에 몰린 남송대의 주희는 유교적인 가르침을 더욱 철저하게 지키자는 근본주의적인 태도를 취할 수밖에 없었는지도 모른다. 그러므로 그의 최대의 관심사는 금에 대해 어떠한 태도를 취해야 하는가라는 문제였다. 주희 자신도 금과 성급하게 전쟁을 일으켜 이길 수 있다고 생각할 만큼 단순한 사람은 아니었다. 그런데도 그는 금과의 화의책을 채택해서는 안 된다고 주장했다. 그러므로 그에 따르면 최선 정책은 금과 승산 없는 전생을 하지는 않더라도, 그렇다고 그와 화해

하지도 않는 전략이었다.[21]

이러한 주자의 대응책은 그대로 송시열의 모범이 될 수 있었다. 당시 조선은 이미 청과 군신의 예를 맺은 상태였다. 그러나 전쟁을 통해 곧 복수를 한다는 것은 현실적으로 불가능했다. 그렇다고 하여 이렇게 강요된 현실을 그대로 인정하자는 것은 조선왕조의 존재이유를 부정하는 것이나 다름없었다. 그런 의미에서 송시열도 청과의 전쟁은 불가능하다고 하더라도, 결코 청의 존재를 인정하지 않는 정책을 채택하자고 주장한 것이었다. 따라서 그의 북벌론을 마치 실제 청나라와의 일전을 불사하자는 것으로 해석하는 것은 올바른 해석이라고 생각하지 않는다. 그에게 있어서 주희는 모든 면에서 완벽한 모범이었다. 조선왕조는 그 건국 초부터 주자학을 근본이념으로 채택했으며, 이러한 태도는 만주 침략 후에 더욱 강화되었던 것이다. 호란 이전 조선의 유학자들도 주자학을 신봉했지만, 그렇다고 그들의 일거수일투족이 모두 그의 가르침에 따라야 한다고 극단적으로 생각하지는 않았다. 그러나 송시열은 달랐다. 그에게 닥친 현실적 상황은 너무나 절박했으며, 그런 의미에서 그는 주희의 생애 그대로가 자신에게서 다시 부활된 것으로 생각할 수도 있었다. 그러므로 송시열은 주자의 가르침에서 조금이라도 벗어나는 것은 결코 용서할 수 없는 죄악으로

---

21 이상의 내용은 Brian McKnight, "Chu Hsi and His World", *Chu Hsi and Neo-Confucianism*(ed. by Wing-tsit Chan)(Honolulu: University of Hawaii Press, 1986) pp. 419~424를 참조할 것. 특히 이 논문에서는 주희의 현실적 대응책을 "no war, no peace"라고 표현하였으며, "Chu Hsi was strategically a hawk and tactically a dove"(p. 423)라고도 했다. 매우 적적한 표현이라고 생각한다. 또한 주자를 이해하는 데 있어서는 黃榦 著, 姜浩錫 譯, 『朱子行狀』(乙酉文庫 189, 1983)이 많은 참고가 되었다.

22 Miura Kunio, "Orthodoxy and Heterodoxy in Seventeenth-Century Korea: Song Siyol and Yun Hyu", *The Rise of Neo-Confucianism in Korea*(ed. by Wm. Theodore de Bury and JaHyun Kim Haboush)(New York: Columbia University Press, 1985), p. 416. Miura Kunio는 송시열의 주자에 대한 태도를 "his fanatic devotion to Chu Hsi"라고 언급했다.

간주할 수밖에 없었던 것이다.[22]

그러나 그러한 식으로 왕조의 지배체제가 유지되는 데는 희생도 적지 않았다. 조선 후기의 주자학은 매우 배타적이며 방어적일 수밖에 없게 변했으며, 유교적인 세계 속에서도 주자학 이외의 또 다른 가능성을 모색할 수도 없게 되었다. 조선왕조의 유교이념은 이제 고도로 경직될 수밖에 없었던 것이다. 망한 명나라를 마치 현실에 존재하는 것처럼 떠받들고, 현실에 엄연히 존재하는 청나라를 없는 것으로 간주하는 것은 오랑캐에게 항복한 직후에는 기개 있는 단호한 의지를 표현한 것으로 볼 수도 있으나, 시간이 흐를수록 이러한 태도는 후기의 주자학자들로 하여금 현실을 떠나 형식론적인 관념의 세계 속에 깊이 빠져들게 했던 것이라고 생각한다. 사상이 현실과 완전히 유리될 때, 그리고 현실과 철저하게 유리된 그런 관념적인 사상이 한 시대 한 사회를 지배할 때, 자유로운 사색은 철저하게 억압되며 사회는 침체의 수렁 속으로 빠져들 수밖에 없는 것이라고 생각한다.

19세기말에 이르러 제국주의적 침략을 맞게 되었을 때 조선왕조는 청나라가 자신을 지켜주기를 기대했다. 2세기 이상 청나라를 부정하고 망한 명나라와의 의리를 주장하던 조선왕조에서는 누구도 이러한 모순에 대해 해명을 시도한 사람이 없었다. 그나마 조선왕조는 망한 명나라에 대한 의리를 지킨다는 주자의 명분론마저 상실하게 되었으며, 청나라는 정통 중국이 아니라는 조선왕조의 논리도 사라지게 되었다.[23]

---

23 이러한 역사적 배경을 가지고 개항 이후의 청나라와의 관계를 새롭게 조명해볼 필요가 있다고 생각한다.

에필로그

조선왕조의 건국사와 대한민국의 건국사

필자가 조선왕조의 건국사를 이 시점에서 새삼스레 주목하게 된 것은 대한민국의 현재적 상황에 대한 성찰을 통해서 비롯되었다. 1948년 8월 15일에 세상에 그 탄생을 알린 이후 대한민국의 역사는 지금까지 60년이 넘었다. 제2차 세계대전 이후 급변하는 세계사의 현실을 바라보면 결코 짧지만은 않은 시간이라고 할 수 있다. 그 사이 대한민국의 현실은 오랜 일제의 식민지배에서 갓 해방되었으나 곧 처참한 내전에 휩쓸려 전국이 파괴된, 그야말로 세계에서 가장 빈곤하고 희망이 없어 보이는 나라에서, 이제는 정치적 민주화와 함께 경제적 번영을 향유하는 나라로 발전했다. 역사학도인 필자는 이러한 대한민국의 현대사를 이모저모로 깊이 들여다볼 능력이 없음을 인정하지 않을 수 없다. 그러나 때로 역사가의 거시적인 안목이 복잡한 현실의 한 측면을 깊이 들여다보는 전문적 식견만으로는 보이지 않는 경치를 내다볼 수도 있다는 점 때문에 그 유용성을 인정받는 것이 아닌가 한다.

대한민국의 급속한 성장과 발달은 마치 발사대를 박차고 튀어 오른 로켓처럼 너무나도 빠른 시간 안에 출발점으로부터 멀어지는 현상에 비유

할 수 있다. 끊임없이 전개되는 새로운 비전은 미래에 대한 기대감을 무한대로 증폭시켰지만, 그만큼 빠르고 숨 가쁘게 과거의 전통으로부터는 멀어져갔다는 것을 의미했다. 새롭게 전개되는 미래의 새 터전을 선점하려는 투쟁은 격렬해져갔으며, 그에 따라 이러한 투쟁을 조정할 수 있는 사회적 역량은 옮어져갔다. 이처럼 격변하는 사회에서 기회를 한 번 잃는다는 것은 영원한 패배를 의미하기에, 양보와 관용이 자리할 여백은 어디에도 존재할 수가 없었다.

대한민국은 건국 60년을 지났으나 아직도 그 건국사에 대한 논쟁은 종착점이 보이지 않는 것 같다. 대한민국 건국의 중심인물들에 대한 역사적 평가를 둘러싸고 벌어지는 이러한 논쟁은 그 간극이 너무도 깊어 쉽게 그칠 것으로 보이지도 않는다. 아직도 그러한 논쟁이 이처럼 뜨거운 까닭은 어디에 있는가? 그것은 신생국 대한민국의 현재와 미래를 장악하기 위한 정치적 쟁투라는 맹렬한 기세가 이 논쟁의 배후에 짙게 깔려 있기 때문이다. 그러므로 이 문제를 넘어서지 않고서는 대한민국의 건국은 아직도 진행 과정에 있으며 마무리된 것이라고 말하기 어렵다고 생각한다. 그렇다면 이 문제를 슬기롭게 넘어서는 지혜는 과연 있는 것일까? 이처럼 끊임없이 솟아오르는 질문에 대해 명료한 답을 구한다는 것이 저자의 입장에서 본다면 참으로 당치도 않은 일이었다. 이러한 자괴감은 자신을 무력하게도 만들었지만 자연스레 새로운 생각을 가지고 역사를 들여다보게 만들었다. 현실이 어지러워 가야 할 길이 보이지 않을 때는 역사를 통해 지혜를 구해볼 필요가 있기 때문이다. 이것이 이 책을 쓴 필자의 근본 의도였다.

그러나 조선왕조의 건국과 대한민국의 건국은 시간적으로 이미 550여 년이나 차이가 나며, 그만큼 건국을 둘러싼 모든 대내외적 환경이 동일선상에 놓고 비교할 수 없을 정도로 너무도 크게 차이가 난다. 그러므로 이처럼 먼 과거와 오늘날을 대비한다는 것이 가능한 것인가라는 의문과 만나지 않을 수 없다. 일찍이 베네데토 크로체(Benedetto Croce)는 "모든 역사적 판단의 기초가 되는 실천적인 요구는 모든 역사에 '현대사(당대사)'라는 성격을 부여하는데, 왜냐하면 그렇듯이 상세하게 서술되는 사건이 시간상으로는 아무리 멀리 떨어져 있는 것처럼 보일지라도 실제로 역사가 다루는 것은 현재의 요구와 현재의 상황이며, 사건은 그 안에서만 소리를 내기 때문이다"[1]이라고 말했다. 카(E. H. Carr)는 이를 두고 역사가들은 "현대의 눈을 통해서만 과거를 조망할 수 있고 과거에 대한 우리의 이해에 도달할 수 있다"[2]고 말하기도 했다.

필자에게 조선왕조의 건국사에 대한 새로운 관심을 촉발시킨 것이 대한민국의 현재적 상황이었다는 것이 크게 죄 될 것은 없다는 증거로서 이런 말을 하는 것만은 아니다. 말하자면 현재에 대한 자신만의 통찰력이 없으면 과거를 상상할 수 있는 지적인 토대가 마련될 수 없다는 점을 강조하려는 것이다. 그렇다고는 해도 우리가 목격하고 있는 현재적 상황이라는 것은 그 전모를 짐작조차 할 수 없을 정도로 복잡한 성격을 지니고 있다는 점에서 현재의 빛으로 밝혀진 통찰력이라는 것도 무척 제한적이고 불완전할 수밖에 없다.

이처럼 과거와 현재 사이에서 역사가 자신은 현재에 속했을지라도, 그가 다루어야 하는 역사적 사실은 엄연히 과거에 속한 것이며, 그 과거는 그만의 독특한 개성을 지닌 독립적 실체이다. 그런 의미에서 과거는 현재

---

1 Benedetto Croce, *History as the Story of Liberty*(Chicago: Henry Regnery Company, A Gateway Edition, 1970) p. 19 참조. 이 부분은 E. H. Carr, *What is History?*(New York: Random House, Inc, 1961), p. 22의 각주에서 상세하게 인용되어 있다. 이 부분의 번역은 김택현이 번역한 『역사란 무엇인가』(까치, 2008), p. 36에서 재인용한 것이다.

2 김택현, 위의 책, p. 42 참조.

와 대등한 위치를 차지하고 있다고 해도 잘못된 말은 아니다. 카(Carr)는 현재와 과거의 이러한 대등한 입장, 이 사이에 균형을 잡아야 하는 역사가의 역할을 "역사란 역사가와 그의 사실들의 지속적인 상호작용의 과정, 현재와 과거의 끊임없는 대화"라고 설파했다.[3] 그러나 과거와 현재의 끊임없는 대화란 어떻게 이루지는 것인가? 더 나아가 과거에 대한 성찰이 현재로부터 촉발되듯이, 도저히 갈피를 잡을 수 없는 현재를 통찰하는 일이 과거로부터의 빛으로 시작될 수가 있는 것인가? 카는 이 점에 대해 명료한 답을 제시하지는 않았다. 그러나 현재적 관심에서 촉발된 상상력에 의거해 새롭게 체계적으로 해석된 과거의 역사에 대한 통찰력은 복잡한 현실의 전체적 뼈대를 (비록 단순화시킨다는 비난을 받을지라도) 비추어준다고 생각한다. 잘 정리된 역사는 마치 인체의 복잡한 구성을 투과해 전체 골격의 얽힘을 보여주는 엑스레이와 같은 역할을 할 수 있다는 믿음이 없다면 어떻게 과거와 현재의 대화가 가능하겠는가?

과거 조선왕조의 건국사를 들여다보면 그 안에 대한민국의 건국사의 뼈대를 그려볼 수 있는 지혜를 찾을 수 있을 것이라는 믿음이 없다면 아마도 역사 연구는 참으로 무의미하다고까지 말할 수 있을 것이다. 그러므로 지금까지의 조선왕조 건국사에 대한 검토를 토대로 실타래처럼 엉켜 그 단서를 찾기조차 어렵게 여겨졌던 대한민국의 건국사를 조망해보는 일은 가능할 뿐 아니라 유익한 일이 될 것이라고 생각한다. 현재에서 과거로 간 빛이 과거의 거울에 반사되어 되돌아와 우리의 현실을 비추어줄 것이라는 기대감 속에서만 역사란 과거와 현재의 끊임없는 대화라고 한 카의 설명은 의미를 지니는 것이라고 생각하기 때문이다.

3 김택현, 위의 책, p. 50 참조.

필자는 이 책의 서문에서 지적한 것처럼 "조선왕조 건국의 문제를 1392년 이후 1세기에 걸친 일련의 역사 과정으로 보고 하나의 문화사적인 종합체"로 이해하려고 노력했다. 이처럼 장기간에 걸쳐 국가의 기본 골격이 하나하나 갖추어졌으며, 이를 토대로 유교 국가로서의 조선왕조는 완성되어갔기에 조선왕조의 체제는 매우 안정되고 장기적으로 존속할 수 있었다고 전망하게 되었다. 건국사를 신생 국가의 탄생을 알리는 그 시점에 국한시키지 말고 그 체제가 두루 갖추어지는 전 과정으로 보아야 한다고 생각하면 대한민국의 건국사도 새롭게 보이지 않을까 한다.

대한민국이 건국을 선포한 1948년 8월 15일 이후 60여 년이 지난 지금까지 한국 사회는 격렬한 변화를 겪었다. 격렬한 변화, 그것은 한시도 그대로 있은 적이 없다는 의미에서 안정되지 못하고 혼란스러운 것으로 보이기도 하였다. 그러나 그 안을 들여다보면 그 안에 현재의 한국 사회를 이루고 있는 중요한 내용이 강인한 생명력을 지니고 자라나고 있음을 찾을 수 있다.

국민의 자유와 인권이 지속적으로 성장하여 이제 국민의 선거로 평화로운 정권의 교체가 가능하게 될 만큼 민주주의적 정치제도가 이 정도로나마 자리를 잡게 된 것도 짧은 시간 안에 간단히 이루어진 것이 아니었다. 1948년 건국 당시에 선포된 초대 헌법에 신생국 대한민국이 민주공화국이며 모든 국가 권력은 국민으로부터 나온다고 선언했지만, 이것이 실현되기는커녕 탈법적인 장기 집권, 쿠데타로 들어선 군부의 지배 등은 헌법정신과는 관련이 없었다. 이것은 국가 존립의 도덕적 근거 자체를 부정하는 것이었으며 시대정신과도 맞지 않는 것이었다. 억압과 이로 인한 고통 속에서도 민주주의를 실현해야 한다는 운동은 끊이지 않았으며 그 결과로 이만큼의 자유와 인권과 민주주의적 정치제도를 구현할 수가 있었다. 초대 헌법에서 선언했던 민주주의는 수십 년이 지나서야 비로소 이 정도의 모습을 갖게 되었던 것이다.

한국전쟁 이후 1960년대 초까지도 한국의 경제는 세계에서 최고로 가난하고 초라한 모습이어서 어디에서도 희망의 빛은 보이지 않았다. 그러나 지금 이 나라는 무역 규모에서 이미 세계 10위권에 올라 있으며, 이에 따라 국민의 생활수준은 과거 40여 년 전에는 상상할 수 없을 정도로 달라졌다. 한국의 기업은 세계 최고의 제품을 만들어내고 노동의 질은 가장 강도가 높았다. 이러한 한국 경제의 눈부신 성장은 국민들의 생활수준과 생활방식, 나아가 그 의식수준까지도 근본적으로 바꾸어놓았다. 한국은 이제 이 흐름을 결코 되돌려놓을 수 없는 매우 중요한 자본주의적 경제체제를 확립하게 되었다.

한국의 전통사회는 유교적 농업사회였다. 유교적 농업사회에서는 엄격한 신분제도가 유지되었으며, 사람들의 삶은 토지에 묶여 있게 마련이었다. 말하자면 인구의 사회적 유동과 공간적 이동이 매우 제한된 사회였다. 그러나 현재 한국인의 삶은 과거에는 상상할 수 없을 정도로 인구의 이동이 확대되었다. 이에 따라 한국 사회는 매우 다원화되어갔다. 때로는 여러 사회 단체 사이에, 지역과 지역 사이에 격렬한 대립을 겪기도 하지만 한국 사회는 놀라울 정도로 안정된 다원화된 사회로 변모해나갔다. 세계의 주요 종교가 모두 한국 내에 뿌리를 내리고 있어도 우리는 누구도 종교 사이의 대립과 전쟁을 걱정하지 않아도 되며, 종교적 가치와 세속적 가치는 서로의 길을 따로 갈 수 있을 정도로 안전한 거리를 두고 있다.

지난 반세기 동안에 이루어진 한국 사회의 이러한 변화는 남과 북의 관계에도 큰 영향을 미치고 있다. 1948년 남과 북에 그 성격이 매우 다른 두 개의 국가가 들어선 이후 이 두 국가의 대립과 적대관계는 한국전쟁으로 터지게 되었다. 그 이후 한국 사회는 항상 북으로부터의 침략을 지나치게 두려워하고, 이 두려움은 항상 정치사회에 어두운 영향을 미쳤다. 실제

경제적인 면에 있어서도 북한은 1970년대 초까지도 남한보다 그 지수가 상위에 있었다. 그러나 지금 누구도 남과 북의 두 국가를 동등하게 보지 않게 되었다. 국민의 자유지수를 포함한 모든 측면에서 남의 대한민국은 북의 조선민주주의인민공화국을 압도하게 되었다. 북한에 대한 정책을 두고 서로 대립적인 주장이 맞서고 있지만, 어느 경우에나 북한을 포용해야 한다거나 인도적 지원을 해야 한다는 입장을 취하고 있다는 점에서 그 주장의 근저에는 남한의 우월성을 전제로 하고 있는 것으로 보인다. 이와 같은 남북관계의 역전은 우리 사회를 억눌러온 두려움 하나를 제거하게 되었다. 전선에서 부분적 무력 충돌이 있어도 사회적 안정은 흔들리지 않으며, 용공세력을 처단해야 한다는 마녀사냥의 나팔 소리는 울리지 않게 되었다. 한국전쟁의 무서운 공포에서 벗어나 대한민국은 또 다른 이상을 향해 매진할 수 있게 된 것이다.

이 정도만 거론해보아도 대한민국의 건국사는 매우 바람직한 성과를 거둔 것으로 기억될 수 있을 것이다. 그런데도 불구하고 아직도 대한민국 건국사를 떳떳하게 바라보지 못하고 흑백을 가리는 격렬한 도덕적 논쟁이 사라지지 않는 것은 무슨 까닭인가?

일찍이 막스 베버는 국가의 관료사회에 필연적으로 존재하게 마련인 상명하복의 관계가 유지되는 질적 수준에 따라 지배의 수준이 결정된다고 언급하면서, 물질적이거나 혹은 여하한 이해관계만으로는 바람직한 지배체제가 형성되지 않는다고 했다. 오히려 베버는 이해관계만으로 형성된 상하관계에 토대를 둔 관료사회는 불안정해질 뿐이라는 점을 지적하면서 다음과 같이 말했다.

> [이해관계 이외에] [지배자에 대한] 호감이나 이념적인 요인들이 보태지기도 한다. 아주 예외적인 경우에는 [지배자에 대한] 호감이 매우 결정적인 요인이 되기도

> 한다. 보통의 일상적 생활에서는 이러한 관계는 관습이나 물질적 이해관계에 따라 유지되기도 한다. 그러나 [바람직한] 관료사회를 유지하는 데 있어서 관습이나 이해관계 혹은 인간적 호감이나 이념적 동기만으로는 그 지배체제를 유지하기에 충분하고도 믿을 만한 근거를 제공하지는 못한다. 오히려 통상적으로는 한 걸음 더 나아가 정통성에 대한 믿음이 필요하다.[4]

정통성에 대한 믿음이 없다면 한 지배체제를 떠받드는 다른 여러 요인을 두루 갖추었다고 해도 그 체제는 안정될 수 없다는 베버의 가르침은 그대로 대한민국의 오늘의 문제를 통찰하는 데 큰 빛을 비추어주고 있다고 생각한다.

앞서 지적한 바와 같이 경제적 성장과 민주주의 제도 발전 등 많은 것을 잘 갖추었음에도 불구하고 대한민국에는 이 전체를 통관하여 하나로 묶는 정통성에 대한 믿음이 결여되어 있다고 보이기 때문이다. 대한민국의 기업과 노동조합, 그리고 다양한 여러 사회단체들은 물론이고 심지어는 거대한 관료조직 또는 주요 정당까지도 각자의 이익을 극대화하려는 경쟁의 자유를 확보했다는 점에서는 민주주의의 발전과 자유의 진전을 말할 수 있게 되었지만, 이들 상호간에 존재해야 하는 공통의 가치를 더불어 추구한다는 큰 믿음은 적은 게 아닌가 한다. 이들 경쟁적 관계에 있는 모든 개체들은, 의식적으로는 아니라 할지라도 때때로 대한민국이라는 국가 체제의 일원이라는 인식을 잊고 있지나 않나 싶기도 하다. 이는 따지고 보면 한 국가로서의 대한민국의 정통성에 대한 굳건한 믿음이 모자라기 때문이라고 생각한다. 우리 모두가 이처럼 뜨겁게 경쟁해서 궁극

4 Max Weber, *Economy and Society* 1, ed., Guenher Roth and Claus Wittich(Berkeley · Los Angeles · London: University of California Press, 1978), pp. 212~213.

적으로 얻으려는 것이 무엇인가를 생각하지 않는다면 이 경쟁은 우리를 더 다원적이고 더 풍요롭고 더 민주적인 국가를 형성해나가게 하는 것이 아니라, 어쩌면 격렬해지는 경쟁이 모두를 하나하나 해체해나가는 국가적 위기로도 발전해나갈 수 있는 것이다. 많은 성취를 이룩했음에도 불구하고 이 불안정성이 한국 사회 깊숙이 내재하고 있다는 사실은 대한민국 건국사의 마지막 단계가 아직 완성되었다고 말할 수는 없다는 점을 의미한다.

대한민국 건국사를 두고 벌어지는 뜨거운 도덕적 논쟁도 따지고 보면 경쟁만 존재하고 경쟁이 보다 나은 미래의 토대라는 믿음은 없기 때문이다. 그리고 그러한 도덕적 논쟁은 상대방과의 경쟁에서 결정적인 우세를 차지하기 위한 수단에 지나지 않으므로, 그 도덕적 논쟁은 더 이상 도덕적인 것도 아니다. 우여곡절이 많았던 한국 사회에서 이 도덕적 논쟁, 다른 차원에서 말한다면 역사 현상에 대한 도덕적 평가가 함부로 휘둘려지는 것은 막을 수 없는 현상이라고 말할 수도 있을 것이다. 그러나 역사에 대한 도덕적 평가는 너무도 비역사적이라는 점을 잊어서는 안 된다.

프랑스의 열렬한 애국자로서 제2차 세계대전에서 그의 조국 프랑스가 점령되었을 때는 레지스탕스 운동에 적극 참여했던 마르크 블로크는 동시에 당대 최고의 역사가였다. 그리고 그의 조국이 해방되기 직전에 그는 독일의 비밀경찰에 체포되어 비참하게 처형되었다. 그가 죽기 전에 써놓았던 책 『역사를 위한 변명』에서 그는 "이미 죽어 사라진 영웅들에게 찬사나 비난을 부여하는 일종의 지옥의 심판관"으로 행세하려는 역사가의 행태를 신랄하게 비판하면서, "과연 우리는 우리의 선조들 가운데서 선한 사람과 악한 사람을 가려낼 수 있을 만큼 우리 자신과 우리 시대에 자신을 갖고 있을까?"[5]라는 심각한 의문을 제기하고 나서 다음과 같이 말했다.

불행히도 지나치게 자주 판단을 내린 나머지 사람들은 필연적으로 설명하고자 하는 의욕마저 상실하고야 말 것이다. 과거의 열정이 현재의 편견과 섞여 관점이 의지할 곳 없이 흐려진다면 이원론적인 세계처럼 인간 현실은 흑과 백으로 된 그림에 지나지 않을 것이다. 몽테뉴는 일찍이 우리에게 그 점을 경고한 바 있다. "사람들의 판단이 한쪽 방향으로 기울고 난 뒤에는 이야기를 그 방향으로 휘지 않게 막을 수가 없다."[6]

프랑스혁명을 되돌아볼 때 얼마나 격렬한 도덕적 판단이 난무했던가? 도덕적 판단이 모든 역사적 설명에 앞서기만 할 때 역사(학)는 무력화되며 사회는 되돌아올 수 없을 정도로 분열되리라는 전망을 그는 깊이 깨달았던 것이다. 흑백으로 나뉜 세계는 단조롭고 위험천만한 세계가 될 것이라는 각별한 경고를 그는 우리에게 남긴 것이다. 그래서 그는,

> 인류의 지적 발전의 교훈은 지극히 분명하다. 즉 각각의 학문은 선악이라는 낡은 인간 중심주의를 단호하게 포기하면 할수록 그만큼 영역이 넓어지며, 따라서 결국 그만큼 실제적인 면에 도움이 된다는 사실을 보여주었다.[7]

라고 가야 할 길을 제시했다. 그것은 "선악이라는 낡은 인간 중심주의"를 단호하게 포기하는 것이며, 이것이 장구한 인류의 지적 발전이 보여주는 분명한 역사적 교훈이라는 것임을 분명하게 선언했던 것이다.

---

5 마르크 블로크, 고봉만 옮김, 『역사를 위한 변명』(한길사, 2008), pp. 166~167.
6 마르크 블로크, 위의 책, p. 168.
7 마르크 블로크, 위의 책, p. 169.

역사 해석에 있어서 가치판단 혹은 도덕적 판단의 문제를 논급한 학자들도 많지만, 여기서 오래된 블로크의 격언을 되새기는 것은 특별한 의미가 있다. 그는 뛰어난 학자였지만 열렬한 애국자요 실천적 인물이었다. 그리고 그는 조국 프랑스의 해방을 위한 저항운동 끝에 처형된 인물이었다. 그는 마치 우리나라의 단재 신채호와 같은 역사가요 열렬한 애국자에 쉽게 비할 수 있을 것이다.

대한민국 건국사를 두고 벌어지는 결렬한 도덕적 논쟁의 한편에서는 건국의 중심인물들의 과거가 도덕적으로 정당하지 않다는 데 근거를 두고 있었다. 이런 평가를 제기하는 사람들은 항상 열렬한 민족운동의 주체였으며 동시에 민주운동의 중심세력이었다는 강렬한 자부심에 차 있는 것처럼 보였다. 이 논쟁의 또 다른 편에서는, 남한만으로 국한되었다 할지라도 대한민국의 건국은 결과적으로 옳았으며, 이는 경제적 번영을 토대로 과거에는 꿈꿀 수 없던 국가를 만들었다는 자부심으로 뭉쳐 있는 것처럼 보였다. 한쪽은 원죄를 문제삼았다면, 다른 한쪽은 성취의 결과만을 강조했다. 블로크의 말 그대로 판단은 난무했지만, 설명은 없었다.

인간은 누구도 도덕적으로 선하기만 하고 악하기만 한 사람 두 부류로 나눌 수는 없다는 것을 모르는 사람은 없다. 더 나아가 인간을 시간에 따라 변해가는 역사적 존재로 보게 되면 어느 한 시점에서의 어느 한 행위로 한 사람의 평생에 낙인을 찍을 수는 없다고 말할 수 있다. 동시에 어느 지배체제건 물질적 토대가 없이는 아니 되는 것이지만 이러한 물질적 토대만으로 이루어진 체제는 매우 불안정할 수밖에 없다는 베버의 주장은 도덕적 논쟁의 또 다른 저편에 서 있는 사람들이 반드시 기억해두어야 할 경구이다.

따라서 이 책을 통해 제시한 것처럼 대한민국의 건국사를 긴 시간에 걸쳐 형성되어간 총합적인 문화사적 실체로 이해한다면 양극단에 선 사람들 모두가 둘러앉을 수 있는 합당한 원탁을 찾을 수 있을 것이라고 생각한다. 판단에 앞서 시작부터 여기까지 오게 된 긴 과정을 우리는 종합적으로 설명할 수 있어야 하는 것이다. 그리고 우리를 둘로 쪼개버리려는 도덕적 논쟁을 넘어 대한민국이 성숙한 사회로 발전하기 위해서는 이 나라의 정통성에 대한 믿음을 우리 모두가 공유해야만 할 것이다. 그렇다면 대한민국이라는 국가의 정통성은 어디에 있는 것인가? 그 정통성에 대한 믿음은 모든 국민들을 하나로 묶는 그 어떤 신성성에 토대를 두어야 하는 것인가?

이와 관련해 우리들이 곧잘 신성한 것으로 여기는 태극기나 애국가 같은 것들도 국가가 내적 통일을 꾀하기 위해 의도적으로 만들어낸 것임을 밝힌,[8] 영국의 사학자 에릭 홉스봄(Eric Hobsbawm)의 다음과 같은 말에 귀를 기울여볼 필요가 있다.

> 여기서 우리는 한 가지 미심쩍기는 하지만 충분히 이해할 수 있는 역설에 현혹되어서는 안 된다. 근대 민족과 그것에 수반되는 일체의 부속물들은 일반적으로 새로움의 정반대, 즉 아주 먼 고대성에 뿌리를 두고 있으며, 구성된 것의 정반대, 즉 너무도 자명해서 더 이상 정의할 필요도 없는 '자연적인' 인간 공동체라고 간주된다. [……] 그리고 근대 '민족'을 주관적으로 구성하는 것 대부분이 그런 구성물들로 이루어져 있을 뿐만 아니라 일반적으로 최근에 만들어진 적합한 상징이나 혹은 알맞게 재단된 담론['민족사']과 같은 것과 관련되어 있는 까닭에 민족적 현상은 '전통의 발명'에 대한 진지한 관심 없이는 결코 적절하게 조사될

8 에릭 홉스봄 외 지음, 박지향 · 장문석 옮김, 『만들어진 전통』(휴머니스트, 2004) 가운데, 홉스봄 자신이 쓴 글, 「전통들을 발명해내기」, pp. 33~37.

9 위의 책, p. 41.

수 없는 것이다.[9]

그는 흔히 신성한 하나이며 유구한 역사를 지닌 민족 혹은 국가라는 믿음을 고양시키는 여러 가지의 상징들 모두는 의도적으로 만들어진 것이기 때문에 이것을 그대로 역사적 사실로 믿어서는 안 된다는 점을 강조한 것이다. 심지어 그는 "일체의 만들어진 전통들에서 역사는 가능한 한 행위를 정당화하는 기제와 집단을 통합하는 접착제로 활용되기"[10]까지 한다고 역설했다. 그렇다면 홉스봄이 지적한 바를 민족과 국가를 일체적인 것으로 여기고 이 엄숙한 민족적 전통에 의문을 제기하는 것을 아직도 죄악시하는 경향이 남아 있는 우리의 현실에 적용해서 말한다면, 이러한 전통 만들기는 과연 성공했다고 할 수 있는가?

최근 경복궁과 광화문의 대대적인 복원사업을 마치고 그 앞의 세종로에 새로이 꾸며진 광장에 커다란 세종대왕 동상이 들어서서, 전부터 있었던 이순신 장군 동상과 함께 국가적 상징물이 된 것으로 보인다. 이는 단순히 역사적으로 큰 공훈을 남긴 두 인물에 대한 추모 사업이 아니라, 그 이상의 신성한 목적, 즉 모든 국민을 하나로 묶는 신성한 역할을 해야 할 상징을 창조하기 위한 국가적 사업이다. 그런 의미에서 이는 홉스봄이 말한 바와 같은 '새로운 전통 만들기'에 다름이 아니다. 그러나 이처럼 낡은 방식으로 국가적 통합이 이루어질 수가 있을까?

기억(memory)과 역사(history)의 상호관계를 깊이 탐구해 역사학의 또 다른 지평을 열었던 피에르 노라(Pierre Nora)는 그가 살고 있는 현재의 프랑스는 더 이상 과거의 모든 국민이 위대한 조국이라고 믿었던 그런 목가적인 나라가 아니라는 점을 지적하면서, 하나의 집단적 기억으로 행복한 하

10 위의 책, p. 39.

나를 이루었다고 믿었던 그런 시대는 이미 사라졌으며, 한 사회 안에 다양한 세력과 사상이 복잡하게 공존하는 현실을 냉엄하게 직시할 것을 촉구했다.[11] 더 나아가 그는 차라리 오늘날의 프랑스는 기억이라는 관점에서 볼 때 "다원화(diversity)되었다기보다는 분열(division)되어 있다"[12]고까지 단언했다.

그는 적어도 프랑스혁명 이전의 프랑스에서는 역사와 기억과 국가는 하나로 결합될 수 있었지만, 혁명의 트라우마는 그런 목가적인 일체성을 허약하게 만들었으며, 1930년대의 위기를 겪으면서는 아예 해체되었다고 주장했다. 그러면서 그는 국가와 정부의 양자관계에 대해 다음과 같이 증언했다.

> [국가와 역사와 기억의 신성한] 일체성은 왜 해체되었는가? 이 신성성은 1930년대의 위기를 겪으면서 크게 약화되었는데, 이때 [지금껏 하나로 여겨졌던] 국가와 민족의 관계가 깨어져 갈라서게 되었으며, 그 결과 국가와 민족이라는 [일체적] 관계가 국가와 사회라는 새로운 관계로 대체되었기 때문이다. 동시에 그리고 같은 이유로 과거 [집단적] 기억의 전통이 되어왔던 역사는 이제 사회적 제 세력의 자기 이해 과정으로 변용되었다.[13]

그는 자신의 민족이 더 이상 의심할 바 없던 국민의 총합체가 될 수 없

---

11 Pierre Nora ed., *Realms of Memory: The Construction of the French Past I. Conflicts and Divisions*(New York: Columbia University Press, 1996)(English Language edition edited & with a foreword by Lawrence D. Kritzman, Translated by Arthur Goldhammer). 이 가운데 피에르 노라 자신이 직접 쓴 "General Introduction: Between Memory and History", p. 2 참조.

12 위의 책, Pierre Nora, "Conflicts and Divisions" p. 21.

13 위의 책, p. 5.

으며, 국가와 민족의 관계도 갈라서게 되었다고 말했다. 더 나아가 이제 민족이라기보다는 국가와 사회라는 새로운 관계가 등장하게 되었다는 것이 그의 주장이었다.

이러한 노라의 성찰은 그것이 비록 프랑스의 체험 속에서 이루어진 것이라고 할지라도 대한민국의 현실을 파악하는 데에도 큰 기여를 할 것이라 생각한다. 대한민국의 역사는 길지 않더라도 급속한 사회경제의 발전은 과거에 '하나'로 여겨질 만했던 전통사회를 빠른 속도로 해체시키고 매우 다원화된 사회로 변화해갔기 때문이다. 너무도 짧은 시간 안에 너무도 빠른 속도로 변화해간 이 나라가 극심한 대립과 갈등을 겪으리라는 것은 쉽게 짐작할 수 있다. 그 대립과 갈등이 너무도 심각해서 노라가 지적했던 바와 같이 한국 사회는 다원화를 넘어 분열된 사회로 치닫는 것이 아닌가 생각될 정도이다. 심지어는 국가의 공무원조차도 노동조합을 결성하는 이익집단으로 변한 이 나라를 단숨에 하나로 묶는 마법이 존재하기를 기대할 수는 없다. 이런 상황에서 대한민국이라는 국가의 정통성에 대한 믿음은 어디에서 나올 수가 있는 것인가?

조선왕조의 건국을 주도했던 사람들은 그 시작부터 마지막까지 사대부라고 불리는 당대의 엘리트 계층이었다. 이들만이 나라를 경륜할 수 있는 이념과 권력과 경제적 부를 지니고 있었으며, 건국 과정이 다 끝난 이후에도 20세기의 문턱까지 그들의 지배체제는 유지되었던 것이다. 그러나 지금도 아직 완료되지 않았다고 생각되는 대한민국의 건국은 어느 특정한 세력 하나가 주도하고 있지 않다는 점에서 조선왕조의 경우와는 판이하게 다르다. 현재의 대한민국을 이룩하고 있는 것은 개별적으로 진행된 것처럼 보이는 이 모든 노력의 집합체인 것이다. 대한민국이라는 국가는 이들 다양한 사회 세력의 경쟁 관계 위에 존립하고 있으며, 정부의 운영소차도 선서를 통해 위임받은 사람들에 의해 법으로 정해진 기간만큼 위탁된 것이라고 할 수 있다. 그리고 이제는 모두 이런 다양성이 한국 사회의 역동성의 상징이 된다고 생각하게 되었다. 이 나라는 그 탄생의 첫 시작을 알리던 때에는 상상도 할 수 없었던 사회로 진화해온 것이다.

그렇다면 이제 한국 사회의 모든 경쟁의 주체들은 각자가 그 나름대로 이 나라를 만들어오는 데 일정한 기여를 했다는 사실을 받아들여야 한다. 그리고 자기들만이 아니라 상대방들도 대한민국 건국사의 명예의 전당에 마련된 원탁의 한 자리를 차지할 수 있는 마땅한 자격이 있다는 사실을 받아들여야 한다. 그런 바탕 위에서 합리적 계산과 타협과 절충을 통해 날카로운 이해관계를 조정해내는 국가적 시스템을 작동시킬 수 있어야 할 것이다. 그렇게 될 때 대한민국 건국사의 마지막 단계는 마무리될 것이라 생각한다. 대한민국의 정통성에 대한 믿음은, 민족이라는 신화나 우리를 하나로 묶는다는 상상 속의 신성한 국가에서 찾아지는 것이 아니라, 날카로운 세속적 이해관계를 조정해내는 성숙한 능력에 대한 신뢰 속에서 자라나는 것이라고 믿는다.

찾아보기